해체 비평

Deconstruction

-Theory and Practice-
Norris, Christopher

1986
Routledge, London

해체 비평

— 디컨스트럭션의 이론과 실천 —

크리스토퍼 노리스 지음

이 기 우 옮김

한국문화사

목 차

서 론

서 론

문학은, 비평과 마찬가지로—이 두 가지를 구별하는 것은 착각이다—인간이 스스로를 명명 (命名)하고 변형 (變形)할 즈음에, 의거하는 바 가장 엄밀한 언어, 그리고 결과적으로 가장 의지할 것이 못되는 언어이도록 끝내 숙면 지워져 (혹은 특권을 얻고) 있다 (de Man 1979, p. 19).

비평가 폴 드 만의 이 문장은, 요즈음 항용 **디컨스트럭션** (*deconstruction*, 해체)이라 일컬어지고 있는 문학에 관한 생각의 하나의 훌륭한 예시가 되어 있다. 거기에는 패러독스 (paradox) 같은 것이 득실거리고 있다. 이런 패러독스가 문학적 텍스트뿐 아니라, 비평·철학 그리고 (그 자체도 포함해서) 그 밖의 온갖 담론 (discourse, 談論)에 작용하고 있다고, 이 문학적 태도는 생각한다. 한낱 착각에 지나지 않으니, 문학과 비평에 차이를 둘 것이 아니라고 하는 태도는 무엇을 의미할 수 있을까? 어느 언어가 가장 <엄밀한> 동시에 가장 <의지할 것이 못되는> 지식의 원천이 된다는 것은 어떻게 가능할 수 있을까? 이런 엄밀하되 의지할 것이 못됨에 의해서 어떻든 가능하게 된 명명 행위 (命名行爲)의 과정을 통해서 인간이 스스로를 <변형>할 수 있다는 것은, 어떤 의미에서 그렇다는 말인가? 이런 문제들은 한층 면밀한 읽음 (reading)을 실천하면 해결은 보거나, 혹은 단순히 (종교적 신앙처럼) 자립하는 패러독스의 체계를 이루는 것들이 아니다. 드 만에 관해서 그렇게 불만을 토로한 비평가가 한두 사람이 아니듯이, 차라리 그것들은 혼란을 일으키기 위한 적극적인 기술로서 작용한다. 즉 모든 정상적인 쾌적한 사고의 습관에 대한 모욕이라는 것이다.

디컨스트럭션 (해체)은 <위기> (crisis, 危機)와 <비평> (criticism, 批評)이 어원적으로 연쇄하고 있음을 끊임없이 상기시킨다. 해석적 사고의 어떤 근본적인 변환도, 일견 부조리처럼 보이는 한계에 언제나 맞서지 않으면 안 된다는 사실을, 디컨스트럭션은 명백히 한다. 사고를 해 나가노라면 어쩔 수 없이 회의의 영역에 이르르고, 사람은 스스로가 내린 결론에 입각해서 행위를 하지 않으면 안 된다면, 그 불가피성 때문에 산다는 것이 거의 불가능하게 된다는 것을 옛부터 철학자들은 인식하지 않을 수 없었다. 데이비드 흄 (David Hume 1711—1176)은 회의는 <병인데 근본적인 치료는 불가능하다, 그러나 아무리 쫓아내도 매번 바로 되돌아 오곤 한다……무심과 방심만이 오로지 어떤 치료를 해 줄 수 있다>라 했다 (Russel의 인용, 1954, p. 697). 이와 동일한 현기증 나는 경계선에서 디컨스트럭션은 작용한다. 그럴 즈음에 언어·경험·인간의 커뮤니케이션의 <정상적>인 가능태 (可能態) 등에 관해서 당연하다고 여겨지고 있던 온갖 것들이 모두 일단 정지된다. 그렇다고 해서, 디컨스트럭션은 변덕스러운 혹은 빠듯한 철학이라든지, 문학 비평의 무미건조한 일에 환상을 가지지 못하게 된 초명석한 두뇌를 가진 인간들이 하는 도착적인 유희라는 말은 아니다. 회의의 궁지에서 빠져 나오자면, 근심 걱정 없이 기분 전환을 해서 마음을 달래주는 이외에 길은 없다고, 흄은 생각했다 (당구는 그가 매일 오후에 하는 위로인 모양이었다). 마찬가지로 디컨스트럭션도 사시사철 종사할 도리는 없는 사고 활동이다—그러다가는 미쳐버릴 테니까—그러나 나름대로 불가피한 엄밀함을 지니고 있는 활동이다.

드 만은, 종래 디컨스트럭션은 <해롭지 않은 학문적 유희로서 처리되어 버리거나>, <테러리스트의 무기라는 비판을 받아 왔다>고 불만을 토로한다. 이런 반응들은 둘 다 이해할 만은 하지만, 이 책의 논의가 분명히 하는 바와 같이, 둘 다 한결같이 과녁을 벗어나 있다. 디컨스트럭션은, 지금까지 비평의 전통적 가치나 개념을 받아들일 적에 비평은 이래야 한다는 것으로 되어 있던 바에 일일이 대립하는 입장을 취한다. 어떤 관습 내지는 논의의 규칙에 관한 암묵의 동의가, 비평 방법의 해묵은 모든 갈등 밑에는 언제나 존재해 왔었다. 그것이 없으면, (짐작컨대) 문학에 관해서 진지하게 생각한다는 것은 불가능했을 것이다. 문학적 텍스트에는 의미가 있으며, 문학 비평은 그 의미를 알고자 하는 지식―그것은 그것 나름대로 정당성을 주장할 수 있는 지식―이며, 가장 넓은 범위에 걸친 사고의 경우라 할지라도, 이 원리는 은연중 내재해 있었던 것이다. 그러나 디컨스트럭션은 이 원리가 암시하는 <문학>과 <비평>의 기본적인 차이에 도전한다. 그리고 비평의 텍스트가 <문학>으로서의 지위를 갈망하지 않는 한, 비평은 분명 비평 특유의 지식을 제공한다고 하는 생각에도 도전한다. 디컨스트럭션은 실천자로서, 비평은 (철학과 마찬가지로) 항시 **쓴다**고 하는 행위이며, 그 행위는―드 만의 표현을 풀어서 말하면―비평이 스스로의 <문학적인> 변덕스러움을 알고 또 허용하는 장 (場)에서 가장 엄밀한 것이 되는 것이다.

이것은 선수를 잡아 말한 것으로, 독자의 납득을 얻으려면, 전역에 걸친 논의를 상세하게 전개할 필요가 있을 것이다. 당분간 나는, <서론>이라는 것이 일반적으로 기묘하고도 기만에 잔 것이라는 데 관한 데리다의 언명으로부터 (『그라마톨로지에 관하여』(Of Grammatology) 에서), 양의적 (兩義的)인 위안을 얻어 두기로 한다. 우선 첫째로, 서론은 보통―여기서도 그렇지만!―맨 마지막에 써지며, 작자에 의한 전체의 파악을 보이는 하나의 몸짓으로서 맨 앞에 놓인다. 서론은 요약

의 기능을 가지며, 체계적으로 추상해서 말하는 힘을 가지고 있거니
와, 거꾸로 이 힘은 글쓰기의 프로젝트에 포함되는 사고의 과정이며
활동 그것을 부정하게 된다. 그런대로 역시, 디컨스트럭션적으로 말
하자면, 서론은 작품 그 자체에 전통적으로 소속하는 <텍스트>의
권위를 뒤집어엎는 것이다. 영어판『그라마톨로지에 관하여』의 역자
<서문>에서, 스피박 (Gayatri Chakravorty Spivak)는 다음과 같이 말하
고 있다.

> 서론에서 텍스트로라는 구조는 양끝으로 열려 있다. 텍스트에는
> 안정된 본체 (本體), 안정된 기원 같은 것은 없으며……<텍스
> 트>의 읽음이 이루어질 적마다 그것은 다음 읽음의 서론이 된
> 다. 서론이라고 스스로 털어놓은 텍스트를 읽는 일도 결코 이 규
> 칙에서 예외는 아니다 (Derrida 1977, p. xii).

이런 의미에서, 앞으로 계속될 텍스트 역시 하나의 <서론>이며, 데
리다의 저작에 뒤늦게 관여해 가는 것이다. 그러니까 해체의 방법을
<객관적으로> 개관하기 위한 간편한 텍스트로서, 통째로 삼킬 그
런 것은 아니다. 꺼내어서 응용해도 좋은 교훈이 하나 있다면, 그것
은 기성의 개념으로는 글쓰기 행위의 설명을 할 힘도, 그 한계를 정
할 힘도 없다는 것이다.

뿌리를 찾아서 :
구조주의와 신비평

1
뿌리를 찾아서 :
구조주의와 신비평

하나의 방법, 하나의 체계, 혹은 고정된 일련의 관념인 양 디컨스트럭션을 소개하는 것은, 그 본질은 그르치는 노릇이 되며, 환원에 따른 오해를 했다는 비판을 면치 못할 것이다. 오늘날, 비평 이론은 평판이 자자한 학문적 영위 (營爲)가 되어, 시대가 어떠한 새로운 도발을 낳을지라도, 그것을 흡수하고 받아들이는 것을 일종의 강한 기득권으로 삼을 만큼 되어 있다. 이제 와서 보니 분명한 일이지만, 구조주의는 당초부터 영미 비평가들의 각색을 입기 쉬웠다. 그들은 구조주의의 <실천적> 내지는 <상식적>인 이용법이라고 보이는 것으로부터 민감하게 용기를 얻었다. 처음에는 비평의 지배적인 전제가 되어 있던 것들에 강력히 반항하는 것으로서 출발했으나 마침내는 진부한 텍스트에 관해서 새로운 것을 말하기 위해서 쓸모있는 또 하나의 방법에 지나지 않은 것이 되고 말았다. 지금은 정녕 구조주의적인 읽음이, 이리저리 변장된 모습으로 영국 문학의 거의 모든 고전에 관해서 이루어지고 있다. 어떤 것이든 좋으니, 학술 잡지의 색인을 이삼 분동안 조사해 보면, 가장 권위 있고 중요시해 온 학문 연구의 영역에서, 얼마나 구조주의가 단단히 뿌리를 내리고 있는지를 충분히 알게 된다. 옛 논전이 조용히 잊혀지는 것은, 그 동안 싸움터가 옮겨져서, 지난날의 적들이 지금은 평화로운 동맹 상태에 있는 그런 정도가 되었기 때문이다. 이 역사를 상세히 살펴보고서 배우는 것은, 그 지상 (至上)의 주장을 위협하는 어떠한 새로운 이론도 흡수하고 동질화해 버리는 영미의 학문적 비평의 체질이다.

　구조주의적인 사고에는, 그 나름대로 통찰한 최선의 것을 길들여서 가축화 (家畜化)하는 경향이 있는데, 디컨스트럭션은 이런 경향에 대해서 빈틈없는 반동을 한다고 일부 볼 수 있다. 자크 데리다의 가장 설득력 있는 몇몇 에세이들은 <구조>라는 개념의 해체 (解體)를 그 임무로 삼고 있다. <구조>는 텍스트의 의미의 놀이 (play of meaning)를 고정하고 다루기 쉬운 나침반으로 환원해 버리기 때문이다. 이 과정을 실제로 알려면, 조나단 컬러의 『구조주의 시학』 (*Structuralist Poetics*, 1975)과 같은 책의 수용 과정을 보면 된다. 이 책은, 구조주의적 사고의 복잡성을 일러주는 건전하고도 권위 있는 안내서로 평가되고 있는데, 그럴듯한 이야기이다. 학생이 읽어야 할 도서로서, 출판되지 않았더라면 최근의 이론 전개에 거의 공감을 보이는 일이 없었을 비평가나 교사에 의해서, 컬러의 이 저서는 지금까지 널리 권장되어 왔다. 이 책이 이처럼 마음에 들게 된 이유는, 일부는 그것이 해석의 방법이 안고 있는 여러 문제들을 상식의 틀 안에서 다루고 있기 때문이며, 일부는 그러한 해석의 방법을 의심하는 더욱 과격한 다른 종류의 이론을 원칙적으로 거절하고 있기 때문이다. 이 추측은 공정을 잃고 있지는 않을 것이다. 구조주의의 이론과, 당연한 것으로 되어 있는 직관에 의한 텍스트에의 접근 방법과를 절충하는 것이 자신의 목적이라고, 컬러는 공공연히 말하고 있다. <능력을 갖춘> 독자가 어떠한 통찰에 도달해서, 그 적부를 스스로 가지고 있는 타당성의 기준에 비추어 체크하려고 할 때에 유용한, 근거있는 틀이랄까 체계를 마련해 주는 일이야말로, 컬러의 견지에서 나온, 이론의 고유한 임무가 되는 셈이다. 컬러가 구조주의적 접근 방법을 지지하는 주된 근거는, 그 방법에 의하면, 지각 (知覺)을 통제하는 일종의 모형 (matrix, 母型)을 제공하는 데 있다. 그것이 없고 보면, 지각은 비평가의 직관력 아니면 묘기에 의존하고 있는 것처럼 보인다는 것이다.

컬러의 논의가 부자연스럽게 되는 것은, 그 논의에 의해서, 전술한 읽음의 <능력> ('competence')이라는 생각과, 문학적 반응을 결정하는 다양한 관습들—혹은 자의적인 코드들—의 설명과를 결부시키려 할 때이다. 한편으로 컬러는, 언어학자 촘스키의 논의를 산만하게 확대한 것처럼 보이는 것에 호소한다. 그 논의란, 언어 구조는 인간의 정신 속에 생득적 (生得的)으로 프로그램화되어 있으며, 언어에 규제로서 작용하는 동시에, 인간이 상호간에 이해를 공유하기 위한 수단으로서 작용한다는 것이다. 그리하여 컬러는 가정하기를, 문학적 텍스트에 대한 우리의 이해를 조건 짓는 것은 반응을 결정하는 유사한 <문법>이며, 그 문법이 없고 보면 세목 (細目)들이 팽팽히 겨루는 설익은 덩어리에 지나지 않는 상태에서, 그 문법 덕택으로, 적절한 의미의 구조를 줏어낼 수가 있다는 것이다. 또 한편으로 그는, 문학적 텍스트는 일상 언어의 문장과는 달라서, 그것을 이해하는 데는 전용 코드가 필요하며, 그 코드는 후천적으로 습득하지 않으면 안 되며, 어떤 보편적인 반응의 문법으로 설명할 수는 없다는 것을 인정하지 않을 수 없다는 것이다. 이런 의미에서의 능력이란, 훈련을 받은 지성의 문제이며, 텍스트의 읽음을 어떻게 정당화하느냐 하는 문제이다. 그리고 그 정당화는, <누구나 지니고 있는 문학에 관한 지식에 바탕을 두어서 정해지게 마련인 그럴싸한 관습 안에다 그 텍스트의 자리를 잡아 줌으로써 이루어진다> (Culler 1975, p. 127).

이것은 가장 보수적인 구조주의다. 이 견지에 의하면, 텍스트란 (비록 복잡할지라도) 안정된 의미를 운반하는 것이 되며, 비평가는 텍스트에 있는 진리를 충실히 탐구하는 사람이라는 전통적인 생각이 지지를 받고 있는 셈이다. 컬러는 이런 해석의 구조들이 인간의

정신에 불변적 (不變的)으로 부여되어 있는 것인지, 아니면—이쪽이
한층 가능성이 있어 보이는데—확립된 관습의 힘, 즉 숙달한 독자에
있어 제2의 자연과 같은 것이 되어 있는 것인지, 이 점에 관해서는
말을 흐리고 있다. 이런 여러 해석의 구조들에 어떤 지위를 주든지
간에, 그것들이 비평적 담론의 여러 가지 자유에, 어떤 모양으로든
억제 내지 효과적인 구속을 은연중 가하고 있다는 것은 분명하다.
거기서, 데리다 같은 인물의 과격한 주장에 대해서, 컬러는 의혹을
품는다 (『구조주의 시학』 마지막 장 (章)에서). 데리다가, 바로 해석
의 방법이며 의미의 기반을 열심히 해체하고 있는 것처럼 보이기
때문이다.

　디컨스트럭션은, 구조가 텍스트의 내부에 어떤 의미에서 주어져
있다든가, 객관적으로 <거기> 존재하고 있다든가 하는 생각을 받
아들이기를 거부한다는 점에서 <포스트 구조주의>임을 자인하고
있다. 유난히 그것은, 의미의 구조는 이해의 한계를 결정해 버리는
어떤 심층의 정신적 <틀> 혹은 패턴에 호응하고 있다고 하는 가정
을 의문시한다—컬러는 이 점을 중시한다. 이론이란, 컬러의 관점에
서는, 인간의 지식의 본성 그것을 반영하는 불변적 구조나 형식적
보편성을 탐구하는 것이 될 것이다. 문학적 텍스트는 (신화·음악·
그 밖의 다른 문화의 산물들과 마찬가지로) 확고한 원리를 가진 분
석 양식에 대해서는, 그 의미를 털어놓는다는 것이다. 그 이유는, 그
양식이 인간의 사고와 문화를 전면적으로 설명하는 데만 그 시점
(視點)을 차려놓고 있기 때문이다. 이론은, 그것이 분석하려고 하는
의미의 체계와 깊고도 전체적인 유연 관계 (有緣關係)를 맺고 있다
고 주장함으로써, 스스로의 방법론적인 유효성을 확신하는 셈이다.

　반대로 디컨스트럭션은, 정신·의미, 그리고 이 두 가지를 통합한
다고 주장하는 방법의 개념 사이의 가정된 대응 관계를 엄밀히 *일
단 중지시켜* 놓고 시작한다.

칸트에서 소쉬르로 : 개념의 감옥

<초월적인 주체가 없는 칸트 철학>—이것은, 구조주의의 정당성을 의심하는 사람들이 구조주의의 사고를 표현하는 데 흔히 사용하는 말이다. 컬러의 논의의 방향은, 칸트적인 정신이며 이성의 철학과 대단히 비슷해서, 이 슬로건의 힘을 입증하고 있다. 임마뉴엘 칸트 (Immanuel Kant, 1724-1804)는 철학을 과격한 회의론에서 구제하는 일에 착수했다. 흄과 같은 회의론자들은 외적 세계에 관한 명확한, 그 자체로서 올바른 지식에 도달한다는 것은 불가능하다고 생각했다. 그들은 사고의 법칙 (혹은 연역적 논리)과 실제 인생에서 일어나는 사건이나 경험의 본질 사이에 어떤 필연적인 연관을 발견하려고 애썼으며, 분명히 실패로 끝나고 있었다. 사고는 스스로가 설정한 가정을 끝없이 시연 (試演)할 뿐, 세계 일반과 그 가정을 연관시킬 수가 없어서, 이성의 감옥에 유폐될 운명에 있는 것처럼 보였다. 감각 여건은 원인—결과니 하는 관념과 마찬가지로 의지할 수 없는 것이었다. 원인—결과라고 하는 <논리>는 사고의 과정을 단지 반영하고 있거나 뒤따르고 있음에 지나지 않은 것이었다.

칸트는 이 회의적 이성의 막다른 상황에서 모면하는 길을 하나 보았다. 의식이 세계를, 흄이나 회의론자들이 절망적이라고 했듯이 직접 무매개 (無媒介)로 파악하거나 <안다>는 것은 불가능했다. 이 점은 칸트도 동의했다. 지식은 인간 정신의 소산이며, 인간 정신의 작용은 세계를 *해석할* 수 있을 따름, 세계를 그 본래의 현실 그대로 남김없이 전달할 도리는 없다. 그러나 바로 이런 작용들은, 칸트에 따르자면 인간의 오성에 깊숙이 부여되어 있는 것이니까, 철학에 새로운 기초를 제공했다. 이런 까닭으로 해서, 철학은 <현실>에 대한 허망한 탐구가 아니라, 인간의 오성을 구성하고 있는 이러한 심층의 일정 불변성 (一定不變性)—이라고 할까, *선험적인* 진리—그것에 스

스로 관여하지 않으면 안 된다는 것이다.

칸트적 사고와, 컬러 같은 이론가에 의해서 제시된 구조주의적인 태도 사이에서 몇 가지 유사한 점을 본다는 것은 어렵지 않다. 정신과 그 정신이 이해하려고 하는 <현실>을 회의론적으로 분리하는데에 양자의 기원이 있다. 이 분리는, 구조주의의 입장에서 본다면, 언어학자 소쉬르에 의해서 아주 명쾌하고도 상세하게 설명되었다. 세계에 대한 우리의 지각은, 그 표상 (表象)에 봉사하는 언어 바람에, 헝클어진 모습으로 형성되고 조건이 붙게 되었다고, 그는 주장했다. 기호의 <자의적인> 성질에 관한 소쉬르의 주장은, 상식이 말과 사물 사이에 상정 (想定)하는 자연적인 결부를 파멸로 이끌었다. 소쉬르를 따르자면, 의미는 우리의 사고와 감각의 습관을 효과적으로 결정하는 관계며 차이의 체계와 굳게 결부되어 있다는 것이다. 언어는 현실에 열려 있는 <창문> 혹은 (은유를 바꾼다면) 현실을 충실히 반영하는 거울을 마련해 주기는 커녕, 확립한 의미 작용의 엉클어진 네트워크 전체를 가져다 주는 것이다. 그의 견지를 따르자면, 사물에 대한 우리의 지식은, 경험의 혼돈한 흐름을 분류하고 조작하는 것을 가능케 하는 유일한 것인 코드와 관습의 체계에 의해서, 무의식중에 구조화되어 있다는 것이다. 언어와 언어에 관계 있는 그 밖의 표상 체계에 의하는 길 이외에, 지식에의 접근은 단연코 없다. 현실은, 갖가지 언어들이 마련해 주는 동일성과 차이의 형에 따라서 여러 가지로 나눠져 있다. 사고와 의미의 이 근본적인 **상대성** (미국의 언어학자 서피어와 워프가 나중에 거론한 테마)은, 구조주의적 이론의 기점 (起點)이다.

그렇지만 이 기점에 있는 통찰에 대한 반응은 가지각색이다. 컬러는 칸트적 반응을 예증하고 있거니와, 독자가 가지고 있는 <능력> 속에 있는 규범적인 혹은 어떻든 올바로 작용하는 습관을 역설함으로써, 회의론을 막으려고 애쓴다. 컬러는 읽음의 일반 이론 (혹은 <시학>)을 탐구하고 있는데, 그것이 발견되면, 문학적 텍스트를 이해하기 위해서 우리가 가지고 있는 다양한 수단들을 모조리 포함하는 것이 될 것이다. 이리하여 극단을 완화하는 존재로서의 독자, 즉 필요한 지성과 문학적 관습의 적절한 코드를 소유하는 정신에 대한 호소에 의해서 상대주의는 억제된다. 사람은 <자기가 무엇을 향해서 읽는 행위를 하고 있는지에 관한 의식을, 아무리 막연할지라도 가지고 있지> 않으면 안 된다고, 컬러는 논하고 있다 (Culler 1975, p. 163). 해석이란, 적절한 독자에 대해서 텍스트가 제공하는 가능한 한 다양한 의미의 패턴들 사이에, 질서와 가지성 (可知性)을 탐구하는 일이다. 구조주의적인 시학의 구실 하나는, 이런 강력한 관습들이 어떠한 작용을 하게 되는지를 설명하는 일이요, 또 하나는 단지 교묘한 읽음에 지나지 않는 것과 적절하고 합리적인 <능력의 뒷받침이 있는> 독자의 갖가지 반응 사이에 일선을 긋는 일이다.

컬러가 구조주의의 이름하에 제창하고 있는 것은, 종래 대학교육에서 주요한 것으로서 오랫동안 수용되어 온 종류의 비평에 대해서, 더욱 조직적으로 접근하자는 것이다. 이런 관점에서라면, 컬러의 이론의 강점은, 그가 염두에 두고 있는 관습을 공교롭게도 예증하고 있는 <구조주의 이전>의 비평가들의 저술 속에서 여러 가지 실례들을 끌어내어서, 손쉽게 흡수할 수 있다는 점에 있다. 그가 사용하는 문학적 <능력>이라는 일반화된 개념에는, 그런 어떤 체계적인 이론의 은혜도 입지 않고서 흔히 도달했던 다양한 통찰들을 수납할 여유가 있다. 이것은 컬러가 말하는 촘스키 언어학과의 유사에서 나온 충분한 논리적 귀결이다. 규칙과 변환으로 이루어진 복잡한 체계가, 발화자 (發話者)의 문법에 따른 발화의 심층에 존재하고 있다는 것을 증명하는 것과, 그 발화자가 그 체계를 어떤 모습으로든 *의식적*으로 알고 있다고 주장하는 것과는, 물론 별개의 문제이다. 언어적 <운용 능력>—이것은 촘스키의 말—은 암묵의 것이며, 전적으

로 무의식적인 것이어서, 언어학자가 특유의 전문적인 연구를 하지
않으면 밝혀지지 않는다. 칸트 철학에서의 <초월적인 주체> (혹은
지성의 중추)에 관해서도 마찬가지여서, 그 소유하는 *아프리오리*한
능력은 조금도 그것을 의식하지 않고서도 행사할 수가 있는 것이다.

　확실히 결실이 풍부한 직관적인 어프로치를 취하기는 하면서도,
반응의 정당성을 설명하는 한층 커다란 체계 지향의 이론을 가지고
있지 않은 비평가에 대해서, 컬러는 이와 동일한 태도를 취한다. 그
전형은, 엠프슨의 『애매성의 7형』(*Seven Types of Ambiguity*)의 한 구절
을 다루는 그의 태도이다. 이것이 뽑힌 것은, 그 부분이 거의 의식
적으로 구조주의를 암시하고 있다고 컬러가 보는 것이 거기에 있기
때문이다. 문제의 <시> (Empson 1961, p. 23 참조)는, 아더 웰리
(Arthur Waley)가 번역한 중국의 시 2행의 단편이다.

　　　Swiftly the years, beyond recall.
　　　Solemn the stillness of this spring morning.
　　　邁邁時運 / 穆穆良朝 ― (陶淵明)

컬러는, 엠프슨의 읽음이, 어떻게 이 시행들에 효과를 주는 <이항
대립 (二項對立) (주로 시간 척도의 대조)을 분명히 하는가에 관해서
말하고 있다. 그것은 컬러의 다음의 논의를 보강하는 것이 된다. 즉
그는, <시 작품의 해석에 즈음해서, 사람은 의미론적이거나 테마론
적인 축에 위치를 잡을 수가 있고 또한 서로 대립되는 용어들을 찾
는다> (Culler 1975, p. 126)라고 논하고 있는 것이다. 그와 같은 전
략은, 텍스트가 지닌 흥취나 의의를, 텍스트의 다양한 의미의 패턴
을 발견함으로써 최대한으로 높이고 싶다는 독자의 욕망에서 생겨
난다는 것이다. 따라서 <능력>에 입각한 읽음이란, 그러한 의미의
인식에 필요한 통찰력과 그 의미를 다른 그다지 적절하지 못한 의

미의 패턴에서 선별하기 위해서 필요한 뛰어난 육감과를 발휘하는 읽음이 되는 셈이다. 컬러는 자신의 <적절함>이라는 생각을 정당화하기 위해서, 재차 문학에 통한 사람들의 반응의 기저에 존재한다고 가정되어 있는, 개인을 넘어선 판단의 공동체에 호소한다. 구조주의는 변별성 (辨別性)과 유의의 (有意義)한 대립과를 강조하고 있으므로, 실질적으로는 텍스트의 올바른 읽음에 관한 이론의 *자연스런 연장* 혹은 그것을 정당화하는 이론이 되어 있는 셈이다.

컬러는 <옛> 신비평가 중에서, 아이러니니 패러독스니 혹은 (엠프슨처럼) 애매성의 형이니 하는 생각을 가지고 있는 사람들과 정면으로 논쟁을 하는 일은 없다. 그는 이런 반응의 패턴들을, 다른 패턴도 포함해서, 텍스트를 복잡한 채로 만족스런 방식으로 이해하고 싶다는 의지로 해서 생겨난, 그것을 가능케 하는 관습이라고 보고 있다. 컬러는 비교적 신중한 제안을 하고 있다. 즉 비평가는, 여태까지와 거의 같은 자세로 계속 읽되, 동시에 손수 사용하는 갖가지 수사적 개념들을 지배하고 있을 상싶은 구조들을 성찰해야 한다는 것이다.

이리하여 엠프슨이 말하는 <애매성>은, 이항 대립의 원리를 따르고 있음을 알게 되며, 그리고 구조주의의 입장에서 말하자면, 그 원리의 존재는 <애매성>의 연상 환기력을 설명하는 데 다른 것보다 유효한 셈이다. 그러한 구조들은 텍스트의 <거기>에 객관적으로 존재하지는 않을지 모르지만, 읽는 행위에서는 기본적이고도 강력한 관습을 제공하기 (그렇다고 상정되기) 때문에, 그 올바름은 의심할 수 없게 된다. 따라서 컬러가 제창하는 시학은, 지식에 대한 *아프리오리*한 주장과 규범적인 주장을 이중으로 포함하고 있는 셈이다. 즉 한편으로는 읽는 행위는 오성 깊숙이 묻혀 있는 코드에 바탕을 둔다고 상정되어 있으며, 다른 한편으로는, 그러한 읽는 행위가 스스로 직관적으로 방향을 잡을 수 있도록, 텍스트는 적어도 충분한 단서를—대조적 내지는 구조적 특성을 통해서—제공하지 않으면 안 된다고 가정되어 있는 것이다.

신비평가가 구조주의자로 전신?

컬러는 은연중 <구조>와 <운용 능력>을 동일시하고 있는데, 이것은 디컨스트럭션이 도전을 거는 일종의 해석적 책략임에 틀림없다. 구조라는 개념이 너무나도 안이하게 사고를 지배해 버리고, 비판적 반성에서 면제된 자립적인 객관성을 띠기에 이르렀다. 구조주의가 학문적인 장 (場)에서 그다지 위협적인 존재는 아니라는 것을 알게 된 것은, 이런 일들이 있기 때문이다. 구조주의는 <과학적인> 엄밀성과 추상을 선호하기 때문에 위협이 된다고 일찍이 전통주의적인 비평가들이 논했던 것인데, 지금은 조금도 그렇게는 보이지 않는다. 미국의 신비평이 그 전성 시절에는, 그 수사적 기초들이—<아이러니>·<패러독스>·<텐션> 등—거대한 추상적 기구 (機構)를 구성하는 조각들이라고 생각하던 사람들로부터 동일한 적의 (敵意)를 받았다. 그러나 이내 분명해진 바이지만, 신비평가들은 시를 합리적으로 설명한다거나 논리적인 질서로 환원하는 것을 원하고 있었던 것은 아니며, 자기네들이 선택한 수사의 한계 안에 감싸 넣음으로 해서 시의 독자성을 지키는 일에 전념하고 있었던 것이다. 윌리엄 K. 윔젓의 용어를 빌면, <언어적 이콘> ('verbal icon')으로서의 시는 시적 언어의 특권적인 자립 (autonomy)에 골몰하기 위한 비평의 집결점 (集結點)이 되었던 것이다.

체계와 구조가 신비평가들의 사고에 현저히 있었다 할지라도, 그 목적은 시적 의미의 존재 이유—논리적 모순의 논리—를 마련하기 위해서라기보다도, 오히려 그러한 합리주의적인 공격들을 막아 낼 수 있는 비평을 구축하려는 데 있었다. 신비평의 방법은, 그 입론의 방식은 아주 합리적이었지만, 스스로의 방법론과 시적 언어의 가지 각색으로 조직된 작용 사이에 확고한 거리를 두고 있었다. 이 거리는, 윔젓이라는 이 운동의 뽑힌 철학자가 원리라는 높이에까지 끌어 올린 (Wimsatt, 1954 참조) 해석 행위의 여러 원칙에 의해서 단호히 유지되었다. 그 원칙에서 중심을 이루는 것은 <페러프레이의 오류> ('heresy of paraphrase')에 대한 공격이다. 즉 시의 의미는 어떠한 종류의 합리적 산문으로도 바꿀 수 없다는 생각이다. 시란, 요컨대 신성불가침의 대상이었으며, 그 자립성은 *그것*과 그것을 기술하기 위해서 비평가가 사용하는 언어를 구별하고 그 구별을 올바로 존중할 것을 요청했다.

신비평가들의 프로그램은, 문학 연구를 할 즈음에 두드러지게 교육적 가치가 높은 훈련이라 해서, 재빨리 정착했다. 전에 비방하던 사람들도, 비평적 이성의 타당성에 대해서 거의 도전을 해 오지 않는 교의 (敎義)를 쉽사리 받아들이고 말았다. 같은 이야기가 과학적인 척했던 초기의 구조주의에도 들어맞는다. <옛> 신비평이 취한 읽음의 전략에 기본적으로 근사한 것 위에다가, 구조주의적인 허식을 얹어 놓는다는 것이 얼마나 용이한지를, 컬러의 논의는 증명해 보이고 있다. 학문적인 담론은 <과학적인> 비평을—그 주장이 아무리 포괄적인 것이라 할지라도—두려워할 이유는 없다. 그 비평은 텍스트에 관한 정연한 지식을 약속하고 있는 것이다. 그와 같이 자기를 특정 영역에 국한시키는 활동은, 몇 가지나 있을 방법의 하나로서 위치를 차지하도록 할 수 있어, 그 자체의 학문적 경계를 지키는 것을 기대할 수 있다는 것이다.

롤랑 바르트

컬러가 제창한 읽음의 시학은, 따라서 구조주의적 사고의 강력한 한 경향과 일치하고 있다. 특히 바르트의 초기 저작의 목적은, 소쉬르 언어학과 레비-스트로스의 구조주의 인류학을 모델로 삼은 하나의 전면적인 텍스트의 과학이었다. 이런 야심은, 널리 퍼져 있는 구조 주의가, 비평을 모든 (현존하는 혹은 장차 존재할 수 있는) 문학적 텍스트의 코드와 관습을 해명하기 위해서 설정된 <메타 언어>라 보고 있었다는 점으로도 짐작할 수 있다. 그리고 거기에서, 언어의 지배적인 비유를 발판으로한 문학 장르의 유형학 (類型學)과 아울러 서, 서사의 보편 <문법>의 확립을 겨냥한 갖가지 노력들이 생겨나 게 된 것이다. 이 구조주의를 언어에 관한 일종의 매스터 코드 (master-code) 혹은 분석적 담론이라고 보는 견해는, 바르트가 『기호 학의 원리』(Elements of Semiology, 1967)에서 채용하고 있는 견해이다. 자연언어는 <코노테이션>의 의미의 차원까지 포함해서, 과학적인 용어를 사용함으로써 메타 언어적으로 기술하는 것이 가능하며, 그 기술은 별개의 것이라고 할까, <이차적인> 이해를 마련해 준다는 것이다. 바르트를 따르면, 기호학이 그러한 메타 언어가 아니면 안 된다는 것은 분명하다. <이차적 체계로서의 기호학은, 음미의 대상 이 되는 체계적인 일차 언어 (혹은 대상으로서의 언어)를 떠맡는 동 시에, 이 대상으로서의 체계가, 기호학이라고 하는 메타 언어에 의 해서 *의미되기* 때문이다> (Barthes 1967, p. 92). 이 골치 아픈 설명 은, 사실 구조주의적인 방법은 온갖 언어와 문화를 정복하고 설명할 수 있는 담론이라고 하는 신앙의 표출에 지나지 않다.

적어도 이것은 바르트가 텍스트를 해석하는 하나의 방향이다. 그 의 텍스트와 구조주의적인 영위에 관해서 일반적으로 믿고 있는 생 각과를 일치시키는 읽음이다. 그렇지만 바르트 자신 그와 같이 경직

된 환원적인 프로그램에 만족하지 않는다는 것을 보이는 증후들이 있다. 만약 기호학이 자연언어의 코노테이션의 체계를 해명하는 이차적 담론이라고 주장한다면, 어째서 그보다 더욱 고차의 분석 레벨에서 더욱 분석을 받는 것이 면제되어 있다고 할 수 있겠는가, 하고 그는 반문한다. <메타 언어가 이번에는 거꾸로, 새로운 메타 언어의 대상이 되는 것을 방해하는 것은 원칙적으로는 아무 것도 없다고 말해도 좋다. 이것은, 이를테면, 기호학이 다른 과학에 의해서 <말해진다>고 한다면, 기호학에도 해당되는 것이다> (ibid., p. 93).

바르트는, 설명력이라는 점에서 결정권을 가진다고 주장하는 담론에 은연중 내재하는 위험과 환상에 관해서, 충분히 알아차리고 있었다. 스스로의 지배적인 문화의 의미를 <은폐 혹은 자연화>하는 세계와의 관계에서, 기호학자는 <해석자로서의 객관적인 기능>을 수행하고 있는 것처럼 보일는지는 모른다. 그러나 그 표면적인 객관성은 오직 스스로의 잠정적인 지위를 자진해서 망각하거나 억압하는 사고 습관에 의해서만 가능한 것이다. 궁극적으로 진리를 알기 위해서라고 칭하고서, 그와 같은 과정을 정지시키는 것은, 구조주의적 사고와는 본시 무관한 전법이다. 스스로의 작업과 작업의 대상이 되는 언어 사이에 엄밀한 일선을 긋는 것은 존재하지 않는다. 기호학은, 그것이 사용하는 용어와 개념이, 분석을 하고자 하는 의미 작용의 과정과 항상 결부되어 있다는 사실을 인식하지 않으면 안 된다. 여기에서, 구조주의는 항상 일종의 **행위**이며 열린 읽음의 실천이지, 그 자체의 정당한 근거를 확신하는 <방법>은 아니라고 한 바르트의 주장이 생겨난다.

바르트는, 미리 이와 같은 방법을 염두에 두지 않고서 구조주의의 이론을 정밀화하면, 여러 문제와 패러독스가 생겨나게 된다는 것을 처음부터 눈치채고 있었다. 바르트를 해체의 진영에 넣는다는 것은, 아마 어떠한 이론적인 입장에서도 그를 포착할 수 없다는 점을 고려한다면, 오해를 부를 염려가 있다. 바르트는 훌륭한 명문가이며 고도의 독창적인—때로는 고집이 세다고까지 할 만한—이론의 구축자이다. 그의 글은 자의식이 강하며, 그 문체는 흔히 이론적인 통찰들을 암시하는 한편, 어떤 조직화된 이론에 대한 저항 의식을 통해서 그것들을 배제하면서, 자기 자신의 가능성을 세세히 조사하는 취향이 있었다. 후기의 텍스트에서는, 구조주의뿐 아니라, 그 자신 그 영향을 인정하기도 했고 동시에 일정한 방위적인 거리를 지키기도 했던 데리다, 자크 라캉, 그 밖의 포스트 구조주의 사상가들과의 대화를 유지하고 있다. 그는 체계와 방법이 주는 쾌락에 대해서 언제나 변함없이 계속 민감하다. 즉 전체화를 지향하는 사고 양식으로서의 구조에 대해서, 이전과 마찬가지로 계속 매료되어 있다. 그러나 지금 그는 그런 관념들을 욕망이 텍스트·언어·문화의 다형적 (多形的)인 표면에 투영하는 <환상적인> 이미지라고 보고 있는 것 같다. 전체적 이해를 꿈꾸는 것은, 메타 언어적인 의미에서 말하는 <구조>를 꿈꾸는 것과 같아서, 스스로 사용하는 개념적인 은유에 의해서 스스로의 시계 (視界)를 가로막고 만 사고 단계에 속한다 (라고 바르트는 암시하고 있다). 수사학적인 놀이의 요소는 도처에 나타난다. 비평적 담론에서 그것이 자아내는 효과는 무시할 수 있을지 모르나, 그 효과가 구조주의적인 의미의 <과학>으로 해서 지워 없어지지는 않는다.

언어와 구조에 대한 이런 양면 가치적인 태도는, 바르트가 그 단편적인 <자서전>에서 거론한 테마의 하나이다. 주관의 압제에서 도피하고 싶다고 (바르트처럼) <작가의 죽음>을 선언해 놓으면서, 그와 같은 작품을 생산한다는 것은 극히 <불성실한> 행위처럼 보일는지 모른다. 그러나 스스로의 텍스트에 의한 방위를 제거한 상태의 바르트를 붙잡을 수는 없는 노릇임을 독자는 이내 알아차리는 것이다 (그 자신은 모르지만). 바르트는, 그의 사고법을 단순화한 것을 사용해서 그를 포착하려고 생각하는 **위선적인 독자**를, 언제나처럼 교묘하게 빠져나간다. 바르트가 한 사람의 미국인 학생을 회상하고 있는 대목에 (<실증주의자인지 그냥 논의를 좋아하는 것인지, 나로서는 알 재간이 없다>), 더할 나위 없이 적절한 예가 하나 보인다. 그 학생은 <주관적인 것>과 <나르시시즘>은 당연히 같은 것이라고 생각하고 있었다. 그것은 <자신에 관해서 교언 (巧言)을 농하는 일>이라고 생각하고 있었다. 그 학생은 희생자이었다고 바르트는 회상한다.

> 전통적인 대립, 전통적인 패러다임, 즉 <주관성/객관>이라는 대립의 희생자. 그러나 오늘날은, 주체는 스스로를 그것과는 다른 곳에서 찾으며, 주관은 나선상 (螺線上)의 다른 곳으로 되돌아올 수 있다. 해체되고, 분해되고, 장소를 옮기게 되고, 투묘지 (投錨地)를 가지고 있지 못하다. 이 <내>가 이미 <자신>과 하나의 것은 아니게끔 되어 버린 지금, 어째서 내가 <나 자신>에 관해서 말해서는 안 된단 말인가? (Barthes 1977, p. 168).

바르트가 자서전의 방법으로 실제로 제공하고 있는 것은, 글쓰기의 경험, 언어의 이중성, 그리고 이 이중성이 전달하는 것이 어찌할 도리 없을 만큼 **텍스트화**해 버리고 만다는 것 등에 관한, 교묘하게 전개된 성찰 (省察)의 연속물에 지나지 않는다. 그러한 놀이적인 아리바이 (혹은 시프터 (shifter). 바르트는 로만 야콥슨의 용어를 빌어서 그렇게 부르는지도 모른다)를 만들기 위해서, 그는 항상 삼인칭을 사용해서 쓰며, 집요한 흥미를 간직하고 있는 다양한 토픽들을, 일종 놀려대듯이 초탈 (超脫)해서 말한다. 그 책의 에피그래프가 용케 암시하고 있는 바와 같이, <모든 것은 소설의 등장 인물에 의해서 말해지고 있는 것처럼 여겨야 한다>.

바르트는, 언어의 자연적인 관습들을 무너뜨릴 뿐 아니라, 그 작용을 터득했다고 주장하는 방법들 (자기 자신의 방법도 포함해서)도 무너뜨린다. 초기의 <구조주의자> 바르트가, 나중의 **또 한 사람인 자기**로부터, 체계와 방법을 추구한 일에 대해서, 잘못된 탐구이기는 했으나 그런대로 상당한 쾌락의 원천이었던 그 행위에 대해서, 해명을 요구당한다. 일인이역 (一人二役)의 그 대화는 비웃는 교리 문답의 일종이 된다.

> 그대는 <메타 언어>라는 개념을 간수하고 있는데, 허나 그건 하나의 이미지 저장실 같은 거야. 그대의 작품에서는 끊임없이 다음과 같은 수속을 취한다. 우선 그대는 언어학 비슷한 것, 즉 비유적인 의미에서의 언어학을 사용한다. ……이 개념들은 알레고리를, 제2의 언어를 형성하게 되고 다시 그것을 추상한 것이 허구적인 목적에 이용된다. ……그리고 의미 그 자체가―그대는 그것이 작용을 하고 있는 것을 목격하게 되면, 기계 장치의 스위치를 지침 없이 당기는 물건 사는 손님처럼, 애들 같은 즐거움을 맛본다 (ibid., p. 124).

이 구절은, 바르트가 취하는 사고의 운동을 완전히 재현하고 있다. 그 운동에 의해서, 바르트는 자기 자신의 관념들을 <풀어 헤치고>, 그 관념들을 순수한 언어적인 놀이가 지니는 유연함과 변덕스러움을 남김없이 환기하는 텍스트의 차원으로까지 재구축해 가는 것이다.

바르트의 이 일면을 보면, 디컨스트럭션이 어떠한 지점에서 구조주의의 프로젝트를 흔들고 혼란에 빠뜨리기 시작하는지를 알게 된다. 그 지점은, 구조주의를 길들이기에 여념이 없었던 비평가들이 말없이 통과했던 곳이다. 그들은, 구조주의는 가끔 엉뚱한 주장은 하지만, 기본적으로는 상식적인 사용에 익숙한 하나의 <방법>에 지나지 않다고 하는 입장에 서서, 그것을 길들이려고 했다. 바르트의 후기 저작이 지니는 분명한 특이성은, 고성능 이론의 여러 요구들에서 어떠한 모습으로든 <창조적으로> 도주하고 싶다는, 비평가 쪽의 해롭지 않은 변덕스런 기분에 지나지 않다고, 대체로 간주되고 있다. 이런 태도는 영미 비평의 전형으로, 텍스트에 관해서 *생각한다*는 일과 그 생각한다는 일을 실시할 즈음에는 배제되거나 무시되고 말 듯싶은 글쓰기 행위 사이에, 확실한 선을 긋는다. <책임있는 스타일> (제프리 하트먼의 말)로서의 비평은, 학문적 담론에 깊이 침투한 여러 전제를 넘어서 버리는 생각이다. 그것은 뒤에서 논하는 바와 같이, 해체적인 사고의 출발점으로서, 가장 사람을 불안하게 하는 근원적인 생각의 하나이다. 적절한 주의를 기울이면서 바르트를 읽으면, 자의식적으로 행하는 글쓰기 행위가, 어느 정도까지 비평의 개념을 쉬지 않고 변형하고 혹은 풀어 헤치는지 분명해진다.

<구조주의자> 바르트와 그 후기 저작의 변덕스럽고도 멋부린 담론 사이에 아무런 연관도 발견하지 못하는 독자들은, 이 변전 (變轉)해 마지않는 텍스트의 운동에 반감을 느낀다. 그와 같은 독자가 필립 토디 (Philip Thody)이다. 그의 바르트론 (論) (부제는 「보수적 평가」)은, 바르트를, 재능은 풍부하지만 변덕스런 사상가, 훌륭한 생각으로 가득차 있지만 당혹스럴 만큼 급전환하는 경향이 있는 사상가로 묘사하고 있다 (Thody 1977). 토디는 온통 화려한 불꽃 밑에는, <옛> 신비평의 그것과 별로 다르지 않는 전제들의 구조가 존재하고 있다고 확신한다. 바르트는, 한편으로는 현혹적인 연주자이자 언어적인 속임수의 명수이며, 또 다른 한편으론 요즈음 유행하는 파리 스타일로 차려 입은, 고상하게 조백이 있는 사상가로 되어 있다. 그의 전복 전술 (轉覆戰術)은, 결국 질서와 방법에 대한 집착을 감추기 위한, 어이없는 패러독스 편애가 되고 마는 것이다.

토디의 읽음은, 독자의 기운을 돋구어 주거니와, 보수적 기질의

영국인 소비자들을 위해서, 바르트를 이해하자는 것이 바로 그의 의도이다. 그의 무뚝뚝하고 상식적인 음조 (音調)는, 구조주의의 **방법**의 수락할 수 있는 면과 또 하나 더욱 과격한 함축 사이에 깨끗이 쐐기를 박아 두자는 자세와 결합되어 있는 것이다. 따라서 바르트의 패러독스를 좋아하는 체질이—어떤 억압된 강한 <창조> 충동을 가장자리에서 내비치는 경향으로 보이는 것이, 그로서는 적이 참을 수 없는 모양이다. 패러독스는 한낱 <스타일>의 장식이라기보다는, 오히려 바르트의 사고의 근원에 존재하는 것인지도 모른다는 생각은 거의 품지 않는다. 그러나 이것이야말로, 이성과 방법에 대해서, 그 흡수 능력을 가지고서는 어떻게 할 도리없는 비틀린 논의에 의식적으로 부딪쳐 가는 바르트의 저작 안의 많은 문장들이 말하고자 하는 바인 것이다. 그의 자서전격인 문장에서 단편을 하나 인용해 두기로 하거니와, 이것을 보면, 이 <대항적인 정식>이 바르트의 모든 저작의 원천이 되고 동기가 되어 있다는 것을 알 것이다.

> 하나의 독사 (doxa, 통속적인 견해)가 정식화되고, 견딜 수 없게 된다. 나는 거기에서 도망하기 위해서, 하나의 패러독스 (para+doxa)를 설정한다. 그러면 이번에는, 이 패러독스가 고약스럽게 되어, 하나의 새로운 고체가 되고, 그 자체가 새로운 <독사>가 된다. 그래서 나는 더욱 새로운 패러독스를 찾지 않으면 안 된다 (Barthes 1977, p. 71).

패러독스 및 그와 유사한 사고의 비유들은 <문학적> 언어의 영역에 속하며, 비평에 있어서는 빠듯하달까 자기 탐구적인 구실을 맡아 하는 것에 지나지 않다는 생각을, 토디의 태도는 반영한다. 이것은, 신비평가들이 시의 비유적 장치와 산문에 의한 설명에 쓰이는 합리적인 언어 사이에 설치한 경계선과 동일한 것이다.

이 경계선은, 신비평가 중에서도 비교적 모험을 좋아하는 사람, 특히 글쓰기 행위의 어떤 측면을 다른 측면으로부터 이토록 떼어 버리는 것에 대해서 불안을 느낀 시인이나 소설가들한테서 매양 습격과 침략을 받게 되었다. 이 문제는 비평 기술의 문제에 그치지 않았다. 정통파 신비평가가 시적 언어에서 찾았던 것은, 어쩐지 인간의 이성을 넘어서고, 궁극적으로는 어떤 종교적인 가치 의식을 가리키는 구조이었다. 월터 옹 (Walter Ong)은 「위트와 신비」라는 에세이에서, 아주 효과적으로 논하고 있다. 신비평가들이 시적인 <위트>를 (아이러니·패러독스 등 그것과 상관이 있는 비유들도 포함해서) 강조했던 것과, 그들이 일반적으로 기독교의 신조에 충실했던 것과는 직접적인 관계가 있다고 그는 말한다—<위트의 오솔길을 더터서 도달하는 지점에서, 시 그것의 바로 본질이……기독교 교의의 핵심과 근본적으로 접촉하는 모습이 보인다> (Ong 1962, p. 90). R. P. 블랙머 (R. P. Blackmur)는, 시적 <유추>의 구실을 논하면서, 즉 어떻게 시는 존재의 갈등이며 긴장을, 표명이 아니라 암시하는 것이 가능한지를 논하면서, 비슷한 결론에 도달하고 있다—<유추에서 비로소 대립항 (對立項)이 동일한 것이 된다 …… 성 (聖) 아우구스티누스로 하여금, 모든 시에는 얼마간의 신의 실체가 깃들어 있다고 말하게 한 것은, 그것과 비슷한 인식이었다> (R. P. Blackmur 1967, p. 42-3). 이리하여 비평은 시적 언어에 고유한 성스런 힘을 존중하고, 그 자체의 작용들을 합리적 산문에 의한 언표라는 것과는 다른 영역에 한정해야 한다고 하는 생각은, 신앙 선택과도 비슷한 문제가 된다. 이 두 가지를 혼농하는 것은, 시적 진리라고 하는 신짜 <신비>를 보선하려고 애쓰는 규율 바른 의식을 해체하게 되는 셈이다.

이리하여 시의 자립은, 단지 미학의 문제에 그치지 아니하고, 인간 이성과 관계가 있는 신앙의 시험장이 되었던 것이다. 아이러니·패러독스를 주로 하는 신비평의 수사학 배후에는, 언어에 관한 형이

상학의 전제가 도사리고 있으며, 거기에는 진리에 대한 시적 주장과
종교적 주장이 일체가 되어 있다. 동시에, 이 사고의 규율에는 원칙
적으로 찬동하되, 그것을 받아들이기가 실제로 불가능하진 않다 하
더라도 좀 곤란하다는 것을 알고 있는 사람들이 있었다. 예컨대 앨
른 테이트 (Allen Tate)는, 신비평의 기본적인 신념, 즉 시적 <텐션>
과 <패러독스>는 이성보다도 뛰어난 지식의, 그리고 말로는 표현
할 수 없는 신앙의 확실성과 결부된 지식의 품질 증명이라는 생각
을 지켰다. 그러나 동시에 그는, 비평적 정신에 부과되는―<그것이
상상력과 철학의 중간점> (Tate 1953, p. 111)에 자리를 잡음으로 해
서 부과되는, (견디기 어려운) 중압 (重壓)에 관해서도 말하고 있다.
테이트는, 사색에 침잠할 때의 블랙머와 마찬가지로, 신비평적인 신
념의 밀어다부치는 정식 (定式)과 싸우고, 그것과는 이질적인 영역
을 향해서 감연히 (대단히 신중하게) 나서려 하고 있는 것처럼 보인
다. 블랙머의 『무지의 편람』 (A Primer of Ignorance)에서 다음 일절을
취해 보자.

> 상상력은, 자신의 모든 것을 예술의 자의적인 형식 속에 집어넣
> 을 수는 없으며, 지성이며 관습에서 원조를 받지 않으면 안 되는
> 법인데, 꼭 이와 마찬가지로, 상상력을 다루는 지성은, 그 자체로
> 서는 불완전하며, 그 자체의 일부 아주 형식주의적인 관습에 의
> 존하지 않으면 안 된다 (Blackmur 1976, pp. 77-8).

블랙머와 테이트는, 문학과 비평의 언어는, 전통적인 재가 (裁可)에
의해서 정해진 엄격한 영토 한정 (領土限定)에 결코 복종하는 것이
아니라는 것을, 불안을 느끼면서 알아차리고 있는 것이다.

신비평을 넘어서

이상과 같은 도전은, 제프리 하트먼 (Geoffry Hartman) 같은 비평가들이 신비평의 방법과 완전히 결별하고, <포멀리즘을 넘어서> 나아간다는 그들의 의도를 선언했을 때, 더욱 강력해졌다. 거기서 문제가 되어 있는 것이 미학적인 것에 그치지 않았음은, 후위 (後衛)가 된 신비평가들의 반응에서 분명하다. 그 중의 한 사람인 W. K. 윔젓의 「대상의 파괴」 (1970)라는 에세이는, 미국의 비평을, 그 본래의 방법과 목적으로 불러들이고자 한 것이다. 시적 형식의 특권적인 자립성을 의심하고, 문예 비평가를 위해서 훨씬 큰 사색의 자유를 주장한 신사조파 (新思潮派)에 대해서, 그는 방위적인 반응을 보였다. 이 사상의 원천은 유럽 대륙의 이론이었으며, 그 미국의 대표자들─특히 폴 드 만, J. 힐리스 밀러─은, 나중에 디컨스트럭션 (해체 비평)의 주창자가 되었다.

따라서 구조주의의 영위와 미국 신비평의 뿌리깊은 기반 양쪽에 영향을 끼쳐 준 평행하는 의식 전환을 보아내는 것이 가능하다. 이 평행성을 너무 멀리 밀고 가는 것은 물론 잘못일 것이다. 구조주의의 이론은, 신비평의 방법이 짊어져다 놓은 유사 종교의 정통성 같은 것을 결코 몸에 붙이는 일은 없었다. 그러나 구조주의는, 내가 지금까지 보이려 했던 것처럼, 그 사람을 동요케 하는 함축을 효과적으로 봉인 (封印)하고 길들이고자 하는 다양한 압력을 받아 왔다. <능력>을 지닌 독자가 행하는 온건한 판단 행위에 대한 컬러의 호소는 그러한 반응의 하나이며, 비평 이론을 거의 초월론적이라고 할 만한 정신 철학 안에 세우려 했던 것이다. 토디의 바르트론 (論)은, 유익한 방법론적인 부분을 분리하고, 나머지 부분은 문체적 도락이라는 해롭지 않은 영역으로 넘겨 버리려는, 컬러보다는 조잡하지만, 못지않게 결연한 노력이다. 신비평도 구조주의도 저마다 정통적 측면을 가지고 있어서, 그것을 사용하기에 대단히 기분좋은 부분이었다. 동시에 양자가 다 같이, 더욱 활발한 정신을 지닌 사람들 안에 그 방법 그것을 의심케 하는 불안감이랄지 좌절감을 낳는 경향이 있었던 것이다.

미국의 비평가들로서는, 신비평의 헤게모니의 쇠퇴와 동시에, 돌연 프랑스의 이론적 사상에 대한 관심이 새로 일어났다. 이 사태는, 구조주의가 이미 스스로의 가정 (假定)이며 방법적 주장에 대해서 격렬한 비판을 받고 있던 (특히 데리다의 텍스트에서) 시기에 생긴 것이다. 이 겹친 현상의 결과는, 제프리 하트먼, J. 힐리스 밀러, 그 밖의 사람들의 저작들에 현저하다. 그들이 <포멀리즘을 넘어서> 더트는 길은, 갖가지 단계를 거쳐서, 오늘날 디컨스트럭션이라고 일컬어지는 지점 (地點)에 통하고 있었다. 1970년에 하트먼은, 이 사변적 (思辨的)인 탐구가 도대체 어디로 가는 것인지, 아직 상상하기가 어렵다고 했다. 그는 이렇게 쓰고 있다 (1970, p. 113). <포멀리즘을 넘어서 나아가는 것은, 우리에게는 아직 너무 곤란하다. 절대적 정신을 믿는 헤겔주의자가 아닌 한, 그러한 시도는 이해 행위의 본질에 어긋나는 것인지도 모른다>. 그의 당황하는 상태를 보니, 블랙머나 테이트가 사변적 명상을 할 즈음에 직면했던 문제가 몇 가지 생각난다. 양자의 차이는, 하나는 하트먼이 어떠한 교의에 절대적으로 달라붙는 것을 거부한다는 점, 더구나 구조주의에 관한 논전이 신비평가들에 비해서 훨씬 광범위한 사상을 낳았다는 점에 있다.

이 새로 발견된 자유는, 하트먼의 밀턴론 (論)에서 크게 활약을 한다. 그것은 언어·스타일·비평 이론의 지위 등에 관한 신비평의 여러 전제들과 기운차게 결별하려는 것이다 (Hartman 1970, 「발사멈 (Balsamum)과 풀 위의 아담」 참조). 밀턴이 싸움터로 선정되지 않을 수 없었던 것은, 신비평적 견해에 대한 도전을 하고 있는 표시가 되는 셈이다. 신비평가들은 대부분 T. S. 엘리오트에 추종해서, 밀턴의

스타일의 <문제>를 이용, 그들이 밀튼의 정치·종교상의 급진주의
를 뿌리깊게 싫어하고 있다는 것을 제시하는 구실로 삼고 있었다.
하트먼은 이 강력한 합의 사항을 전복하기 시작한다. 그는 밀턴의
스타일을 옹호하는 데 그치지 아니하고, 제도화한 견해의 중압을 요
격하기 위해서, 비평가는 스스로의 강렬한 <책임있는> 스타일을
채용할 자유가 있다고 옹호한다. 하트먼은 <비평과 해석과의 차이
를 잠정적으로 깊게 해 버린다는 위험을 무릅쓰고라도, 한층 모험적
인 해석학의 전통>을 만들어내기를 바란다. 하트먼이 말하는 <비
평>이란, 문학적 텍스트와 그것을 이해하고자 하는 담론 사이에 안
전한 거리를 유지하는, 규율 바르고 자기 부정적인, 방법 존중의 자
세를 말한다. 한편, <해석학>의 전통이란, 해석자의 곤혹이나 당혹
까지도 넓은 의미의 반응 속에 **포함시킴**으로써, 그것들도 고려에 넣
어 두는 것을 말한다. 이같은 스타일은 비평가가 이론과 텍스트의
관계를 끊임없이 잠정적으로 조정하지 않으면 안 된다는 의미에서,
<책임있는> 것이 된다. 그것은 따라서, 구속력이 강하다고 할까,
극도로 틀에 박힌 방법의 기선을 제압하는 작용을 한다.

　하트먼은, 바르트와 마찬가지로, 적극적으로 해석적 사고의 성격
을 변형하고, 의심하는 스타일을 개발하는 자유가 비평가에게는 있
다고 주장한다. 이것은 T. S. 엘리오트 이후 유지되어 온, 비평 언
어의 성실하고 예절바른 자세와의 결정적인 결별을 말하는 것이
다. T. S. 엘리오트는 <완전한 비평가>란 <원리와 정의의 지점에
이르기까지, 감성의 분석을 신속히 행하는 지성>을 보이는 사람이
라는 유명한 정의를 내렸다. 이것은, 엄밀히 말하자면, 이론이란 (그
것이 정당한 것인 한), 지각의 <직접> 여건상에 어떠한 질서 바른
구조를 씌우는 일이라고 논하는 것과 같다. 바르트나 하트먼은, 문
학과 이론의 경계 영역을 이렇게 신중하게 규제하는 것을 싹쓸이
거절한다. T. S. 엘리오트가 지각으로부터 원리에 이르는 규율 바

른 교육적인 사고의 운동을 제창했음에 반해서, 두 사람은 끝없이 매료해 마지않는 갈등을 발견한다. 그 갈등의 <현장>이란, 지식의 쾌락적 환상을 번갈아 주는 텍스트 그것이다.

이것은 디컨스트럭션의 하나의 존재 양식이다. 즉 방법이나 언어의 지나치게 궁색한 관습에 대해서, 해석의 스타일이 지니는 힘을 의도적으로 대항시키려고 하는 시도인 것이다. 이제까지 보아 온 바와 같이, 그것은, 미국의 신비평의 전통이 이미 내부적으로 비틀림과 자기 회의의 징후를 보이기 시작한 무렵, 거기에 포스트 구조주의의 사상이 침입했기 때문에 출현한 것이다. 그러나 디컨스트럭션에는, 비슷한 회의적 동기에서 출발은 하지만, 그것을 추구해서 다른 결과에 이르르는 또 하나 다른 더욱 불굴의 논쟁적 측면이 있다. 그것은 방법과 체계를 회의하면서도, 그 자체는 엄밀한 논의 전개를 지니며, 하트먼의 장인적 (匠人的)인 언어와는 거리가 먼 것이 된다. 하트먼이, 그가 폭파를 꾀하고 있는 학문적 스타일과 거리가 먼 것과 마찬가지로, 데리다는 이 강력한 비평의 철학적 대표자이며, 폴드 만은 현재 미국의 그 가장 중요한 주창자가 되어 있다.

섬세함과 힘이 없는 독자의 손에 걸리면, 디컨스트럭션은 너무나도 명백한 획일적이고 답답한 이론적인 유행이 될 수 있다. 지금까지 디컨스트럭션은, 고작 해석의 이론과 실천의 전면적인 재평가를 재촉하는 자극을 가져왔을 뿐, 그 영향은 아직 충분히 흡수되지는 않고 있다.

자크 데리다 :
스스로에 대항하는 언어

2

자크 데리다 :
스스로에 대항하는 언어

자크 데리다의 여러 텍스트들은, 현대의 학문적 담론을 정의하는 명
확한 경계선에 따라 분류하는 것은 어떤 것이나 부정한다. 사상・언
어・동정성 (同定性)・그 밖의 오랫동안 철학적 논의의 테마가 되었
던 것들에 대해서 익숙한 질문을 제기하고 있는 한, 데리다의 텍스
트도 <철학>에 속한다. 더구나 그런 물음들은 선행하는 텍스트들
과의 비판적인 대화를 통해서 제기되는데, 그 선행하는 텍스트의 많
은 것들 (플라톤에서 훗설이며 하이데거에 이르기까지)은 보통 철학
사상사에 할당되어 있는 것들이다. 데리다가 받은 전문적인 교육은
(지금은 그가 교편을 잡고 있는 파리의 École Normale Supérieure에
서) 철학도로서이었으며, 그의 저술들은 상당한 철학적 지식을 독자
에게 요구한다. 그러나 데리다의 텍스트들은 현대 철학에서 특이한
것이며, 실로 철학의 전반적인 전통과 자기 인식에 대한 하나의 도
전을 나타내고 있다.

이 도전을 기술하는 한 방법은, 이렇다고 말하는 것이다. 즉 데리
다는 철학이 이성 (理性)의 최고의 집행인으로서 항상 주장해 온 특
권적 지위를 철학에 부여하기를 거절한다. 데리다는 이런 권력에의
주장과의 대결을 그것이 선택한 장 (場)에서 한다. 철학자들은 종래
언어가 지니는 파괴적인 효과를 무시하거나 억제함으로써만 비로소
그 다양한 사고 체계 (思考體系)를 강요할 수 있었다고, 그는 논하고
있다. 그의 목적은 항시 이러한 효과를 이끌어 내는 일, 즉 철학의

텍스트에서 작용하고 있는 은유나 그 밖의 비유적인 장치에 달라붙어서, 그것들을 교묘하게 흐트러 놓는 비판적 읽음을 해서, 그 효과를 이끌어내는 일이다. 이런 가장 엄정한 모습의 해체는, 언어가 철학의 기도 (企圖)를 흐트러뜨리거나 분규케 하는 모습을 끊임없이 상기시킨다. 특히 이성 (理性)은 언어 없이도 어떻게 할 수 있으며, 제 힘으로 스스로를 정당화하는 순수한 진리나 방법에 도달할 수 있다는 관념—데리다를 따르자면, 서구의 형이상학의 지배적인 현상—을 풀어헤치는 작용을 디컨스트럭션은 한다. 철학은 스스로의 텍스트성이랄까 <쓰여져 있는 것>이라는 성격을 지워 없애기 위해서 힘쓰지만, 그런 고투의 징후는 은유를 비롯한 수사적 전략 (修辭的 戰略)이라고 하는 철학의 맹점들 속에서 읽어 낼 수 있다는 것이다.

이런 의미에서 데리다가 쓴 것들은 철학보다는 문학 비평에 가까운 것처럼 보인다. 그의 저작들이 의거하는 전제는, 수사적 분석의 여러 양식은 종래 주로 문학 텍스트에 적용되어 왔지만, 사실은 철학을 포함한 **어떠한** 종류의 담론을 읽는 데도 필수 불가결하다는 것이다. 문학이라는 것이 단지 <상상적인> 테마에 만족하고, 철학적인 위엄과 진리의 추구 같은 것을 모두 삼가는, 철학보다는 뒤지는 빈약한 것이라고 여겨지는 일은 이미 없다. 물론, 이 태도는 서구의 전통 속에서 오랜 선사 (先史)를 가지고 있다. 플라톤이야말로 그 이상 국가에서 시인을 추방하고, 수사의 그릇된 기만에 대한 수호병으로서 이성을 세우고, 그 때문에 필립 시드니 경 (Sir Philip Sidney)에서부터 리처즈 (I. A. Richards)며 미국의 신비평가들에 이르기까지 비평가들에 의한 일련의 <변호>며 <변명>을 불러일으킨 장본인이다. 지금까지 각양각색으로 그 변호의 포진들이 전개되어 왔지만, 비평가가 스스로 철학과 그 자체의 논쟁 장소에서 **싸우고 있다**고 생각하느냐, 아니면 철학의 세력권 밖에서—그것도 마찬가지로 특권적이지만—작전 행동으로 나오고 있다고 생각하느냐에 따라서, 그 포진은 달라진다.

비평가는, 철학적 담론에서 요청되는 논리성과 그 확인의 절차에서 자신의 사고 습관을 분리할 권리가 있다고, 후자의 진영에서 매우 강력하게 주장해 온 사람은 F. R. 리비스 (F. R. Leavis) (1895-1978)이다. 그의 조건에 맞는 비평이란, 깊이있는 직관적 반응을 전달하는 것이며, 그 반응은 분석에 의해서 지적하고 설득력을 가지고 *재연할* 수는 있으나, 결코 그것에 관해서 *설명*하거나 *이론화*할 수는 없는 그런 것이다. 문학적 언어는 실제로 <살았거나> <느껴진> 체험의 매개로서, 철학과는 일정한 거리를 둔다는 것이다. 그 경험에 있어서는, 비평가의 <성숙한> 반응이 유일하게 의지할 만한 지침이 되며, 추상적인 방법론에서는 아무런 도움도 얻지 못한다는 것이다. 거기에서 <적절함>, <성숙>, <삶 앞에서의 솔직한 경건함> 같은 도덕적 명령과 동맹 관계에 있는 <실천> 비평 (혹은 면밀한 읽음)의 가치를 좋아하는 리비스의 주장이 생겨난 셈이다. 이 프로그램의 취지는 문학적 언어와 철학의 여러 문제들 사이에 확고한 경계선을 설정하자는 것이다. 비평은 문학의 텍스트에 잠재하는 인식론적 문제나 수사적인 작용의 양식에 대해서 관심을 쏟을 필요가 있다는 생각을 리비스는 배척한다. 그가 이상으로 삼는 비평가란, 철학적 이해의 절묘함보다는 오히려 반응의 질과 직관적인 재치에 의해서 경계가 한정된 전문 분야의 내부에서 활동하는 사람이다.

그러한 것이 르네 웰렉 (René Wellek)에 대한 리비스의 유명한 회답의 취지이었다. 웰렉은 (다른 점에서는 식견이 높음을 보여 주는 글에서), 어째서 리비스는 자신의 비평적 판단에 대해서 좀 더 시종여일하달까 세밀하게 세워진 근거를 마련하지 않느냐고 질문했었다 (Leavis 1937, 참조). 그러나 그렇게 하는 것은 문예 비평가들에게 요구되는 그것과는 다른, 그리고 마찬가지로 전문적으로 훈련을 필요로 하는 활동을 배반하는 것이 된다고, 리비스로서는 여겨졌던 것이다. 그 활동은 비평적 반응의 발랄한 전체성 (全體性)을 생기없는 추상적인 이론의 중압으로부터 보호하는 한, 정당화되는 것이었다.

리비스는, 문학 비평 쪽에서의 가장 뿌리 깊고도 비타협적인 철학에 대한 저항을 대표한다. 미국의 신비평가들은 수사적인 체계와 방법에 대한 강한 선호를 보이고는 있으나, 그보다는 조금 모호한 자세를 보이는 경향이 있었다. 이미 인용해 두었지만, 앨른 테이트는, 비평은 상상력과 철학적 이성이라는 대립적인 양극 사이에서 찢기우는 중간적 활동이라고 하는 절망적인 견해를 피력했다. 이러한 긴장을 용케 잘 누르기 위해서 신비평가들이 강구한 전형적인 방법은, 시를 그 형식의 한계 내부에 가둬 버리고 마는 비유와 패러독스의 수사학을 고안하는 일이었다. 그러므로 시 (그리고 그들이 다루는 범위내의 소설)는 일종의 자율적인 지위를 얻게 되는데, 그것은 비평 방법의 다양한 도그마에 의해서 아주 굳어 버렸다. 개념상의 문제들—시의 <형식>을 전달 가능한 <의미>와 어떻게 관련시키느냐 하는 따위의 문제—은, 그것이 시의 독자적으로 복잡한 존재 양식을 그럭저럭 구성하고 있다고 해 두고서, 용케 회피되고 말았다. 테이트는 패러독스와 아이러니를 비평가 자신의 곤경과 (적어도 어느 정도까지는) 관계가 있는 것이라고 보았는데, 일반적으로 비평가들은 그것을 시의 의미 구조 <거기>에 객관적으로 존재하는 것으로 보았다.

여기에서 신비평 수사학의 순환성 (循環性)과 자기 충족성 (自己充足性)이 생겨난다. 그것은, 리비스처럼 철학의 적절함을 딱 잘라 부정하는 것이 아니라, 철학의 여러 문제들을 *미적인* 패러독스와 텐션의 언어로 번역함으로써 철학과 거리를 둔다. 비평가들은 마침내 이 폐쇄된 수사학에 대해서 물음을 던지게 되지만, 그 과정에서 여러 가지 문제들은 단지 억제되거나 전이 (轉移)되는 데 그치고, 비평은 아직도 <철학의> 담론 양식의 절박한 요구와의 관계를 발견하지 않았다는 것이 한층 명백해졌다. 데리다의 영향력이 저런 자유분방한 힘으로서 등장한 것은, 바로 미국 비평의 역사와 그 비평에 대한 불평이 이같은 상태에 있던 시기에서였다. 데리다의 작업은, 문학 비평가를 철학자와 친밀한 관계에 자리잡아 주었을 뿐더러, 철학자와 복잡한 (또는 대립적인) 관계에 있는 온통 새로운 일련의 강력한 전략을 마련해 주었다. 그 때문에 철학적인 주장은 수사학적인 물음이랄까 *디컨스트럭션*의 작용을 면할 수 없게 되었다. 폴 드 만은, <문학은 철학의 주요 테마이며, 철학이 열망하는 진리의 모델이다> (de Man 1979, p. 113)라는 것을 명백히 하는 사고 과정 (思考過程)을 묘사한 바 있다. 일단 철학적 논의의 *수사성*에 대해서 경계를 게을리하지 않는다면, 문학은 언어의 타락한, 기만적인 형태에 지나지 않는다는 낡은 편견을 뒤엎는 것이 가능한 강력한 입장에 비평가는 서게 된다. 문학의 텍스트는 철학적 담론만큼은 속이고 있지 않다, 이는 확실히 문학의 텍스트가 그 자체의 수사적 지위를 은연중 인정하고 그것을 이용하고 있기 때문이다, 이제 그렇게 논하는 것이 가능하게 되어 있다 (이미 부정하기 어려운 사실이다). 철학은, 드 만의 저술에서는, <문학을 매개로 해서 자기 붕괴를 끝없이 성찰하는 것>처럼 보이게 된다.

그러므로, 데리다의 주의는 <문학>의 텍스트와 <철학>의 텍스트로 양분된다. 이 구별은 실제로 데리다가 끊임없이 무너뜨리고자 시도하고 있는 것이며, 지지할 수 없는 뿌리깊은 편견에 바탕을 둔 것에 지나지 않다는 것이다. 밀라르메, 발레리, 즈네, 솔레르스에 관한 데리다의 읽음은, 헤겔이나 훗설 같은 철학자들에 관한 그의 논문과 마찬가지로, 철두철미 엄밀한 것이다. 문학의 텍스트는 합리적 주해가 발을 들여놓기를 무서워하는, 수사적 방종이 통하는 특수한 영역의 내부에 갇히지는 않는다. 신비평가들과는 달리, 데리다는 문

학적 언어와 비평적 담론 사이에 엄밀한 경계선을 긋고 싶어하지
않는다. 반대로 그는, 혹종의 패러독스는 모든 종류의 담론들 속에
보이는 것이어서, (서구의 사상에 그렇게 깊숙이 뿌리박고 있어서)
전통적인 경계선을 어느 정도 존중하지 않는 그런 충동에 의해서
생산된 것이라는 점을 보이려고 한다. 비평·철학·언어학·인류학
등 현대 <인문과학>의 전영역은 어떤 점에서는 데리다의 무자비한
비판을 받는다. 이것이 디컨스트럭션을 이해하는 가장 중요한 점이
다. 스스로의 선사 (先史)와 지배적인 형이상학이 사고에 부과한 여
러 조건들을 효과적으로 회피할 수 있을 만큼 빈틈없는 혹은 자각
적인 언어는 존재하지 않는다.

사각과 통찰 :
신비평을 해체한다

<포멀리즘을 넘어서> 나아가는 것이 다양한 모습으로 제창되었다.
(제프리 하트먼처럼), 우회적이고도 안달이날 정도로 간접적인 스타
일을 채용하는 비평가들도 있다. 그리고 신비평적인 방법의 여러 가
지 패러독스들을 *철저히 생각해 보는* 비평가들도 있다─폴 드 만이
그 현저한 예이다. 드 만의『사각 (死角)과 통찰 (洞察)』(*Blindness and
Insight*, 1971)의 에세이들은, 데리다의 착상을 현대 시학의 수사법에
강력히 적용한 것이었다. 신비평가들을 그 바탕을 이루는 은유에 주
목하면서 읽는다는 것은, 드 만의 용어를 빈다면, 그들의 최대의
<통찰>의 계기와 분리할 수 없는 <사각>의 발견을 시도하는 것
에 지나지 않는다. 그들은 시를 <언어적 이콘> ('verbal icon')─무시간
적이며 자립적인 의미 구조─이라고 생각했거니와, 이 포멀리즘적
인 생각은, 간과해 버린 함의의 엉클어짐 바람에 그 자체 해체를 받

게 된다. 신비평가들은 함의의 엉클어짐을 찬양하고 그걸 잘 설명하기 위해서 <애매> ('ambiguity')니 <텐션> ('tension')에 주목했는데, 바로 그 <애매>니 <텐션>으로 해서 그들의 <유기적인> 형식에 대한 고정 관념 (固定觀念)의 토대가 붕괴되었다. 드 만이 말하는 것처럼, <이 중앙 집권적인 비평은 결국 애매성에 대한 비평, 스스로 가정한 통일의 부재성을 아이러니컬하게 성찰하는 작업이 된다> (de Man 1971, p. 28). <형식> 그 자체가 문학 작품 그 자체에 속하는 것이라기보다는 오히려 작업 가설이며 질서를 구하는 해석자의 갈망의 소산이라는 것을 알게 된다. 신비평의 용어의 핵을 이루는 유기적인 은유라는 것은, 텍스트와 해석자 사이에 생겨나는, 드 만이 <변증법적 상호 작용>이라 일컫는 것에서 기인한다. <대단히 인내가 강한 섬세한 주의력이 형식을 읽는 데 기울어졌기 때문에, 비평가는 해석학적 순환 속에 끼여들어서, 그것을 자연의 과정이 짜내는 유기적인 순환이라고 오인했던 것이다> (ibid., p. 29).

디컨스트럭션은, <문학적인> 텍스트에 적합한 면밀한 읽음과 비평 언어의 한층 미묘한 함축된 의미를 이끌어내기 위해서 필요한 전략 사이에 아무런 경계선도 긋지 않는다. *어떠한 모습의* 에크리튀르 (écriture)든지간에 반드시 의미와 의도의 분규에 직면하는 것이니까, 문학에 대해서는 특권적인 지위가, 비평 언어에 대해서는 이차적이고도 자기 멸각적 (自己滅却的)인 지위가 마련된다는 것은 이미 있을 수 없다는 것이다. <에크리튀르>는 그 자체의 사각과 통찰의 변증법을 지니고 있어서, 전통적인 지혜가 그것에 부과하고자 노력해 왔던 모든 범주에 선행한다는 깃이다. 데리다직인 이 원리를 느 만은 전면적으로 받아들인다.

이것은 결국, <비평의> 언어와 <창작의> 언어 사이의 관계를 전통적으로 지배해 온 우선권의 체계에 대한 철저한 거절에 다름 아니다. 구별의 기초가 되는 생각은, 문학의 텍스트는 진정한 자족적 의미의 충실을 구체화하고 있음에 반해서, 비평은 우회적인 해독 전략에 의해서 그것을 암시할 수 있을 따름이라는 것이다. 이것은 데리다로서는 에크리튀르—곧 언어의 <자유로운 놀이>—를 **발화** 의 특성에 지나지 않는 안정된 의미로 환원하고자 시도하는, 아직도 뿌리깊은 서구 편견의 또 하나의 징후라는 것이다. 이 함의는 이러하다. 즉 발화된 언어에 있어서는, 의미는 발화자에 <현전>하는 것인데, 이것은 의도와 발화 사이의 완전하고도 직관적인 <일치>을 보장하는 내적 자기 감시 (自己監視)에 의해서 분명해진다. 문학의 텍스트는 종래 자기 확정적인 의미와 진리를 지니는 것으로 알려져 왔는데, 그것은 언어에 대한 서구적 태도 속에 충만해 있는 텍스트성 (textuality)의 뿌리깊은 불신에서 파생된 (데리다의 견해로는) 특권적 지위이었다. 기원과 현전 (presence)의 이런 신비에 도전하려면, 담론의 가공적인 경계선, 즉 <문학>과 <비평>을, 또는 <철학>과 그 전통적 영토 바깥에 있는 모든 것들을 구별하는 각색 영토권을 말살하는 것이 상책일 수 있다.

이 담론의 재분할이 암시하고 있는 것은, 우리의 읽음의 습관이 일부 매우 극심하게 변화했다는 점이다. 그 하나는, 비평적 텍스트의 읽음은 종래와는 근본적으로 다르지·않으면 안 된다는 점, 즉 해석상의 <통찰>을 구하는 읽음이 아니라, 오히려 스스로의 개념적인 한계를 보이는 <사각>의 징후를 구하는 읽음이 요청되고 있다는 점이다. 드 만은 이 주장을 아주 명석하게 전개하고 있다.

> 비평의 텍스트는 과학을 지향하는 것이 아니니까, 비비평적 (非批評的)인 문학 텍스트의 연구에 가지고 들어가는 것과 같은 양면 가치 (兩面價値)의 의식을 가지고 읽어야 한다. 그리고 그 담론의 수사법은 범주적 진실에 의존하므로, 의미와 주장 사이의 모순은 그 담론의 논리의 일부를 구성하고 있다 (ibid., p. 110).

  문학 텍스트와의 관계에서 비평가의 입장을 정의하게 되면, 이 논의는 두 가지 방향의 의미를 지닌다. 분명히 그것은, 어떤 비평의 전통에서 되풀이 꿈꾸어 온 바와 같은, 전문적 훈련에 바탕을 둔 방법론의 뒷받침이 있는 접근의 유효성을 비평가에 대해서 부정한다. 한편 그것은, 비평가를 텍스트의 지고 (至高)한 언어에 봉사하는 한낱 하인에 지나지 않다는 엄격한 역할 분담을 뛰어 넘는 하나의 방법을 제시한다. 비평은 방법적 측면에서 자신을 잃었던 것을, 스스로의 힘에 의해서 수사적 관심에서 되찾게 되는 것이다. <문학적인> 텍스트의 해체적 읽음에 있어서도 유사한 순위의 반전이 발생한다. 원점으로서의 문학 작품에 부착해 있던 권위는, 비평에 대해서 한발 아래에서 경의를 표할 것을 요청하지만, 그 권위의 의미는 이미 존재하지 않는다. 텍스트의 자율성은 실제로, 문학적 의미가 전통적으로 지니고 있다는 속성을 모조리 의심하는 반항적인 새로운 논평의 스타일에 의해서 침해된다. 그러나 동시에 이 회의적인 태도는, 문학을 수사적으로 복잡한 것, 수사적인 관심을 끄는 것으로까지 끌어올리게 된다. 그리고 거기서는 문학의 <사각>의 계기가 종종 철학적 담론 어느 것보다도 더욱 예민하게 계시적이 되는 것이다.

  데리다가 말하는 에크리튀르가, 이미 스스로의 이데올로기에 대해서 회의적이기 시작한 뿌리깊은 보수적인 전통—미국의 신비평의 전통—에 대해서 끼친 영향은 이와 같은 것이었다. 일련의 논쟁적 전술 (하트먼 류의 장인적 (匠人的) 운용)이라고 여겨졌던 것이 데리다로 해서 소생되어, 훨씬 과격하고 근본적인 동요를 주는 깃이 되었다. 우리는 이제, 데리다가 해체적인 읽음의 조건과 함축적 의미를 말하고 있는 주요 텍스트들을 면밀하게 살필 수 있다. 그럴 즈음에, 그의 저술들을 하나씩 하나씩 추켜들어 보기보다는, 몇 개의 주요 비평 테마와 논의의 전술에 초점을 맞추기로 한다. 데리다의 텍스트들은 기성 <개념>의 <창고>가 아니라, 같은 환원적 프로젝트 모든 것에 대항하는 하나의 *행위*라고 재삼 경고하고 있는데, 그 말에 따라 행위를 가능한 한 해 보기로 하자.

언어, 에크리튀르, *차연*

<구조주의적> 사고라고 하는, 다른 점에서는 공통점이 없는 분야를 하나로 간추리는 테마가 있다면, 그것은 언어는 의미의 *차이적*인 망상 조직 (網狀組織)이라는 원리—소쉬르가 처음 분명히 한 원리—이다. <의미하는 것> (signifier)과 <의미되는 것> (signified) (발음되거나 쓰여지거나 하는 것), 매개체로서의 단어와 그것이 환기하는 개념과의 사이에는 자명한 1:1의 대응 관계는 하나도 없다. 이 두 가지 것은 변별적 특성의 놀이에 사로잡혀 있으며, 거기서는 음과 의미의 차이가 의미의 유일한 표지 (標識)가 되어 있다. 이를테면 가장 간단한 음운론적 레벨에서 말하면, /bat/와 /cat/는 어두 (語頭)의 자음을 교환함으로써 구별된다 (그리고 의미가 생성된다). 마찬가지로 /bag/와 /big/은 가운데 모음의 교체로 해서 구별된다. 언어는, 이런 의미에서 *변별적*이다. 혹은 언어는 차이가 구조화된 체계에 의존하고 있으며, 그 체계는 비교적 소수의 언어 요소군 (言語要素群)이 방대한 양의 의미를 나타내는 것을 허용한다고 할 수 있다.

소쉬르는, 이 기본적 통찰에서 나아가서, 현대 언어학에 있어 유력한 작업 프로그램이 된 것을 구축했다. 그의 제안은 두 가지 중요한 점에서 전통적인 사고와 결별한다. 첫째, 그는 <공시적> (共時的)인 접근을, 즉 언어를 특정한 시점에 존재하는 구조 관계로 이루어진 망상 조직으로서 다루는 방법을 채용하지 않고서는, 언어학을 과학적 기초 위에 자리잡도록 할 수는 없다고 논했다. 그런 학문 분

야는 19세기의 언어학을 지배했던 역사적인 탐구니 사색이니 하는
<통시적> (通時的)인 방법을 포기—또는 잠정적으로는 일시 정지
—해야 할 것이다. 둘째로 소쉬르는, 낱낱의 발화 행위나 발언
(parole)과, 그 발화가 기인하는 분절 관계의 일반 체계 (la langue)를
단호히 구별하는 것이 필요하다는 것을 발견했다. 발화가 가능하려
면, 그 근저 (根底)에, 그것에 선행해서 이런 체계가 존재해야 한다.
조직으로서의 간추림을 지닌 언어의 기본 원리를 따르지 않고서는
의미의 산출은 불가능하기 때문이다. 그는 그렇게 생각했던 것이다.

구조주의는 갖가지 형태를 취하고 갖가지로 응용되어 왔지만, 그
모든 점에서 현대 언어학에 기초를 준 소쉬르 프로그램의 뒤를
따라 발전했다. 여기서는 그 발전에 대한 세부적인 설명을 할 자
리가 아니니, 테렌스 호크스의『구조주의와 기호론』(Structuralism and
Semiotics, 1977)을 참고하기 바란다. 요컨대 구조주의는, 모든 문화 체
계는—언어 뿐만 아니라—의미 작용의 다양한 레벨을 밝혀 주는
<공시적인> 관점에서 연구될 수 있다는 생각을, 소쉬르로부터 이
어받은 것이었다.

이 새로 발견된 프로젝트에 관한 언어학의 정확한 위치는 상당한
논쟁의 화제가 되었다. 소쉬르는 논하기를, 언어는 많은 코드 중의
하나일 따름이요, 따라서 언어학은 그 방법론상의 우선권을 유지할
수 있는 것이 아니라고 했다. 충분히 성장한 *기호학* (semiotics) 곧 기
호의 과학의 도래와 더불어, 언어는 기호에 의거하는 사회 생활 일
반 속에서 알맞게 참여하는 지위를 떠맡을 것이라고 했다. 역설적으
로, 처음으로 이런 전망을 뒤집어 언어학을 기호론의 아버지로 회복
시키고자 했던 사람은 롤랑 바르트—구조주의 사상가들 중에서 가
장 다재 다능한 사람—였다. 바르트는, 문학 텍스트에서 요리·패션
·사진에 이르기까지, 문화의 다양한 코드에 걸쳐 구조주의 방법의
가능성을 재빨리 개발해 보였다. 그러나 그는,『기호학의 원리』속

에서, <사회학적 의의가 표층 밑에까지 파고 들어가 있는 체계를 향해 다시 나아가면, 대번에 언어와 재차 직면한다>고 하는 확신을 표명한다. 그리고 이것은, <우리가 그전보다는 훨씬 더……쓰여진 언어 (written word)의 문명 속에 있기> 때문이라고 설명하고 있다 (Barthes 1967, p. 10).

물론 이 텍스트는, 바르트의 전개의 초기 단계에 속하며, 후에 그는 이 국면을, 메타 언어적인, <과학적인> 지식의 개념에 너무 의존했다 해서 비판하게 된다. 나는 이미 제1장에서, 스스로의 변동적이고도 잠정적인 지위를 깨닫고 있는 텍스트 활동을 통해서, 그가 그런 개념들을 마침내 해체하게 되는 사정을 설명해 두었다. 그러나 바르트가 전에 이용했던 종류의 언어학적 유추는 어떤 단계의 구조주의를 잘 나타내고 있는 것이다. 데리다가 의미와 현전의 서구적 형이상학에 아직도 집착하고 있어 보이는 상태에서 구조주의를 잡아떼려는 의도를 갖고서 끼여든 것이 바로 이 점이었다. 특히 그는, 구조주의적인 사고 (思考)에서 언어학이 방법론상의 우선권을 쥐고 있다는 것을 의문시했다. 「언어학과 그리마톨로지」 (Derrida 1977, pp. 27-73)에서 한 데리다의 소쉬르 비판은, 그러니까 디컨스트럭션의 프로젝트로서는 결정적인 순간이 되는 셈이다.

그 논의는 **쓰여진** (*written*) 언어와 **말해진** (*spoken*) 언어를 대립시키고, 말해진 언어에 상대적인 우선권을 주는 소쉬르의 자세를 에워싸고 전개된다. 이것이야말로, 데리다가 서구 철학의 전통 한가운데 위치시킨 이원론 (二元論)이다. 데리다는 소쉬르의 저작에서 어크리튀르가 언어 표기의 단지 파생적인 것, 이차적인 형태에 지나지 않은 것, 또는 일차적인 현실로서의 발화와 언어의 배후에 존재하는 발화자의 <현전>이라는 의식에 언제나 의거하는 것으로 다뤄져 있는 많은 구절들을 인용한다. 데리다는 여기에서 혼란성의 긴장을 발견한다. 이것이야말로 (바르트도 포함해서) 다른 구조주의자들이 골

칫거리이기는 하지만 그렇다고 회피할 수도 없는 패러독스로 기꺼이 보아 넘겼던 문제라는 것이다. 다른 점에서는 체계로서의 언어 (*langue*)의 우선적 의의에 그토록 강하게 기울어져 버린 이론 안에서, 이렇듯이 발화 (*parole*)에 대해서 특권적인 지위를 마련해 주는 것을, 우리는 어떻게 이해하면 좋을까? 바르트는 이 질문을 아주 간결하게 제시하고 있다.

> 하나의 언어 (language)는, <발화 집단>의 내부를 제외하고는, 단정하게 존재하지는 않는다. 그 언어에 의존함으로써만 발화 (speech)를 조작할 수 있다. 그러나 거꾸로, 하나의 언어는 발화에서 출발함으로써만 가능하므로, 역사적으로는 발화 현상은 항상 언어 현상에 선행했으며 (언어의 진화를 촉진시키는 것은 발화이다), 발생론적으로는 하나의 언어는 개인 안에서 개인이 주위의 발화로부터 학습을 통해서 성립하는 것이다 (Barthes 1967, p. 16).

언어와 발화의 관계는, 이처럼 변증법적이다. 즉 하나의 입장에서 다른 입장으로 생산적으로 왕복 운동을 되풀이하는 사고 과정 (思考過程)이, 그것에 의해서 움직이기 시작하는 것이다.

  데리다는 이 패러독스를, 그런 외견상의 여러 모순들을 극복해 주는 한층 포괄적인 프로젝트 (기호학의 프로젝트)의 일부로서 간단히 받아들이지는 않는다. 여기가 바르트와 다른 대목이다. 데리다로서는, 소쉬르의 텍스트에는 기본적인 **맹점**이 포함되어 있다. 즉 스스로의 담론이 양시에 의해서 **발생**된 여러 문제들을 철저히 생각할 수 없는 사태가 거기에는 있다는 것이다. 일반적인 의미랄까 제한된 의미에서의 <에크리튀르>와 함께 여기서 억압되어 있는 것은, 언어를 개인의 현전이나 발화의 틀을 초월하는 의미 작용의 체계로서 포착하려는 생각이다. 위에서 인용한 바르트의 글을 돌이켜 보면,

얼마나 <발화>에 관한 용어가 지배적인지를 알 수 있다. 이것은
체계로서의 언어 편에 서서 하는 주장을 말하기 위해서 표면상 논
의되는 곳에서조차 해당된다. 이를테면 바르트는 (소쉬르에 의지하
면서), 언어 전체에 눈을 돌려야 할 컨텍스트에서, 비유적으로 <발
화 집단>에 언급해 버려서, 실제로는 언어의 전체의 원천에 대함과
동시에 현실적인 발화자와 그들의 발화에 대해서도 호소하게 되고
만다. 원리적으로, 바르트가 언어는 발화의 <산물이자 도구>이며,
그것들의 관계는 항상 <변증법적>이어서, 어떤 명백한 우선 관계
로 환원되지 않는다고 말해도 이상하지 않다. 그렇지만 실제로는,
그의 이론은, 은연중 개인의 발화를 특권화하고 그것을 지지하는 의
미 체계의 상위에 그 발화를 위치시키는 은유에 의존하고 있는 것
이다.

데리다의 공격 방침은, 그와 같이 장전 (裝塡)된 은유들을 뽑아내
어 어떻게 해서 그것들이 여러 전제들로 이루어진 강력한 구조 전
체를 떠받치고 있는지를 제시하는 일이다. 만약 소쉬르가, 그 이전
의 다른 사람들처럼, 어쩔 수 없이 에크리튀르를 의심스러운 이차적
인 지위로 밀어냈다면, 그런 억압의 메커니즘은 그의 텍스트 안에
있으며, 해체적인 읽음을 받아들이게 되는 셈이다. 그리하여 데리다
는 다음과 같은 점들의 논증에 착수한다.

1. 에크리튀르는, 소쉬르 언어학에서는, 체계적으로 지위가 격하되
   었다.
2. 이 전략은, 억압되어 있기는 하지만 눈에 보이는 여러 모순들에
   직면한다.
3. 이런 모순들을 철저히 추적해 가면, 언어학을 **넘어서** <그라마
   톨로지> 또는 에크리튀르와 텍스트 일반의 과학에 이르른다.

데리다는, 소쉬르의 방법론에서 발화에 대해서 부여된 특권의 배후에는 어떤 형이상학 전체가 작용하고 있다는 것을 인식한다. 거기서는 **목소리**가 진리와 진정함의 은유가 되어 있다. 목소리는 생명 없는 이차적인 파생물로서의 에크리튀르에 대립하는 것으로, 자기 현전적인 <살아있는> 발화의 원천이 되어 있다. 사람은 발화에 있어 음 (音)과 의미 사이의 친밀한 관련 (이라고 여겨지는 것)을 경험할 수 있다. 즉 완전히 투명하게 이해되는 의미를 직접 내적으로 파악할 수 있다. 반면에 에크리튀르는, 이 순수한 자기 현전의 이상을 파괴한다. 그것은 이질적인 비인간화된 매체를 강요한다. 즉 의도와 의미 사이, 발화와 그것을 이해하는 힘 사이에 침입하는 속임수의 그림자인 것이다. 그것은, 권위가 텍스트적인 <산종> (散種)의 변덕과 일시적 기분의 희생이 되는 그런 혼란스런 공적인 영역을 점유한다. 요컨대 에크리튀르는, 진리와 자기 현전을, 혹은 자기 현전이 발생하는 <자연> 언어를 결부시켜 버리는 뿌리깊은 전통적인 견지에는 하나의 위협이 되는 것이다.

 이런 전통에 반대해서, 데리다는 처음에는 이상한 주장이라 여겨지지 않을 수 없는 것을 논한다. 에크리튀르는 사실상 언어의 **전제조건** (precondition)이며, 발화에 선행하는 것으로 인식되어야 한다는 것이다. 그러기 위해서 우선 첫째로, 에크리튀르의 개념을 통상적인 (예컨대 쓰여져 있거나 인쇄되어 있는 것이라는) 뜻으로 환원할 수는 없다는 것을 제시해야 한다. 데리다가 사용하는 이 에크리튀르라는 용어는, 소쉬르가 언어의 작용에 본질적이라고 생각했던 의미를 만드는 **차이** (difference)의 요소와 밀접히 관련되어 있다. 네리나로서는 에크리튀르란, 모든 커뮤니케이션 체계 내부에 있는 <자유로운 놀이>나 결정 불가능한 요소를 말한다. 그 기능은 발화의 자의식을 벗어나는 것이요, 개념이 언어를 지배하고 있다는 발화 쪽의 착각도 벗어난다. 에크리튀르란 끝없는 의미의 벗어남을 말하는 것이어서,

바로 이것이 언어를 지배하고 또 고정된 자율적인 지식의 손이 미치지 않는 곳에 언어를 두게 된다. 이런 점에서 음성 언어 (音聲言語)는 이미 <에크리튀르 일반>에 속하는 셈인데, 그 효과는 속임수인 <현전의 형이상학>에 의해서 도처에서 위장되어 있다. 언어는 항상 개개인 발화자에게는 결코 파악될 수 없는 교체와 차이적인 <흔적> (痕跡)의 망상 조직에 써넣어져 있다. 소쉬르가 음과 의미 사이의 <자연적인 맺음>이라 부르고 있는 것—즉 발화가 확실히 지니고 있는 것처럼 보이는 자기 인식의 힘—은 사실은 <무서운 파괴적인> 에크리튀르를 두고두고 억압해 옴으로써 생긴 환상에 지나지 않는다는 것이다. 그 맺음을 회의한다는 것은 전인미답 (前人未踏)의 영역에 발을 들여놓는 것이며, 개념의 순화랄지 개념 레벨에서의 <각성> (覺醒)을 겨냥한 엄정한 노력을 요청한다. 사고와 언어에 대한 서구적 자세의 모든 전통적인 구성물을 초월하는 것—그리고 그 조직을 해체하는 힘을 가진 것—에크리튀르는 그러한 것이다.

에크리튀르에 대한 억압은 소쉬르가 구상한 방법론에까지 깊이 들어가 있다. 그것은 서구 문화의 알파벳 음표 표기 (音標表記) 이외에는 어떠한 언어적 표기법도 고려의 대상으로 삼지 않는 소쉬르의 자세에 나타나 있다. 즉 음표 문자는 데리다가 종종 논의하는 바 비음표 문자, 즉 상형 문자·대수적 개념·그리고 갖가지 종류의 형식화된 언어 등에 대립하는 것이다. 이런 <음성 중심적> (音聲中心的)인 편향은, 데리다의 견지에서 보면, 소쉬르의 기도와 서구 형이상학을 하나로 묶는 심층의 여러 전제들이 지니는 구조와 밀접한 관계를 가지고 있다. 에크리튀르를 나름대로 발화의 여러 요소들의 충실한 전사 (轉寫)로서 다루는 한, 그 효과는 저 거대한 전통의 내부에 고스란히 들어가 있을 수 있다. 데리다가 말하고 있는 바와 같이,

알파벳의 음표 에크리튀르와 결부된 언어 체계는 그 안에서 로고
스 중심적인 형이상학이, 존재를 현전이라고 간주하는 의식을 확
정하면서, 마련해 낸 것이다. 이 로고스 중심주의, 이 완전한 발화
의 시대는, 언제나, 본질적인 이유에서, 에크리튀르의 기원과 지위
에 관한 자유스러운 성찰 모두를 **괄호에 넣고, 매달아 놓고** 억압
해 왔다 (Derrida 1977a, p. 43).

언어철학에 영향을 끼치는 것으로서의 자기 현전 (自己現前)에 대한
갈망과, 언어적인 방법이 에크리튀르의 문제에 효과적으로 육박하
지 못하도록 하는 <음성 중심주의> 사이에는 깊은 관련이 있다.
이 두 가지는 모두 발화가 <절로> 지니는 우월성을 확증하도록 작
용하는 강력한 형이상학의 구성 요소라는 것이다.
　데리다가 분명히 한 것은, 어떤 레벨에서는 이 두 가지 전제가 모
순없이 상호 보강하지만, 그 전제가 지배하고 있는 개념 질서의 내
부에서, <발화>와 <에크리튀르>의 지위를 환치해 보면, 그 전제
는 대번에 파괴되게 마련이라는 점이다. 그 효과는 비단 언어학에
동요를 주는 데 그치지 않는다. 직접적 · 직관적으로 의미에 접근할
수 있다는 생각을 바탕에 지니고 있는 모든 분야의 연구에도 동요
를 준다. 서구 철학의 텍스트에서 끊임없이 재연되고 있는 몸짓으로
서의 에크리튀르의 배제 혹은 격하의 유래를, 데리다는 더듬는다.
그것은 이성이 텍스트화의 유혹에 대해서 면역성 (免疫性)을 지니는
장소라든지 자율적인 방법을 요구하는 곳이면, 어디서나 생긴다는
것이다. 만일 의미가 자급자족적으로 이해되는 상태에 도달한다면,
언어는 이미 어떠한 문제도 제시하지 않고, 사고의 순종하는 매체로
서 작용하게 될 것이다. 근원적인, 데리다적인 형태의 에크리튀르의
문제를 제출하는 것은, 그러니까 언어와 사고의 전통적인 관계에 위
반하는 것—혹은 <폭력적으로> 반항하는 것—이 되는 셈이다.

데리다가 소쉬르와 그의 구조주의 후계자들의 텍스트에 가한 해체적 폭력이란 곧 그러한 것이다. 그것은 소쉬르의 프로젝트 전반을 거절하거나 그의 역사적 의의를 부정하는 문제는 아니라고, 데리다는 되풀이 말하고 있다. 오히려 그것은 소쉬르적인 프로젝트를 궁극적인 결론으로까지 몰아세워 그 결론이 어디에서 스스로의 전통적인 여러 전제들을 의심하도록 작용하는지를 보자는 문제라는 것이다. 데리다의 표현을 빌자면,

> 소쉬르가 그라마톨로지 일반의 분야를 개척하는 것은, 그가 정면으로 에크리튀르를 다루지는 않을 때이며, 또 그가 그 문제에 관해서 스스로 괄호를 닫아 버렸다고 느낄 때이다. ……바로 그때에, 경계의 바깥에 몰려나 있던 것 즉 언어학의 피추방자가, 언어의 원초의 가장 본질적인 가능성으로서, 언어에 끊임없이 달라붙어 있었다는 것이 인식된다. 그때에, 발화된 적이 없었던 것 즉 언어의 기원으로서의 에크리튀르 이외 아무것도 아닌 것이, 소쉬르의 담론 속에 그 스스로를 적어 넣게 된다 (ibid., pp. 43-4).

소쉬르는 이리하여 맹목적이고도 자기 기만적인 전통의 또 하나의 전형으로서, 단지 폭로되어 있는 것은 아니다. 데리다는, 구조주의의 개념상의 한계가 무엇이었든 간에, 구조주의는 디컨스트럭션으로 도상의 필수적인 단계였다는 것을 명백히 하고 있는 것이다. 소쉬르의 명확한 프로그램을 가지고서는 파악할 도리 없지만, 그것을 표현하기 위한 다른 정식화 (定式化)는 거의 불가능한 그런 발전을 위한 용어들을, 소쉬르는 준비했다. 그러나 그의 언어 이론은 그 문제를 거의 드러내는 한편 그것을 억압함으로써, 소쉬르는 자기 이론의 명백한 한계를 넘어버린 것이다. <에크리튀르>라는 개념 바로 그것은, 이런 만남을 통해서 확대되어서 원초적인 것이 되고, 전통적인 용법의 위치에서 멀리 떨어진 것이 되었다.

다음과 같은 점은 아무리 되풀이하더라도 좋을 것이다. 디컨스트
럭션은 그냥 내버려 두면 영향을 받지 않은 채로 있을 범주들을 단
순히 전략적으로 전복하는 것은 아니다. 그것은 우열 관계의 소여
(所與)의 질서 및 그 질서를 가능케 하는 개념적 대립의 체계 바로
그것을 풀어헤치고자 하는 것이다. 그리하여 데리다는, 통상적인 제
한된 의미에서의 <에크리튀르>가 발화보다도 기본적이라는 것을
증명하기 위해서 힘들여 노력하지는 **않는다**. 반면에 그는, 서구 문
화 안에서 쓰여진 텍스트들이 전통적으로 누려 왔던 <특권>에 대
해서, 언어학은 무비판적으로 굴복할 일은 아니라고 소쉬르에 동의
한다. 발화/에크리튀르의 대립은, 충분한 비판을 받지 않는다면,
<하나의 맹목적 편견> 즉 (데리다의 표현을 빌면) <의심할 나위없
이 피고와 원고에 공통된> 편견일 수 있다. 디컨스트럭션에는, 소
쉬르의 텍스트에서처럼, 전통적인 시점의 채용에 의해서 에크리튀
르의 의심스런 지위를 전경화 (前景化)하는 텍스트를 제공하는 것이
좋다. 그때에 억압된 에크리튀르는, 소쉬르 속에서 발견된 함축의
우회와 비꼬임을 통해서 가장 강력히 스스로를 거듭 주장할 것이다.
<그라마톨로지 일반의 미래를 자유롭게 하는> 것은, 그러한 비평
적 텍스트에 보이는 <몸짓과 언표 사이의 긴장>인 것이다.

　그러므로 디컨스트럭션은 하나의 읽음의 행위이다. 그것이 물음
의 대상으로 삼는 텍스트와 밀접하게 결속을 유지하면서, 조작 개념
의 자폐적 (自閉的)인 체계로서 독립적으로 개입하는 일은 결코 있
을 수 없는 읽음의 행위이다. 데리다는 자신의 방법론을 정의하게
될 석에는 극노의 보범석인 회의를 계속 내세운다. **에크리튀르** 같은
용어는 해체적인 지렛대로서의 힘을 공급하지만, 그 힘은 모든 고정
되거나 한정된 의미에 대해서 저항함으로써 발휘된다. 그 힘을 <개
념> (槪念, 'concept')이라 부르는 것은, <에크리튀르>에 특권적인
지위를 주고 마는, 어떤 계층적 관념으로 이루어진 정연한 틀을 상

상하는 덫에 곧바로 걸려 버리게 마련이다. 구조주의가 얼마나 그런 사용법에 순종하는지를, 우리는 이미 (제1장에서) 보았다. 구조라는 **개념**은, 조직화에 유용한 손쉬운 테마로서 구조를 다루고, 그것이 지니는 미결정적인 의미를 무시해 버리는 미지근한 방법론에 의해서 쉽사리 유괴된다. 소쉬르가 언어의 전제 조건이라고 말했던 변별적 특성이 하나의 구조체를 만들어내는 곳에서도 동일한 과정이 작용한다는 것을 데리다는 알아차리고 있다. 일단 에크리튀르라는 용어를 일정한 설명적 체계 안에 고정시킨다면, <구조>의 경우와 마찬가지로, 그것이 주는 근원적인 통찰을 부정하거나 억압하는 그런 사용법 (구조)이 가능하게 되는 것이다.

여기에서, 데리다는 어떠한 단일한 자기 동일적 (自己同一的)인 의미로도 환원될 수 없는 일련의 가변적인 용어를 전략적으로 사용한다. **차연**은 아마 그 중에서도 가장 효과적인 것이리라. 왜냐하면 (변칙적인 철자법에 의해서 창조된) 의미하는 것 (signifier)의 레벨에서 그와 같은 환원에 철자상으로도 저항을 하는 교란을 야기하기 때문이다. 그 <차연>의 의의는, <차이화하다> (differ)와 <연기하다> (defer)에 해당하는 두 프랑스 어 동사 사이에 매달려 있다. 두 동사는 <차연>의 텍스트적인 힘에 기여는 하고 있지만, 둘 다 그 의미를 충분히 파악할 수는 없다. 언어는, <차이>에 의존한다. 소쉬르가 딱 잘라서 보여 준 바와 같이, 언어란 그 기본적인 구성을 만들어내는 변별적 대립항으로 이루어진 구조이기 때문이다. 데리다가 새로운 장을 열고, 그라마톨로지의 과학이 그 단서를 얻는 것은, <차이화하다>가 <연기하다>로 차차 변화해 가는 데서이다. 여기서는 의미는 의미 작용의 놀이 때문에 항시 **연기되어서**, 아마 끝없는 보족 대리성 (supplementarity) [보유상태 (補遺狀態)]를 낳는다고 하는 생각이 포함되어 있다. **차연**은 단지 이 테마를 가리키는 데 그치지 않고, 자신의 불안정한 의미를 통해서, 그 <**차연**>의 과정이 작용하고 있는 것을 문자에 의해서 실증하고 있는 것이다.

　데리다는 유사한 용어가 지니는 모든 수사력 (修辭力)을 구사하는
데, 그것은 방치해 두면 그의 텍스트를 위협할는지도 모를 개념적
폐쇄—또는 궁극적인 의미에의 환원—를 저지하기 위한 수단이다.
그러한 용어의 하나로서 <보족대리> (補足代理, supplement)라는 개
념이 있는데, 그것은 그 스스로가 의미론적 환원을 막는 의미의 보
족 대리적 놀이 속에 묶이어 있다. 그것이 어떻게 작용하고 있는지
를 알고 싶으면, 루소와 레비-스트로스에 관한 데리다의 에세이에
향하면 된다. 거기서 다룬 테마는, 인류학과 문화적인 <인문과학>
의 컨텍스트에서의 <에크리튀르>이다.

문화, 자연, 에크리튀르 :
루소와 레비-스트로스

데리다에 있어 (넓은 의미에서의) 에크리튀르는, 모든 문화적인 영
위의 원천인 동시에, 문화가 항상 억압하지 않으면 안 되는, 그 자
체의 구조에 관한 위험한 지식이기도 하다. 에크리튀르는 <깔보이
고, 방계화 (傍系化)되고, 전이 (轉移)된 테마>의 문란한 성격을 띠
며, 그런대로 한편으로는 <끊임없는 집요한 압력>을 행사하는 테
마이기도 하다. <가공스러 에크리튀르는, 발화 안에 있는 자기 동
일성의 현전을 지워 버리기 때문에, 말살되지 않으면 안 된다>
(Derrida 1977a, p. 139). 이 구절은 루소에 관한 장 (章)의 도중에 나
타나는데, 루소의 『언어 기원론』은 데리다의 가장 뛰어난 사색의 하
나를 위한 출발점이 되어 있다.

　루소는 발화야말로 언어의 기원적인 형태이며, 가장 건강하고, 가
장 <자연스런> 상태라고 생각했다. 그는 기묘한 반감을 가지고 에

크리튀르를 단순히 파생적인 쇠약한 표현 양식 (表現樣式)으로 간주
했다. 이런 태도는 물론, 루소의 인간성의 철학, 즉 인류는 자연의
은혜의 상태에서 정치와 문명화된 생활에 속박되는 상태로 타락했
다는 그의 확신과 통한다. 그 경우에 언어가 하나의 지표가 되어서,
자연이 얼마나 부패되고, 문화의 그릇된 세련화로 해서 스스로에 대
립하도록 분열되어 있느냐, 그 정도를 드러내 보인다는 것이다. 데
리다는 주목할 만한 일련의 논의를 전개해서, 루소가 그의 텍스트
안에서 여러 가지 점에서 스스로 모순에 봉착하고 있다는 것과, 그
결과 발화가 언어의 기원이며 에크리튀르는 단순히 기생적인 증식
물에 불과하다는 것을 증명하기는 커녕, 에크리튀르의 우월성 및 그
러한 기원에 관한 모든 신화들이 환상임을 뒷받침하고 있다는 것을
분명히 한다.

　루소는, 이를테면 에크리튀르를 음성 언어의 <보족대리>로 다뤘
으며, 발화에 대해서 이차적인 위치에 있는 것으로, 그것은 발화 자
체가 그 묘사의 대상에서 한 발작 떨어져 있는 것과 똑 같은 것이라
고 말한다. 그러한 논의는 서구 사상에서 긴 선사 (先史)를 가지고
있다. 형상 (形相)에 관한 플라톤의 신비적인 교의 (敎義)처럼, 그것
은 예술 및 에크리튀르라는 영위의 가치를, 순수한 현전의 형이상학
을 끊임없이 끄집어냄으로 해서, 역으로 감소시키는 효과가 있다.
그 영위는 두 가지 모두 현전으로부터 거리가 있기 때문에, 끊임없
는 기만적인 모방의 놀이를 행하는 운명을 짊어지고 있는 꼴이다.
데리다로서는 에크리튀르가 지니는 <보족대리성>은 실로 문제의
핵심이다. 그러나 그것은 루소가 의도했던 경멸적인 뜻에서가 아니
다. 에크리튀르는 모든 이해 가능한 담론의 중심부로 들어가서, 바
로 그 본질과 상태를 정의하게 되는 보족대리의 **특출한** 실례인 것
이다. 루소의 에세이는, 에크리튀르와 그 <보족대리적>인 성격이
지니는 문란한 영향력을 비난하는 과정에서도, 이런 역전 (逆轉)에

굴복하고 있다는 것을 데리다는 제시한다. 보족대리라는 낯설은 테마 전체는, 루소의 논의 세부에 죄악감을 일으키는 강박 관념처럼 침투해서, 그의 함의를 그 공언된 의도에 반해서 뒤죽박죽으로 만든다. 루소는 어떤 중대한 국면에서, 그가 말하는 것과 말하고 싶은 것과를 하나로 하는 (또는 말하고 싶은 바를 말하는) 일이 아무래도 불가능하다고 말하는 것이야말로, 데리다의 괴팍한, 그러나 자의 (字意)에 충실한 읽음의 결과이다. 루소의 텍스트는 소쉬르의 그것과 마찬가지로, 내부에서 폭력적으로 비틀려 잘리는 그런 작용에 걸리게 되고, 때문에 스스로 공언한 의도의 논리를 끝까지 지속하는 것을 저지당한다는 것이다.

음악은, 루소의 문화 철학을 형성하기에 이르른 다양한 관심사 중의 하나이었다. 데리다는, 음악에 관한 루소의 생각을 발화/에크리튀르라는 일반적 테마와 결부시키는 수 페이지의 매력적인 글을 발표하고 있다. 그 논의는, 성악 양식 (聲樂樣式) 또는 멜로디성 (性)이 강한 양식에 대한 루소의 선호를 둘러싸고 전개된다. 그는 그 양식을 당시의 이탈리아 음악과 동일시하고, 프랑스의 전통 음악의 특색으로 여겨지는 유약함과 퇴폐를 잘 나타내고 있는 화성적·대위법적 양식과 대립시켰다. 음악사의 문제로서 보면, 이런 견해는 모든 종류의 학문적 질문을 받아들이는 것이다. 그렇지만 데리다는, 음악학적인 사실보다는 오히려 루소의 논의를 특징짓고 있는 **텍스트에 나타난** 회의와 불성실의 징후에 대해서 관심을 둔다. 루소의 논의에 있어서는, 음악에서 멜로디가 기원적임은, 그것이 노래에 접근하고 있는 데서 생겨난다고 여겨지고, 또 노래야말로 발화 자체의 감정적 기원에 가장 접근하고 있는 것의 전형이 된다. 하모니는 발화로부터 에크리튀르를 구별하는 동일한 보족대리라는 <타락>의 과정에 의해서 음악 속에 들어간다. 음악이 발전함에 따라, (루소가 설명하는 것과 같은) 멜로디는, <모르는 사이에 종래의 에너지를 상실했다.

그리고, 음정의 미적분이 억양의 미묘성 대신 사용되었다> (Derrida 의 인용, 1977a, p. 199).

데리다는, 루소의 텍스트의 이 구절과 그 밖의 유사한 구절들에 주의를 집중하고, 그리고 루소가 실제로 기술하고 있는 것은 역사적 인 쇠퇴기에 있는 음악의 상황이 아니라, 원초적인 미분절 (未分節) 의 외침의 단계를 벗어나려고 열망하는 모든 음악이 직면하는 상황 이라는 것을 보여 준다. 기원에 관해서 망각하는 것은 하모니와 에 크리튀르가 자연과의 순수한 친교에서 얻은 원시적인 <따뜻함>을 지워 버릴 적에 사용하는 계략이라는 것이다. 그러나 루소는 (그의 텍스트의 맹점과 모순을 통해) 간접적으로, 하모니의 보족대리의 작 용이나 기원으로부터 벗어남이 없으면—그리고 이것이 음악이 발전 하는 가능성을 준다—엄밀하게 말해서 음악을 *생각할 수 없다*는 것 을 인정하지 않을 수 없게 된다. 루소의 <당혹>은, 그가 멜로디와 노래의 기원적 성질의 정의를 시도할 때에 가장 꾸밈없이 나타난다. 루소가 그의『음악사전』에서 암시하고 있는 바와 같이 만약 노래가 이미 <일종의 인간 음성의 조절>이라면, 어떻게 인간은 노래에 <절대적으로 특징적인 위상 (位相)>을 부여할 수 있을까, 하고 데 리다는 묻는다 (ibid., p. 196). 텍스트는 무의식적으로 루소가 대단히 노심하여 부정하고자 했던 바를 고백하고 있다. 즉 인간의 사고는 발화나 노래에 대해서 순수하고 말끔한 기원을 설정할 수 없다는 점을 고백하고 있는 것이다. 루소의 논의는, 데리다가 다음에서 기 술하고 있는 것처럼,

> 타락이, *마치* 기원에 있어 미리 쓰여져 있지 않은 *양*, 그리고 마치 악 (惡)이 선 (善)한 기원 *뒤에 발생한* 양, 은연중 노력하면서, 비뚤 어지게 나아간다. 노래와 발화는 같은 행위를 하고 같은 진통을 경험하는데, 반드시 이미 분리하기 시작하지는 않는 시늉을 하려 하고 있다 (ibid., p. 199).

루소의 텍스트는 말하고 싶은 바를 말할 수는 없달까, 말하고 싶은 바를 *글자 그대로* 말할 수는 없다. 그의 의도는, 텍스트가 기원의 테마에 접근함에 따라 에크리튀르에 의한 <위험한 보족대리>로 해서 빗나가고 왜곡된다.

데리다는, 루소의 논의가 방향을 바꿀 때에는 반드시 그러한 어긋남이 발생한다는 것을 알아차린다. <자연> (또는 발화)의 탁월함이 <문화> (또는 에크리튀르)의 타락과 대립되는 곳에서는 반드시 그 대립을 전도시켜, 그 대립의 의미 그것의 근거를 무너뜨리는 비정상적인 논리가 활약하기 시작한다고, 데리다는 말한다. 그리하여 루소가 언어의 <기원>에 관해서 탐구를 할 때에는, 이미 분절화 (分節化)된 생산의 운동이 *전제*되어 있다. 그리고 그 운동은 그러한 기원적인 현전으로부터 근원적으로 절단되어야만 한다. 데리다가 기술한 바를 따르면, 보족대리가 삽입되지 않으면 안 되는 것은, <언어가 분절화되기 시작할 지점, 즉 언어가 탄생하는 지점이다. 언어의 내부에 기원과 열정을 새겨 넣는 악센트나 인토네이션이 분절화라고 하는 *다른* 기원의 각인 (刻印)하에 지워 없어져서, 언어가, 스스로 부족을 낳기 때문에, 탄생하게 되는 지점이다> (ibid., p. 270).

<악센트>와 <인토네이션>과 <정념> (情念)은 인간과 자연에 관한 루소의 철학에서도 긍정적인 의미를 지니는 용어로서 묶이어 있다. 그것들은 모두, 발화의 우월성과 순결하고 흐리지 않은 자기 인식의 미덕을 동일한 것으로 하는 현전으로서의 목소리라는 지배적인 이데올로기가 된다. 루소는, 정념적인 발화에 있어서 스스로의 기원에 가까운 것으로 남아 있는 <사연>언어와 관습적 규칙과 장치에 의해서 정념이 압도되어 버리는 <인공적인> 언어 사이의 대립에 입각해 있는 하나의 정교한 신화를 구축하고 있다. 그는 전자를 <남국>, 즉 발전에 무관심하고 또 언어면에서는 기원의 우아함과 순결함을 반영하는 문화와 결부시킨다. 후자는 문화적 발전의 퇴

폐의 표시가 되는 <북국>의 특성과 동일시된다. 거기서는 정념은 이성에 의해서 정복되며, 공동 사회는 대규모의 경제 체제의 힘에 의해서 침해된다. 언어에 있어서도, (루소에 의하면) 이 양극성 (兩極性)은 똑같이 뚜렷하다. 정념적이고 감미로운 모음을 기초로 하는 남국의 언어에서는, 그 기원의 수원 (水源)에 가까운 발화를 만난다. 이와 대조적으로 북국 언어의 특징은, 전달의 도구로서는 한층 효과적이지만, 감정과 의미, 본능과 표현 사이의 균열을 확대하는 거칠고 무거운 *자음 중심* (子音中心)의 구조라는 것이다.

데리다로서는, 이 루소적 신화 체계는, 언어에 대한 기원 (또는 자연 상태)을 설정함에 있어 항상 한계점에 봉착하는 사색의 고전적 예라는 것이다. 에크리튀르의 위협과 언어를 그 전달 능력과 영향력을 확대할 때에 더트는 <분절화>의 과정을 루소가 어떻게 결부시키는지를 데리다는 보여 준다. 루소에 있어 <진보>란, 기원으로부터 멀어지는 것을 말하며, 발화하는 개인과 공동체 전체에 언어를 결부시키는 모든 요소들―즉 액센트·멜로디·정념의 각인―을 실질적으로 억압하는 것이기도 하다. 데리다로서는, 이 현전의 신화 체계를 해체하기 위해서는, 루소의 텍스트 속에 있는 <보족대리의 기묘한 궤적>을 보기만 하면 된다. 거기서 나타나는 것은, 언어는 일단 원시적인 외침의 단계를 넘어서게 되면 에크리튀르에 의해서, 혹은 루소가 타락한 것이라고 생각한 <분절적> 구조의 모든 징후에 의해서, <언제나 이미> 깃들이어져 있다는 사실이다. 소쉬르의 언어학의 방법론에 해당되는 것은, 루소의 역사적 사색에도 해당된다. 즉 의미의 충실한 상태에 있다고 상상되는 발화라 할지라도, 에크리튀르의 보족대리로 해서, 근원에서 분열되어 있는 것이다.

이것이 루소가 『그라마톨로지에 관하여』뿐 아니라 데리다의 저작 일반에서 중심적 위치를 차지하는 까닭이다. 그는, 어떤 모습으로든 그 후의 언어와 <인문과학>에 관한 담론을 지배해 온 테마군 전체의 상징이 되는 셈이다. 루소의 텍스트는 어느 몸짓의 지속적이고도 집요한 반복인데, 그 몸짓은 스스로의 수사적 목표를 달성할 수가 없으며, 손이 미치지 않는 곳에 있는 기원을 찾을 때의 언어의 불충분함을 드러낸다. 루소의 텍스트가 보이는 교착된 장황함은 현대 철학자나 언어학자에게도 하나의 교훈이 된다.

> 우리의 언어는, 비록 그것을 기꺼이 말할지라도, 너무 많은 악센트의 대용으로서 이미 너무 많은 분절화를 사용하고 있으며, 생명과 온기를 잃었으며, 이미 에크리튀르에 먹혀 버렸다. 그 역점이 놓여진 특징들은 자음에 의해서 침식되어 버렸다 (ibid., p. 226).

발화 그 자체를 생각해 보더라도, 분절 언어 (分節言語)를 구성하고 있는 비현전적인 의미의 차이와 흔적이 항시 충만해 있다. 루소와 같은 방식으로 <기원을 생각하는> 시도는, 따라서 해결할 수도 초월할 수도 없는 패러독스에 도달하는 것이다. <문제는 기원적인 보족대리에 관해서이다―고전적인 논리 안에서는 전적으로 받아들일 수는 없는 이 불합리한 표현을 굳이 사용한다면>, 보족대리란 <현전>하는 것의 부재를, 이미 되돌릴 수 없는 충실 상태 (充實狀態)의 부재를 의미함과 동시에, 그 부재의 **대상** (代償)**으로서** 스스로의 차이의 체제를 작동시키는 것을 말한다. 그것은 언어의 어디에서도 현전하지는 않지만, 언어가 존재한다는 것 자체가 전분절적 (前分節的)인 체계로서 그것을 도처에서 전제하고 있다는 것을 말한다. 그런 까닭에, 그 작용을 아무런 설명노 하시 않는 철학은, (데리다의 논의로는) 루소에 관한 데리다의 읽음에서 밝혀진 여러 패러독스를 끊임없이 반복하는 운명을 짊어지게 된다.

이 비평은 클로드 레비-스트로스의 구조주의 인류학 (構造主義 人類學)에까지 확대되어 있다. 거기서 자연/문화의 대립에 의해서, 루소와 똑같은 문제들이 일어난다는 것을 데리다는 보고 있다. 레비-스트로스는, 구조주의 언어학의 통찰이 다른 여러 <언어>나 의미 작용의 체계에도 적용될 수 있으며, 그 근저에 있는 여러 코드를 해명하는 데 유용하다는 것을 인식한 최초의 한 사람이었다. 이 인식에 입각해서, 아마도 넓은 의미에서의 구조주의의 가장 인상적인 업적 하나가 생겨났다. 레비-스트로스는, 세계의 다양한 문화로 해서 생겨난 모든 표면적 다양성의 이면에는, 구조적인 탐구에 의해서 밝혀질 심층의 규칙과 패턴이 존재한다는 확신 위에서, 신화와 의례(儀禮)를 분석한다. 따라서 신화와 의례의 표면적인 내용을 통과해서, 이들 다양한 이야기들 (narratives)을 만들어내고 있는 상징적 대립과 연쇄 (連鎖)를 지니는 구조에 눈을 돌리는 것이 문제가 된다. 어떤 레벨까지 추상화를 해 가면, 문화와 민족의 모든 차이들에 걸쳐 퍼져 있는 발전의 패턴과 형식적 관계를 분명히 하는 것이 가능하게 된다고, 그는 논하고 있다. 따라서 신화는 문제 해결을 위한 훈련이라고 볼 수 있다. 신화는 갖가지 모습으로 컨텍스트에 적용되는데, 인간 존재의 변함없는 큰 문제—주로 결혼·가족 관계·종족적 동질성 등 제도에 둘러싸여 있는 법과 금기 (禁忌)의 구조—에 항시 되돌아가는 것이다. 그와 같은 분석의 목표는, 레비-스트로스가 자주 그랬듯이, 분산된 신화의 근저에 있는 논리를 표현하는 대수적 (代數的)인 힘과 간결성을 지닌 정식 (定式)을 발견하는 일이라고도 할 수 있을 것이다.

레비-스트로스는 소쉬르의 <음성 중심적인> 편향 (偏向)이나, 기원과 현전을 구하는 루소의 향수어린 갈망의 계승자라고 데리다는 읽고 있다. 그 둘의 사고 경향은, 데리다가 <자연>과 <문화> 사이의, 미묘하지만 중대한 의미를 지니는 변증법이라고 생각하는 것으로 수렴한다. 레비-스트로스의 방법이 지니는 음성 중심적인 편향은, 소쉬르와 로만 야콥슨의 구조주의 언어학에서 유래한 것임이 매우 분명하다. 그러나 데리다에 따르면, 이러한 방법적인 경도 (傾倒) 와 병행해서, <에크리튀르 위에 발화를 위치시키는 *언어학적인, 형 이상학적인* 음성-로고스 주의 (phonologism)가> 존재하고 있다. 실제 로 레비-스트로스는, 루소가 당시의 사변적인 학문에 대해서 했던 애매한 공헌을 현대의 구조주의 인류학에 대해서 수행하고 있는 것 처럼 보인다. 자연/문화라는 대립은, 레비-스트로스가 문명이라는 악 (惡)에 의해서 접촉되지 않은 순수 언어와 종족 사회에 대한 루소적 인 꿈에 굴복하는 바로 그 때에, 그 자체를 디컨스트럭션에 맡기는 것이 분명해진다.

데리다의 논의는, 주로 레비-스트로스의 책 『슬픈 열대』 (*Tristes Tropiques*, 1961)에서의 짧은 발췌—「에크리튀르의 교훈」—에 입각하 고 있다. 여기서 인류학자 레비-스트로스는 한 종족 (남비크와라 족) 사이에서 에크리튀르가 어떻게 발생하고 어떠한 결과를 낳는지 분 석에 착수해서, 그 종족의 문명에의 이행 (移行)을, 슬픔과 죄악감을 드러내면서 기술하고 있다. 그는, 정치적인 권력에 엉클어진 동기 (<계층화 · 경제적 기능……유사 종교적인 비밀에의 참가>)가, 쓰여 진 언어에 대한 가장 초기의 반응 속에 어떻게 증명되었는지를 기 록하고 있다. 루소처럼 레비-스트로스도, 에크리튀르 이전의 발화가 지니고 있던 원시적 통일에 대한 동경을 웅변으로 표현하고 있다. 그는, 문명과 문명이 끊임없이 착취하는 <순결한> 문화와의 만남 으로 해서 생겨난 죄의 중하 (重荷)를 스스로 떠맡는다. 레비-스트로 스에 있어, 착취와 에크리튀르라는 테마는, 에크리튀르와 폭력이라 는 테마가 그러하듯이, 자연스럽게 동행하는 것이다.

이에 대한 데리다의 대답은, 에크리튀르에 고유한 폭력이라는 것 을 부정하는 것도 아니요, 또 그것이 <원시적인> 심성을 초월해서 되돌아오는 것이 불가능한 단계에까지 전진해 버렸다는 것을 논의 하는 것도 아니다. 한편에 있어, 레비-스트로스가 제출한 증거에 입각하면, 남비크와라 족은 이미 <극적인 폭력>으로 특징을 이룬 종족 질서 (種族秩序)를 따르고 있어야 했다고, 그는 지적한다. 권력을 둘러싸고 행하는 그들의 사회적 음모와 의식 (儀式)은, 인류학자 레비-스트로스의 회고적 감정과는 현저하게 대조적이다. 그는 다른 곳에서, 남비크와라 족의 본질은 놀기 좋아하고 타락을 알지 못하는 것이라고, 이상화된 모습을 제시했기 때문이다. 더구나 데리다에 의하면, 에크리튀르는 언제나 이미 사회 생활의 일부를 이루고 있는 것이어서, 이 인류학자 곧 죄의식을 품고 있는 관찰자가, 단지 관습으로서의 표기법에 지나지 않는 것을 그들에게 가르쳤을 때에 에크리튀르가 파생했다고 할 수는 없다는 것이다. 사실, 레비-스트로스가 (루소처럼) 이 좁은 의미의 에크리튀르의 출현으로 해서 파괴되었다고 상상하는 그런 순수한 <진정함>은 존재하지 않는다. <자기 현전, 얼굴과 얼굴을 맞대었을 때의 투명한 근접성……이러한 것을 진정함이라고 결정하는 것은 고전적이다. ……루소적이지만 이미 플라톤주의의 계승자이다> (Derrida 1977a, p. 138). 이 점을 딛고서 데리다는, 에크리튀르의 폭력은 모든 사회적 담론의 발단에서부터 존재했으며, 사실상 그것은 <부도덕뿐 아니라 도덕의 기원>이기도 하며, <윤리학의 비윤리적인 개설 (開設)>의 표시이기도 하다는 것을 논할 수 있다.

그리하여 레비-스트로스에 대한 데리다의 비판은, 루소나 소쉬르에 대한 그의 해체적인 읽음과 대부분 같은 길을 따르고 있는 셈이다. 일단, 그것은 억압되고 복종된 테마 (에크리튀르의 그것)를 추켜들고, 그 테마가 텍스트 속에서 얼마나 다양하게 분기화하는지를 추구하고, 다시 그 분기화들이 그것을 저지하려고 애쓰는 질서 그것을 어떻게 전복하는지를 다시 보여 주는 것이다. 레비-스트로스로서는 에크리튀르는 억압의 도구이며, 그 억압자의 권력의 행사를 (상응하는 한계 안에서) 미개의 정신에 허용함으로써 미개의 정신을 *식민화*

하는 하나의 수단이다. 데리다의 읽음에서는, 이런 상실된 순수성에 관한 테마는, 로맨틱한 환상으로, 그리고 기원에 관한 루소적 숭배의 마지막으로 뒤늦게 표명된 예로 간주된다. 레비-스트로스가 말하는 의미에서의 <에크리튀르>는, 사회 생활의 여러 형태를 통해서 이미 <쓰여진> 문화에 부수해서 언제나 일어나는, 단순한 파생적 영위일 뿐이다. 사회 생활의 형태 속에는 명명 (命名)과 계급과 친족과 그 밖의 체계화된 제약 행위 (制約行爲)의 코드들이 포함되어 있다. 그리하여 레비-스트로스에 의해서 묘사된 그 폭력이란, <그것이 일어나기 위한 공간으로서 원-에크리튀르의 폭력·차이의 폭력·분류의 폭력·명명 체계 (命名體系)의 폭력>을 전제로 하게 된다 (ibid., p. 110).

　이 최후의 것은 남비크와라 족 사회에서의 이름의 기능 곧 지시 기능의 의의나 양식과 관계가 있다. 레비-스트로스는, 어린이들이 상대방의 이름을 서로 폭로함으로써 개인적인 악의를 품게 되고 서로 보복하게 된다는, 우연한 일화를 제공하고 있다. 레비-스트로스를 따르자면, 남비크와라 족은 고유명의 사용을 엄격하게 금하고 있기 때문에, 이 일화는, 문자 이전의 문화에 있어 언어가 무차별적인 교환 (혹은 에크리튀르)에 지게 되면 그 문화에 폭력이 개입해 온다는 것의 상징이 된다. 데리다는 증거를 들어—레비-스트로스 자신의 텍스트로부터 재차 증거를 들어—반론한다. 즉 그 <고유명>이란 그 일화가 요청하고 있는 의미에서의 고유명이 *아니라*, 개인적 소유라는 관념을 배제하는 사회적 결정으로서의 명명 체계 (命名體系)의 일부로 되어 있다는 것이다. <고유명>이라는 용어 그 자체가 부적절하다. 왜냐하면 이 말은 개별화된 본래의 개성을 존중하는 자세를 지니고 있기 때문이다. 문제가 되는 것은, 분류의 체계 곧 사회화된 <차이>의 체계에 속하고 있어서, 사적 개인의 것이 아닌, 일종의 *지정된* 이름이다. 이 경우에 남비크와라 족이 금지하고 있는 것은, 어느 개인의 권리의 침해가 아니라, 오히려 <그 고유한 이름으로서

*기능하는 것>*을 발성하는 일이다.

> 금지를 푼다든가 혹은 커다란 탄핵의 게임에 임하는 것은……고유
> 명을 폭로하는 것이 아니라, 어떤 분류화를……언어-사회적 차이
> 의 체계 안에 있는 각인을 은폐하고 있는 베일을 벗기는 데서 성
> 립한다 (ibid., p. 111).

데리다의 전략은, 레비-스트로스에 할당된 이 수 페이지에서, 아주
명백히 간취된다. 루소는 <자연>과 순수하고도 무매개의 발화를
동일시하고, 레비-스트로스는 종족적 자각의 시초와 그것을 동일시
한 셈인데, 이 <자연>은, **모든** 사회적 존재가 지니는 자기 소외적
성질을 무화 (無化)하려는 현전에의 향수어린 정체를 폭로한다. 에
크리튀르의 함의를 유사 (有史) 이전의 전체 그리고 사회의 기초 제
도로 확대해 가는 논의에서, 에크리튀르는 다시 중추적인 용어가 된
다.

더구나, 이런 결론에 이르기 위한 증거는, 마치 루소와 소쉬르의
저술의 경우와 마찬가지로, 레비-스트로스의 텍스트들 안에도 있다.
이 지적은, 비평을 한 걸음 전진시키기 위해서 계획된 신기하고 초
정교한 읽음의 <방법>은 아니다. 그것은, 텍스트를 그 의미나 생산
양식에 관해서 잘 알기 위한 편리한 수단으로 취급해 버리고 마는
마르크스주의 비평과는 달리, 외부로부터나 상부로부터 침해받지
않는다 (나는 이 점에 대해서는 뒤에서 논하겠다). 데리다가 자주 공
격의 대상으로 삼는 신화나 형이상학적 책략의 하나는, 에크리튀르
는 언어로서는 **외재적**인 것이며, 안정된 발화의 존재에 의해서 언제
나 격퇴되어야만 할 외부로부터의 위협이라는 생각이다. 플라톤에
서 소쉬르에 이르는 오랜 전통을 통해서 전해 내려 온 이 생각은,
레비-스트로스의 루소적 기울어짐에 가장 명시적으로 (그리고 역설

적으로) 각인되어 있다. 거기서는 에크리튀르가 폭력과 퇴폐의 외재적인 매체가 되며, 발화와 밀접하게 결부되어 생각되는 공동체적 가치관을 부단히 위협하는 것이 된다. 데리다의 목적은, 이와는 반대로, 에크리튀르는 발화라고 하는 **테마** 그것의 내부에도, 그 테마를 실현하고 그 올바름을 확실하게 하려고 하는 텍스트의 내부에도 나타난다는 것을 보여 주는 일이다. 디컨스트럭션은 이런 의미에서는, 억압되어는 있지만 이미 분절화된 에크리튀르의 적극적인 공범자가 된다. 데리다의 곧잘 인용되는 말처럼 <텍스트 외부에는 아무 것도 없다> ('Il n'ya pas de hors-texte').

목소리에서 텍스트로 :
데리다에 의한 철학 비판

현상학 그리고/혹은 구조주의?

3

목소리에서 텍스트로 :
데리다에 의한 철학 비판

구조주의를 소쉬르의 음성 중심주의적 어프로치로부터 해방시키는
일에, 데리다가 대단한 중요성을 부여하고 있는 것은 무슨 까닭인
지, 이제 밝혀졌을 것이다. 루소의 철학처럼, 기원과 현전 (現前,
presence)의 형이상학에 많든 적든 명백히 기초를 두고 있는 모든 철
학들을 궁극에 있어 인가하는 것은 인간의 목소리이다. 공간 (公刊)
된 데리다의 초기 저작 중에는 훗설론 (『목소리와 현상』 (*Speech and
Phenomena*, 1973)이 있는데, 거기서 데리다는, 의식 바로 그것이 얻은
직접적인 데이터로부터 연역된 의미와 경험의 논리에까지 철학을
소급해 올라갈 수 있다는 생각에, 이의를 내세웠다. 에드문트 훗설
(1938년 사망)은 실질적으로 현대 현상학의 창시자였다. 현상학은
데리다가 많은 은혜를 입은 사상 운동의 하나인데, 그가 말하는 은
혜는 (항상 그렇듯이) 현상학의 여러 전제를 철저하게 비판하고 고
쳐 쓴다고 하는 형식을 취한다. 데리다가 그의 디컨스트럭션의 프로
젝트를 위한 기반을 마련한 이 결정적인 대결에 관해서는, 후에 여
러 가지 분명히 해두어야 할 점들이 있다. 그렇지만 여기서는, 지금
까지 내가 한 논의의 입장에서, 중심적인 문제점을 설명해 두는 편
이 유익할 것이다.
　현상학은 가장 회의적인 정신을 가지고서도, 회의 내지는 의문시
할 수 없는 경험과 판단의 여러 구조들을 분리하려 든다. 지식의 기
반으로서 유일·확실한 것이란, 사물을 믿고 받아들이지 않으며 망

상 (妄想)의 산물일지도 모를 모든 관념이며 전제를 엄밀히 정지시키거나 <괄호 안에 넣는> 태도라고 훗설은 믿었다. 이와 같이 경험을 <괄호 안에 넣는> 것이 가능하면, 철학의 기초는 마련되어, 철학은 세계를 확실히 파악하고, 회의적 태도가 지니는 파괴 작용을 면할 수 있을 것이다. 19세기말의 철학의 많은 영역들을 엄습했던 자기 회의적인 기분을 생각하면, 이 프로젝트는 더 한층 중요성을 띤다고 훗설은 생각했다. <자연과학> (실험과 사실 관찰에 기초를 두는 것들)과 *해석적* 방법이 한층 중요한 구실을 맡아하는 그 밖의 사고 분야들 사이에는 균열이 이미 나타나 있었다. 이 균열은, 이미 철학 그것을 단단히 붙들기 시작하고 있던 소박한 반반성적 (反反省的)인 실증주의로 해서 한층 확대되었다. 새로운 논리 체계들이 고안되었으나, 그것들은 나름대로 설명 능력은 갖추고는 있지만 자의식적인 사고 과정의 기초가 결여되어 있었다. 정신이 그와 같은 결론에 도달할 수 있었다 하더라도, 그것을 낳게 하는 과정에 대한 반성에 바탕을 두지않는 한—스스로의 논리 작용에 관한 이론을 확립하지 않는 한,—철학은 여전히 회의적인 불신의 희생물이 될 것이다. 훗설에게 있어 이런 지식과 내성 (內省)과의 절연은, 비단 인문과학뿐 아니라 서구적 사고의 모든 영위 (營爲)를 위협하는 하나의 위기적 단계에까지 접근하고 있었던 것이다 (Husserl 1970 참조). 거기에서 철학의 새로운 존재 이유 (rationale)를 마련하기 위한 그의 시도가 생겨난다. 그것은 반성 없는 객관성과 비합리주의에의 단순한 철수라는 쌍둥이 위험을 피할는지도 모른다는 것이다.

훗설 사업의 특수 전문적인 문제는, 여기서 당면 과제는 아니다. 이해해 둘 필요가 있는 것은, 그의 철학은 궁극적인 보증으로서의 <초월적 자아> (내지는 반성적 자의식)에 호소하기는 하지만, 단순한 주관주의에 의지하는 것은 어떤 것이든지 부정한다는 사실이다. 훗설이 최종적으로 증명하고 싶었던 것은 철학을 주관적 내성 (內省)

의 변덕에 내마끼지 **않더라도**, 그러한 <초월적 자아>에의 호소의
근거를 발견할 수 있다는 점이었다. 그러기 위해서, 사고와 지각의
본질을 규정하는 의식의 행위와, 이해를 위한 그와 같은 단서는 하나
도 제공하지 않는 사적 (私的) 개인의 심리학의 영역과를 확고히 구
별할 것을 요청했다. 훗설이 <현상학적 환원> ('phenomenological
reduction')의 과정이라 불렀던 것은 틀림없이, 지각을 구성하는 기본
적 구조를 불확정적이랄까 <단지> 주관적인 경험의 집합에서 구별
하고자 하는 이 노력이었다. 요컨대, 훗설은 데카르트가 3세기 전에
시작했던 사고 (思考)의 프로젝트를, 현대 철학에 부활시킨 것이다.
즉 의심될 수 있는 모든 것들을 체계적으로 의심함으로써 이성의 확
실성을 재확립하려는 프로젝트였다. 사유하는 주관, 이것은 데카르트
가 발견한 의문의 여지가 전혀 없는 진리였으며, 그 사유하는 주관이
사유 행위를 통해서 존재한다는 것은 (데카르트의 정신에게는) 전적
으로 의심의 여지가 없는 것이었다. 마지막 남은 그 **확실성**조차, 진
술이 지니는 언어성과 논리성을 혼동하는 것이라고 해서, (특히 구조
주의자들에 의해서) 오늘날까지 계속 공격을 받아 왔다. 훗설의 주요
목적은, 의식의 이런 요술에 걸린 순환을 끊는 데 있었다. 그러기 위
해서 그는, 정신이 구조화된 자각 행위를 통해서, 어떻게 사고를 사
고 대상에 결부시키고, 경험을 소유하기에 이르르는지를 보인다. 이
미 사고 작용은, 파악의 목적인 현실에서 분리된 유아론적 (唯我論
的)인 반성의 영역에서는 일어나지 않는다. 세계 안에서의 지식과 세
계에 관한 지식과를 가능케 하는, 삭감은 되었지만 확고한 기초 위에
철학은 재구축된다.

　훗설의 갖가지 텍스트들 중에서, 데리다가 눈독을 들인 것은 그
주관주의의 요소인데, <초월론적 환원> ('transcendental reduction')이
일단 성취되더라도 아직도 주관주의는 작용하고 있다고 본다. 그 환
원의 과정을 얼마만큼 행하면, 심리주의라는 비난이 꼼짝 못하게 되

고, 철학이 새롭고 확고한 지반 위에 자리하게 되느냐 하는 점에 관해서는, 훗설 자신 시종여일한 설명을 하고 있지 않다는 것이다. 그의 초기의 저작들은, 정신의 보편적 구조라기보다도 개인의 심리에 속한다고 볼 수 있는 의식 현상을 인정하고 있었다. 후기의 텍스트들에서는 현상학적 반성의 <초월론적>인 본질을 한층 엄밀하게 주장함으로써, 애써 이런 요소들을 제거하려 했다. 정신 작용은 경험과 분석의 대상이 되지만, 그 정신은 일상적인 자각의 <경험적인> 혹은 전반성적인 자아는 아니라고 그는 반복해서 말하고 있다. 그것은 의식적인 자아 감시 (自我監視)의 한 형식이어서, 정신은 스스로의 논리적인 작용에 대해서 비판적으로 감시의 눈을 향하고, 그것에 의해서 통상적인 정상적 경험의 오류와 불확실성에서 회복한다는 것이다. 그렇지만 데리다의 입장으로서는, 어떤 모양으로든 서구의 지적 전통 전체를 지배해 온 여러 전제들을 그만큼 완전히 절단한다는 것이 훗설에게 *가능했을까*, 하는 문제가 남는다.

그의 논의는 (예상대로), 언어와 사고의 관계를 훗설이 어떻게 다루었는지를 중심으로 삼는다. 의식 (혹은 자기 현전)과 언어 표현 사이에 존재하는 것으로 가정된 친밀한 관계에서, 현상학은 그 목적 의식을 끌어내고 있다고 데리다는 본다. 훗설은, <지표적> ('indicative') 기호와 <표현적> ('expressive') 기호라는 두 종류의 기호 사이에 중요한 구별을 했다. 훗설적인 의미에서의 의의 (Bedeutung)는 후자에만 부여되는 셈인데, 그것은 후자가 언어를 <활성화>하는 전달의 목적이랄지 의도의 힘 같은 것을 나타내고 있기 때문이다. 반대로, 지표적 기호는 표현적 의도가 없고, 임의의 의미 체계에서의 <생명 없는> 표시로서만 기능한다. 이미 본 바와 마찬가지로, 데리다는, 루소와 레비-스트로스의 텍스트에 있는 유사한 대립을 분해하는 데 손을 대고 있었다. 이 두 사람의 경우, 논의는 발화와 에크리튀르의 대립을 바탕으로 해서 조립되어, 생명과 건전한 활력의 모든 은유적

속성이 발화에 부여되고, 에크리튀르에는 폭력과 죽음의 어두운 함의가 부여되어 있었다. 훗설의 언어와 사고에 관한 성찰에 있어서도, 같은 강력한 은유가 작용하고 있다고, 데리다는 본다. <지표적> 기호는 외부의 어두운, 생명을 부여하는 언어의 원천으로부터 되도록 멀리 떨어진 영역으로 추방된다. 루소가 말하는 위협적이고도 파괴력을 지닌 <에크리튀르>처럼, (훗설의) 지표적 기호는 발화의 자기 현전을 위협하고 있는 것처럼 보인다. 그것은 발화를 기원으로부터 비틀어 내어, 동기부여가 이루어지지 않은 멋대로의 의미의 무한한 놀이로 밀어내는 것처럼 보이기 때문이다.

 이 우열 관계에 데리다는 이의를 제창한다. 그럴 즈음에, 그 발화라는 특권적 용어가 소정의 위치에 유지되어 있는 것은, 어떤 지배적 <은유>의 힘에 의하는 것이었지, (일견 그렇게 보일지라도) 어떤 결정적 논리에 의하는 것은 아니라는 것을 재차 보여 주는 것이다.

> 발화된 언어는 대단히 복잡한 구조를 이루고 있어서, *사실상*, 지표적인 층을 언제나 포함하고 있다. 나중에 보는 바와 같이, 그 층을 그 한계 안에 가두어 둔다는 것은 곤란하다. 그럼에도 불구하고, 훗설은 표현의 힘만을—그리고 따라서 순수 논리성을, 발화의 몫으로 남겨 두는 것이다 (Derrida 1973, p. 18).

이 후자의 결부, 즉 <표현>과 <순수 논리성>과의 결합은, 훗설의 사업에서는 중대한 것이다. 그는 논리학에 새로운 근거를 마련하고자 했는데, 공리적 진리의 자족적 (自足的) 체계로서가 아니라, 스스로의 생산 활동의 필연성을 이해하고 있는 의식의 영위에서 구축된 구조로서의 그것이다. 그리하여 논리학 그 자체는, 사고의 표현적 (내지는 <의미있는>) 활동에 속하게 되며, 순수히 형식적인 차원과

는 대립하는 것이 된다. 훗설에 있어서는, 이것은 스스로의 생산성
을 진실로 소유하고 있는 이성의 활동과, 기존의 방법론을 단지 인
계하고 있음에 지나지 않는 사고 양식을 구별하는 것을 함축한다.

다시 또, 이 대립의 배후에는, 의식이 충분히 *참이기* 위해서는, 의
식의 활동이 인간 주관의 그 시점에서의 활동을 표현하고 있지 않
으면 안 된다고 하는 생각이 있다. 데리다가 보여 주는 바와 같이,
이 관점에서 그다지 멀지 않은 곳에 전통적인 철학을 지배하고 있
는 목소리와 자기 현전의 여러 은유들이 있다는 것이다. 표현은 의
미의 <숨> 내지는 <혼>이어서, 언어는 의미가 활성화하게 되는
단순한 <신체>에 지나지 않다. 이것이야말로 훗설 현상학의 숨은
비유적 책략인 것이다. 그러나, 하고 데리다는 논한다.

> 발화를 수반하지 않는 표현이나 의미는 있을 수 없지만, 한편, 발
> 화의 모든 것이 <표현적>인 것은 아니다. 표현적인 중핵 (中核)이
> 없다면, 담론은 불가능할 것이다. 발화 전체는 지표의 거미줄에 사
> 로잡혀 있다고 해도 상관없을 것이다 (ibid., p. 31).

이 처리하기 어려운 가능성—<표현>은 근원에서 <지표적> 의미
의 침식으로 해서 오염되어 있는지도 모른다는 사실—은 훗설의 사
고 체계 전체를 흔들어 놓기에 충분하다.

차연 (差延, *differance*)이라는 용어는 훗설의 여러 테마들을 해체할
즈음에 주요한, 빗나가게 하는 구실을 맡아한다. 이 용어가 최초로
도입된 것은, 의식적 반성에 의해서는 붙잡을 도리없는 <지표적>
의의 영역의 존재를 지시하는 비의도적인 의미 작용의 여러 요소들
을 기술하기 위해서였다. 데리다의 논리는 단순하지만 통렬하다. 언
어는, 발화의 방아쇠가 되었던 사념 (思念)에 대해서 *전면적이고도*
직접적으로 가까이 할 수 있을 때에만, 현전하는 의미라는 것이 존

재하는 조건을 채워 줄 수 있다. 그러나 이것은 불가능한 요청이다. 단적으로 말해서, 데리다가 <타자가 산 경험을 알기 위한 근원적 직관>이라 부르는 것을 우리는 소유할 수는 없다. 이 경우, 훗설 자신이 설정한 구별을 따른다면, 언어는 언제나 표현적인 면에서의 자기 현전을 달성할 수 없다는 점, 그리고 훗설에 있어 의미의 보류의 표시인 지표성을 다소나마 항상 띠지 않을 수 없다는 점을 인정하지 않으면 안 되게 마련이다. 전통적 편견을 따른다, 이것은 <기호 내부에서 작용하는 죽음의 과정>인지도 모른다. 그러나 그 전통도, 그 기저에 있는 동기와 은유가 이렇게 회의되면, 대번에 의거처를 잃고 만다. <의미되는 것의 직접적이고도 충분한 현전이 은폐되면, 반드시 의미하는 것은 지표적이 될 것이다> (ibid., p. 40). 그리고 단지 국부적인 일탈이 아니라, 에크리튀르가 됐건 발화가 됐건, 언어 사용의 모든 면의 특징이라고, 데리다는 더욱 논의를 밀고 나간다.

이리하여 **차연**이 작용하기 시작하는 것은 (소쉬르론 안에서도 그러했듯이), 의미가 순수하고도 자기 현전적인 의식에 의한 파악을 회피하는 곳에서이다. 시간적으로 **연기한다**고 하는 개념 역시, 훗설의 현상학과의 관계에서 명확한 것이 된다. 훗설은 기초학으로서의 의식 경험의 철학을 탐구했으나, 그것 때문에 그는 시간과 그 다양한 양태를 어떤 모습으로든 설명해야 했다. 이것이 그의 저서 『내적 시간 의식의 현상학』(1929년 초판)의 테마이다. 거기서 훗설은 경험하는 정신에 시간을 <이해 가능한> 것으로 하는 차원을 구성하는 갖가지 관계와 레벨을 분석하기 시작했다 (Husserl 1964 참조). 현상학적 입장에서는, 이 분석을 위해서는, 의식의 <살아 있는 현재>는 특권적인 지점이요, 그것을 거점으로 해서 장기·단기의 기억이 조직되고, 거기에 상응하는 계기적 (繼起的)인 의미가 주어진다는 것을 제시하지 않으면 안 된다. 훗설의 가장 중요한 구별 중에는 **과거 파**

악 (retention)과 **표상** (representation)의 구별이 있다. 전자는 직접적 (감각적) 흔적과 관계가 있고, 후자는 시간의 더욱 커다란 거리를 넘어서 다시 상기하게 되는 경험과 관계가 있다. 데리다가 **차연**이라고 하는 디컨스트럭션을 위한 지렛대를 집어넣는 곳이 바로 여기다. 어쩔 수 없이 훗설은, 자기 자신의 논의 바람에, 고립된 의식의 순간에는 결코 존재하는 일이 없는 다양한 과거 파악과 미래 파악으로 구성되어 있는 순간으로서의 현재를 끊임없이 다룬다고, 데리다는 지적한다. 시간이란 현전을 무한히 연기하는 작용이다. 그러기 위해서, 현상학의 프로젝트에 또 하나의 패러독스의 쐐기를 박게 되는 것이다.

　이것이, 훗설이 <살아 있는 현재>를 그 특권적 지위에다 간수해 두기 위해서 설정한 모든 차이의 실질적인 붕괴를 일으킨다. <표상>과 <과거 파악>의 구별은 이미 할 수 없다. 양쪽이 다 같이 시간적 소격화 (疎隔化)라는 동일한 끝없는 운동에 말려들어 있기 때문이다. 이 두 가지를 분리하는 것은, 훗설이 <지각과 비지각> 사이에 두려고 했던 <근원적 차이>는 아니다. 오히려 그것은, <비지각의 두 가지 수정형 사이에 있는 차이>이다. 환원하면, 시간적 경험의 유동을 조직화하거나 통제할 수 있는, 반성의 특권적인 거점 같은 것은 존재하지 않는다. 훗설의 주요 목적은 지각과 표상을 분리하는 데 있었다. 그렇게 함으로써, 후자 곧 <매개된> 기호와 인상의 영역이 지식의 근원적인 자명성에 간섭하지 않도록 하려고 했던 것이다. 그런데 그의 텍스트들이 그 자신의 의도와는 달리 사실상 드러내고 있는 것은, <지금이라고 하는 시점의 순수한 현재성>에는 <차연의 운동>이 항시 깃들어 있다는 점이다. 에크리튀르가 발화의 특권을 의심하고 전복하는 것과 마찬가지로, 이 운동은 훗설의 현상학의 토대를 무너뜨리고 있는 것이다. 지각은 이미 언제나 재현 표상이요, 그것은 발화가 에크리튀르의 **차연**을 전제로 하고 있는 (그리고 잊으려고 바라고 있는) 것과 마찬가지이다.

현상학 그리고/혹은 구조주의?

데리다는 소쉬르의 언어학, 레비-스트로스의 구조주의 인류학을 단순히 물리쳐 버리지 않는 것과 마찬가지로, 훗설을 그냥 거부하는 것은 결코 아니다. 세 사람의 텍스트들에서 그는 일련의 패러독스를 지닌 테마들을 발견하고 있다. 그것들은 각 텍스트의 명백한 논의와 맞싸우고, 바로 그것 때문에 각 텍스트는 해체적 읽음을 향해 열리게 된다. 한편, 세 사람의 텍스트가 선택된 까닭은, 그것들이 데리다가 공격하고 싶은 여러 문제들을 엄밀하고도 집요하게 제기하고 있기 때문이다. 데리다가, 말하자면 이 세 사람의 의도에 거역하려고 해서, 생각대로 공격한다고 해서, 텍스트 자체의 프로젝트가 송두리째 토대에서 무너진다고 이해할 일은 아니다. 이 논점이 화제에 오른 것은 줄리아 크레스테바와의 인터뷰 과정에서였다 (『포지시옹』 1981, 영역에 재록). 해체적 <방법>의 지위는 정확히 무엇이었던가? 디컨스트럭션이 이의를 제창한 텍스트에는 <진리>가 있다는 것이 부정되어 있는데, 디컨스트럭션 자체는 <진리>의 개념을 제공했던가? 한층 날카로운 질문이지만, 형이상학적인 언어에 대해서 불신을 품고 경계를 게을리하지 않는 데리다의 자세와, 그 언어의 개념 구조 전체를 해체한다고 주장하는 한편 필연적으로 그 언어의 *내부*에서 작업을 하지 않으면 안 된다는 사실 사이에, 데리다는 어떻게 조화를 취할 수 있었던가?

　데리다는 물음을 역전시켜서, 그 물음을 구성하는 논의의 용어들이 얼마나 단순화되었는지를 보임으로써 특징적으로 대답했다. 서구의 형이상학과 아주 손을 끊을 가능성은 없다 하더라도, 그 전통

에 속하는 모든 텍스트들은 (아무리 뿌리깊더라도) 그 자체의 내부
에 해체적 읽음을 받을 파괴적인 잠재력을 지니고 있다는 것은 마
찬가지로 진실이라는 것이다. 데리다가 말하듯이, <기호학적 탐구
의 모든 명제나 모든 체계 속에는……형이상학적인 예단 (豫斷)이
비평적 모티브와 공존하고 있다>는 것이다 (Derrida 1981, p. 36). 따
라서 디컨스트럭션은 텍스트가 행하는 영위이며, 텍스트는 결국 스
스로 고발하는 사건과 부분적으로 공범 관계에 있음을 인정하지 않
을 수 없다는 것이다. 거기서 가장 엄밀한 읽음이란, 스스로의 조작
개념 (操作槪念)을 더욱 해체하는 작용에 대해서 잠정적으로 스스로
를 내맡기는 그런 읽음인 셈이다.

  이것이 데리다가, 고정적인 읽음이나 결정적인 읽음을 허용하지
않는 식으로 문제를 안고 있는 텍스트들을 쓴 훗설 같은 저술가들
에게로 자주 되돌아가곤 하는 까닭인 것이다. 사고 (思考)가 *아포리
아* (*aporia*)—혹은 저절로 생겨나는 패러독스—를 만나고, 그것을 넘
어서는 것이 불가능한 지점을 비교적 정확히 규정할 수 있도록 해
주는 것이 그들이다. 이 아포리아라는 용어는, 데리다와 그의 비교
적 엄격한 제자들, 이를테면 폴 드 만처럼 디컨스트럭션의 가능성을
극점까지 추구하는 저자들에 의해서 자주 사용되고 있다.『옥스포드
영어 사전』은 정의를 도출해 낸다고 하는 과제를 회피하고서, 초기
의 두 가지 예를 제시하는 데 그치고 있으나, 그 두 가지가 모두 수
사학의 입문서로부터 인용한 용례로서, 이 용어가 일으키는 의혹과
불안을 얼마쯤 전하고 있다.『영국의 시』(*English Poetsie*, 1589)에서
저자 퍼트남 (Puttenham)은 이렇게 언급하고 있다—<아포리아, 혹은
의심스러운 것. 그렇게 불리어지고 있는 것은……소탈한 이야기를
가지고 우리가 사람을 긍정 혹은 부정할 즈음에, 흔히 우리는 위험
한 일을 던지고 또 사태를 의심스럽게 하기 때문이다>. 이보다 더
모랄리스트적인 것은 아니지만, 마찬가지로 엉클어진 예는 1657년

의 것이다. <아포리아란 비유이다. 화자는 그것을 사용해서, 스스로
가 그 엄청나게 많은 일들을 앞에 놓고서, 어디서부터 손을 대야 좋
을지, 혹은 무엇인가 경험한 일도 없는 애매한 사태에 대해서 어떻
게 하면 좋을지, 어떻게 말하면 좋을지 의심스러워하는 모습을 보인
다>라고 되어 있다. 분명히 이 *아포리아*라고 하는 개념은 전통적인
수사학의 체계 안에서는, 의심스럽고 불길하기조차 한 위치를 차지
해 왔던 것이다. 디컨스트럭션의 수사학에 있어서, 이 개념이 사람
에게 동요를 주는 사용법을 하는 것이 아닌가 하는 암시 이상의 것
을 이 두 가지 용례는 주고 있다.

*아포리아*는 그리스 어에서 나온 말로, <통행할 수 없는 오솔길>
을 의미하는데, 그것은 그 후의 이 말의 패러독스 품은 전개에 충분
히 어울리는 의미이다. 데리다의 손에 의해서, 이 말은 *차연*의 효과
나 일탈한 비유 작용의 <논리>를 나타내는 렛텔 또는 개념적인 총
칭어 (總稱語, cover-term)에 가능한 한 가장 가까운 것을 표상하게
된다. 디컨스트럭션이 집요하게 밝히는 것은, 수사법으로 해서 생겨
나는 사고 (思考)의 궁극적인 막다른 골목이다. 수사법은 스스로의
텍스트적 작용을 철학의 진리의 주장 속에 항시 감쪽같이 끼여들게
한다. 이 작용을 추구하는 것은, 철학이 오랜 세월에 걸쳐 에크리튀
르에 대해서 행해 온 억압이 해소되는 가능성을 엿보이게 한다. 데
리다의 말을 빈다면, 그것에 의해서 하나의 <에크리튀르>가 생겨
나게 되는 것이요, <철학은 그 내부에, 시스템 자체가 지배하는 힘
을 갖고 있지 않은 시스템 내의 장 (場)으로서 각인 (刻印)된다>. 그
러나 그 모습은, (디컨스트럭션의 프로젝트 자체와 마찬가지로) 서
구의 철학과 불가분인 채로 머물러 있는 텍스트들과 맞닥뜨리는 과
정에서, 오직 순간적으로 포착할 수 있을 따름이다. 데리다의 글 내
부에는 하나의 테마가 흐르고 있거니와, 그것은 언어의 제도화된 지
혜와 최후에는 결별하는 텍스트의 <자유스런 놀이>에 대한 유토피

아적인 희구 (希求)이다. 그것은 데리다의 나중 텍스트들 몇 개인가에서, 아나키즘적인 효과를 발휘해서 나타나는 테마이다 (이런 텍스트들에 대해서는 뒤에 가서 다시 언급할 것이다). 그렇지만 데리다는 많은 경우, 디컨스트럭션은 <내부에서 구멍을 뚫고>, 철학 그 자체에서 빌어 온 개념을 사용하면서 철학의 텍스트를 분해하도록 작용하지 않으면 안 된다고도 논하고 있다.

이 상호 의존 관계가 데리다와 훗설의 관계 이상으로 더 잘 보이는 곳은 없다. 「발생과 구조」 (Derrida 1978 수록)라는 논문에서, 훗설이 판단을 정지 혹은 주저하는 순간은 어디에 있는지를, 데리다는 정위 (定位)하고자 한다. 그 순간이 되고 보면, 훗설은, 한결같이 <타당성을 지니지만> 서로 배제하는 두 개의 설명의 틀 사이에서 **불가능한** 선택에 직면한다. 이 두 개의 틀이란 대략, 현상학적인 것과 구조주의적인 것이다. 정신 (훗설의 용어로서는 <초월적 자아>)이 자기의 현실을 어떻게 구성하는지를 <발생>적으로 설명함으로써, 인식과 경험을 설명하려고 꾀하는 것이 전자이다. 후자는 자칫하면 그 방법은 주관주의와 어떤 공범 관계에 있는 것이 아닌가 하는 불신을 품은 나머지 그 방법을 회피하고, 그 대신 궁극적인 보증으로서 <구조>라는 개념으로 향한다. 만약 훗설이 자기의 프로젝트가 무비판적인 동기와 테마에 구속당하지 않는 방향으로 진로를 정한다면, 사고의 두 가지 차원으로서의 이 양극 사이를 노를 저어 나가지 않으면 안 된다.

그리고 이것은 훗설류의 현상학의 과제일 뿐 아니라, 지각의 어떤 레벨을 넘어서서 나아가고자 하는 모든 철학적 사고들의 과제이기도 하다고, 데리다는 논하고 있다. 철학이 회피해야 하는 함정은 주관주의만이 아니다. 구조주의에도 특유의 위험이 있으며, 그것이 어떠한 것인지를, 훗설은 현대의 거의 대부분의 구조주의자들보다도 민감하게 파악하고 있었던 것이다. (이미 본 바와 같이) 구조라는 개념은, 그것이 어떤 <객관적인> 혹은 자기를 정당화하는 지위를 소유하고 있다고 가정함으로써 쉽게 *부동의 것으로 될* 수가 있다. 이런 의미에서는 데리다처럼, <혹종의 구조주의는 언제나 철학의 가장 자연스러운 몸짓이었다>라고 논할 수 있다. 사고가 스스로 사용하는 통제 개념 (統制概念) 본래의 유래를 묻는 것을 무시하려고 할 때, 언제나 구조라고 하는 설명을 위한 지주 (支柱)가 소용되는 법이다. 단속적이기는 하지만 훗설이 밝혀 보이는 것은, 객관주의적 위장을 한 구조주의와 구조주의적 용어로는 설명할 수 없는 일 사이에 있는 균열 (혹은 *아포리아*)이다. 그의 모든 기도 (企圖)는, 서로 상대의 용어로 옮겨 바꿀 수 없음에도 불구하고, 자족해서 고립 상태로 존재한다고는 도저히 생각할 수 없는 두 가지 다른 사고의 질서를 화해시키는 노력이다. 데리다에 의하면, <구조주의적> 탐구의 대상이란, 언제나 <내적 합법성에 따라서 조직된 형식이나 기능이요, 그 속의 여러 요소들은 상호 관계나 상호 대립이라고 하는 결속 상태에서만 오로지 의미를 지니는 것이다> (ibid., p. 157). 한편 <발생론적인 발상>이 요청하는 것은 <구조의 기원과 기초를 탐구하는 일>이다. 『목소리와 현상』에서 주요 목적으로 삼았던 것은, <기원> (起源)과 기층 (基層) 같은 개념들을, 그것들이 언제나 이미 의미의 차이 구조 (差異構造) 속에 써 넣어져 있다는 것을 보여 줌으로써 해체하는 것이다. 「발생과 구조」에서는 반대 사이드에서가 아니라, 사고의 그 두 가지 (환원 불가능한) 체계의 필연성을 용인한다고 하는 한결 커다란 시점에서 논의가 전개되어 있다.

데리다의 구조주의 비판은 「힘과 의미 작용」이라는 논문에서도 계속된다. 거기서는 마찬가지로 체계와 개념에 빠지고 마는 이론의 내적 자기 충족성 (自己充足性)이 문제화되어 있다. 사고 활동이 질서와 안전의 매력에 지면, 언제나 구조주의가 자기를 내세운다. 구조주의가 이룩해낸 것들이 아무리 인상적이라 할지라도, 본질적으로 그것들은 <달성된 것, 구성된 것, **구축된 것**에 대한 고찰>의 영역을 벗어나지 못한다 (Derrida 1978, p. 5). 이와 같은 정적 개념화 (靜的 槪念化)에 의해서 억압되는 것은, 구조의 온갖 한계를 넘어서 가겠다는 의향이 지닌 <힘>, 그 활성력 (活性力)인 것이다.

여기서 데리다는, 표현이 지니는 생생한 내용이 고정적인 죽은 관습에서 기호를 구제한다는 훗설의 주장에 놀라웁게 가까운 것처럼 보인다. 데리다는 구조주의적 분석이 낳은 결과를, 자연계의 신비로운 <대재해> (大災害)로 해서 황폐된 도시에 비유하고 있다. 그러나 이런 은유들의 노림은, 구조적으로 써 넣어진 **차연**에 대립하는 것으로서의 현전이니 표현이니 하는 테마를 복구하는 것은 아니다. 오히려 그 노림은 구조주의로서 거절할 도리는 없지만 끊임없이 의문시하지 않을 수 없는 하나의 자세 (현상학적인 그것)와 손을 끊음으로 해서, 구조주의 자체가 성립하고 있다는 것을 보이는 일이다. 구조라는 개념을 내부에서 비틀어 뽑아내기 위한 방법은, 그 개념에 개념으로서의 지위를 주지 않고, 또 그것이 하나의 **은유**로서 기능함으로써 다루기 힘든 의미의 에너지를 함유한다는 것을 보이는 일이다. 구조주의와 현상학은, 하나의 상호적인 **아포리아**를 이루어 결부되어 있어서, 각 원리들을 손상시키지 않고서 거기서 탈출할 도리는 없지만, 거꾸로 그것에 의존하고 있는 한, 양쪽 다 같이 최대한의 통찰을 얻는다.

현대 프랑스의 비평을 설명할 즈음에 종래는 현상학과 구조주의의 이 관계를 연속된 학파나 관심의 조류로 환원해 버리는 경향이 있었다. 구조주의는 현상학에서 성장했으며, 그런 뒤에 또 하나의 의미에서의 <성장을 이룩했다> —즉 현상학의 여러 가정들을 거절하고, 그것에 대신하는 이론적 기초를 발전시켰다는 것이다. 이 견해는 어느 정도까지는 그럴듯하다. 현상학은 의식이 지각하고 그 세계를 이해하는 방법에 대해서 한층 날카롭게 주의를 집중함으로써,

확실히 구조주의의 기초를 만드는 데 일조 (一助)를 했다. 현상학은 구조라는 관념이 이미 잠재되어 있는 일종의 언어 철학을 제공했던 것이다. 거기서는, 의미는 텍스트와 독자의 이해하려는 노력 사이에서 생기는 생산적인 상호 작용이라고 보았기 때문이다. 현상학이 구조주의와 결별한 곳은, 의미는 항상 일종의 창조적인 *과잉* (過剩)이요, 구조의 개념을 기초로 해서 할 수 있는 그 기원의 설명을 초월한다고 (훗설에 따라서) 가정하는 데 있다.

모리스 메를로=퐁티는 훗설이 가장 빼어난 후계자이거니와, 그는 이 문제를 더할 나위 없이 명쾌하게 설명하고 있다. 언어—그리고 특히 발화—가 표현하고 있는 것은,

> 패러독스에 차 있는 작업이다. 우리는 특정한 의의를 지닌 단어나 이미 어떤 의미를 사용해서, 하나의 *의도*를 뒤쫓으려고 노력하는데, 그 의도는 그것을 번역하는 단어의 의미를 반드시 앞지르고, 그것을 수정하고, 결국 그것을 고정화해 버리는 것이다 (Merleau-Ponty 1962, p. 389).

이 견해를 따른다면, 창조적으로 사용된 언어는, 순수하게 <구조화된> 의미나 기존의 의미로 설명할 수 있는 것을 앞질러 버린다는 것이다. 구조주의적 사고 방식과는 반대로, 그것은 <의미하는 것에 대해서 의미되는 것이 과잉하다는 것>을 밝히고, 그 과잉 때문에 언어는 환원적 설명이 전혀 미치지 않는 곳에 자리하고 있다는 것이다.

의미에 있어 창조적 혹은 의도적 <과잉>이라는 이 테마는 구조주의와 현상학의 균열을 설명하는 데 크게 유용하다. 구조주의적 사고에 활력을 주는 원리는, 적어도 그 초기의 표명에 있어서는, 기존의 언어의 틀을 벗어나거나 그것을 넘어서는 곳에 있는 의미는 어떠한 것이라도 결코 인정하지 않는다는 명확한 *거부*였다. 그러나 텍

스트·에크리튀르·디컨스트럭션이라는 포스트 구조주의의 테마와
현상학 사이에 바야흐로 대화가 재개될는지도 모른다는 것을 이해
하기란 어렵지 않다. 메를로=퐁티 자신, 이 방향으로 나아간 것처
럼 보인다—그것은 후기의 논문, 특히 『시뉴』(*Signs*, 1964)에 실려
있는 논문들을 한층 엄밀히 보면 분명해진다. 그의 사색은 <구조>
와 <의미>, 혹은 표현과 표현에 앞서서 그것을 가능케하는 것,
이 두 가지를 구별한다는 것은 전혀 **불가능하다는 것**을 집요하게
강조하고 있다. 어떤 점에서는, 언어란 <의미하는 것이 의미되는
것에 의해서 초월당하는 과정>이라고밖에는 생각할 도리 없지만,
그것을 <가능케 하는 것이야말로 의미하는 것의 미덕>이라고도
넌지시 말하고 있다 (Merleau-Ponty 1964, p. 90). 이 기술 (記述)은,
환원 불가능의 상호 의존을 인정하고 있다는 의미에서는, 그의 초기
입장으로부터의 결정적인 이행 (移行)을 보여 준다. 그것은 구조라
고 하는 생각을 인정함에도 불구하고, 그것을 융통성 없이 적용하는
입장을 넘어서 생각해 볼 필요성이 있다는 것이다.

　마티스 (Matisse)에 관한 논문에서 이 점이 매우 인상적으로 주장
되어 있다. 그 실마리가 된 것은 이 예술가의 일하는 모습을 담은
다큐멘터리 영화였다. 이 영화가 영감적 (靈感的)인 것이면서도, **기
존의 생각에** 따라 마지막 일필 (一筆)을 향해서 세워 올리는 과정
으로서 <그려 낸> 것을 그대로 <믿는다>는 것은 잘못일 것이라
고, 메를로=퐁티는 암시하고 있다. 하나의 단순화에 의해서, 마티스
는, <돌아다보면 무한히 많은 데이터들을 암시하는 것처럼 보이는
과제>의 해결을 보도록 하고 있다는 것이다. 창조의 과정이라 하는
것은, 표현적 기술이냐 구조적 기술이냐 하는 식으로 단순화된 양자
택일을 강요하는 용어로서 생각할 수는 없다. 메를로=퐁티가 신중
하게 말하고 있는 바와 마찬가지로,

화면 전체에 온통 흐트러져 있는 선은, 수많은 조건들을 지키기
위해서 선정되어 있는 것이지만, 그 조건들이란 마티스 이외의 사
람을 위해서 명확화된 것은 아니며, 항차 명확히 할 수 있는 것도
아니다. 그 조건들은, *아직 존재하지 않는 이 그림*을 만들어낸다고
하는 의지에 의해서만 오직 규정되고 부과되는 것이기 때문이다
(ibid., p. 46).

어떤 추상적인 설명보다도 명확하게 이 텍스트가 설명해 주고 있는
것은, 메를로=퐁티가 언어와 모든 의미 작용의 체계의 핵심에서 발
견한 패러독스에 관한 것이다. 의미가 구조를 <넘어서는> 모습은,
단순히 주관적인 <의도>를 가지고서는 기술할 수 없다. 메를로=
퐁티와 구조주의자가 의견 일치를 보는 점은, 의미는 항상 필연적으
로 기존의 의미의 제도 속에 써 넣어져 있는데 그 제도의 충분한 통
제는 의미로서는 할 수 없다는 것이다. 한편 그는, 바로 이 조건이,
배경이 되는 그런 복잡한 제약을 만들어냄으로 해서 의미가 새로운
예견할 수 없는 모습으로 출현하는 것을 가능케 하고 있다고 말한
다. 메를로=퐁티의 후기 철학은, <의미가 스스로를 예술가가 제어
할 수 있는 것으로 하고, 동시에 타자에게도 가까이 할 수 있는 것
으로 하기 위한> 구조를 발견하는 <풍요로운 순간>을 끊임없이
찾는 것이 된다.

이것과 같은 궁극적인 패러독스에 대해서, 구조주의자는 말하자
면 역 (逆) 사이드에서 접근한다. 의미가 쉴 사이 없이 스스로에 구
조를 부여하려 하고 있다고 메를로=퐁티가 보고 있는 곳에서, 바르
트라면, 여러 구조들이 끊임없이 의의의 새로운 가능성을 생산하고
있다고 볼 것이다. 구조주의 및 현상학에 관한 몇 논문에서, 데리다
는 유사한 수렴 (收斂)의 순간을 지적하고 있다. 이 두 철학의 배후
에 있는 개념과 은유의 놀이를 해체함으로써, 데리다는 나름대로,

메를로=퐁티가 직면했던 여러 과제들을 명확화하기에 이르르고 있다. 구조주의는 그 <약속과 실천의 어긋남>이라고 데리다가 부르고 있는 것을 먹고 살고 있는 셈이다. 실천은 대략, 구조 언어학에서 유래하는 유혹적인 은유에 굴복하고 있는데, <힘>을 희생으로 해서 <형식>을 추켜올리거나, 구조의 *내부*나 그것을 *넘어선* 곳에서 일어나는 것을 손상시켜서 구조를 높은 지위에 올려놓고 있는 것이다. 한편, <약속>은 스스로의 방법론적 기반을 암암리에 의심하고 있는 구조주의의 자기 비판적 경향 속에 그 명맥을 유지하고 있다. 데리다에 의하면, 구조주의의 기도를 꺾어 좌절시키는 <개구부 (開口部)>가 항시 존재하고 있다는 것이다. <하나의 구조에 있어서, 내가 이해할 수 없는 바로 그것이, 그 구조를 닫히게 하지 않는 것이다> (Derrida 1978, p. 160). 거기에서 구조주의적 사고를 끊임없이 가까이에서 비판하는 존재로서, 훗설의 현상학의 중요성이 생겨나게 되는 것이다. 훗설이 종종 그의 직접 의도에 반하면서도 힘차게 증명하고 있는 것은, <원칙적으로, 본질적으로, 그리고 구조적으로, 구조적 현상학을 닫는다는 것은 불가능하다>는 것이기 대문이다 (ibid.).

이와 같이 데리다가 굳건히 겨냥하고 있는 바는, 구조주의는 스스로의 전사 (前史)와 전면적으로, 그리고 뒷걸음질칠 수 없는 결별을 이룩했다고 하는 생각에 대해서이다. 이 성급한 착각은 구조주의적 좌익의 어떤 진영에서는 아직도 유포되고 있다—데리다가 밝힌 위험성 (너무 빠른 해결이며 개념의 고정화)을 무시하고 있다. 구조주의적 프로젝트를 밀어내는 혹은 무효화하는 것으로서의 디컨스트럭션을 포스트 구조주의라고 본다면, 똑같은 이유에서 이것 역시 잘못이 될 것이다. 구조주의적 사고에 보이는 <실천>과 <약속>의 저 특유한 긴장 관계가 없다면, 그 자신의 글을 활성화하는 여러 물음들을, 데리다는 꺼내는 것이 거의 불가능했을 것이다. 구조주의가,

스스로의 유혹적인 방법 개념으로 해서 부설된 덫을 회피하려고 원한다면, *이러저러하지 않으면 안 된다*라고 하는 구조주의의 모습을, 디컨스트럭션은 끊임없이 빈틈없이 상기시키는 것이다.

> 구조주의는 그 안 쪽에 있는 의지에 의해서, 언어에 관한 모든 물음들처럼, 구조주의의 가능성을 미리 예상하고 덤비는 고전적인 사상사를 빗나가게 하고 만다. 왜냐하면 그것은 언어의 영역에 있어서, 그 범위 안에서 자신을 제시하고 있기 때문이다 (ibid., p. 4).

체계적인 환원을 벗어나 버리고 마는 이 <안 쪽의 의지>야말로, 데리다가 애써 유지하려 하고 있는 구조주의적 사고의 일면이다. 그렇지 않으면, 데리다가 소쉬르의 경우에 대단히 명확하게 제시하고 있는 바와 같이, 구조주의는 변형한다고 약속한 전통에 단지 재차 합류할 수밖에 없는 운명에 놓여 있다.

4
니 체 :
철학과 해체

4

니　체 :

철학과 해체

현대 거의 대부분의 철학자들에게는, 프리드리히 니체 (1844-1900)
의 상 (像)은 그의 동시대인의 것과 다르지 않다. 그는 여러 층으로
된 수수께끼에 싸인 스캔들인 것이다. 최근의 한 반응은 나치스라고
하는 현상에 선행하는 무서운 존재로서 그를 낙인찍은 일이었다. 즉
그의 사상은 <비합리주의>의 외견과 과대망상적인 주장을 아울러
지녀서, 그것이 히틀러와 그 이데올로기를 지지하는 사람들로 가는
길을 열었다고 보는 일이었다. 이런 비난들은 모조리 거절될 수 있
는 것은 아니다. 하지만 이 비난은 편벽된 니체의 읽음에 기인하고
있다. 그 읽음은 니체 문하의 몇 사람인가에 의해서 적극적으로 촉
진되어, 비록 훗날 그를 비방하는 사람들이 상상했던 정도는 아니라
하더라도, 얼마간의 해로운 영향을 분명히 끼쳤던 것이다. 요컨대,
니체의 이론적인 신화 체계, 즉 <초인>과 <영원 회귀>라는 그의
개념은 그 연상 바람에 상당히 부당한 취급을 받아 왔다.

　　그러나 이런 저작들과 나란히, 니체는 또한 서구 철학 및 그 전제
들에 대한 비판을 했으며, 그 비판은 아직 환기력과 교란력 (攪亂力)
을 조금도 잃지 않고 있다. 바로 니체 사상의 이 면이야말로, 디컨
스트럭션의 이론과 실천에 그 흔적을 남기고 있는 것이다. 여기서
<영향>에 관해서 말하는 것은 어쩐지 오해를 부를 염려가 있다.
<영향>이란 말은, 개념과 테마가 마치 권위적인 중심 전통의 내부
에서 후세에 전해지거나 하는 것 같은 함축을 지녀 버리기 때문이

다. 데리다가 분명히 하고 있는 것은 결국, 전통적인 <사상사>가 주장해 온 다양한 구분들을 에크리튀르가 어떻게 넘어서느냐 하는 점이다. 텍스트라고 하는 것이 작가의 의도에 붙매임 없이 철저한 디컨스트럭션을 수용하는 상태에 있는 것이라고 한다면, 데리다는 니체의 영향을 그대로 흡수하고, 현대의 포스트 구조주의 문맥 안에서 그의 관념을 살리도록 했다는 것은 분명 의심의 여지가 없다. 반면에 니체가 제출하고 있는 것은, 진리를 주장하는 모든 것들—자신의 주장까지도 포함해서—을 강력히 계속 회의하고, 그리하여 사고를 그 해묵은 개념적 한계로부터 해방한다고 하는 가능성을 열어 주는 철학적 에크리튀르의 한 *스타일*인 것이다.

자신은 서구 형이상학의 잘못된 탐구에 딱 잘라 결말을 냈다고, 니체는 자기 평가를 내렸으나, 그것을 고대로 받아들일 도리는 없다. 소쉬르나 훗설과 마찬가지로, 니체도 어느 정도, 자신의 에크리튀르가 의문시하기 시작한 사고의 여러 테마들이며 뿌리깊은 관습들에서 벗어나지 못하고 있기 때문이다. 데리다가 저렇게 자주 상기시켜 주는 바와 같이, 이 여러 테마들은, 언어의 논리와 전달 구조에 깊이 뿌리를 내리고 있으며, 사실 너무나 뿌리깊기 때문에 그것들과 완전히 손을 끊는다고 하면 미쳐 버리거나 완전히 전달 불가능이 되거나 할 것이다. (니체 자신 정신 이상이 있다고 선고되어, 만년의 16년 동안은 닥치는대로 쓴 이해 불가능한 메모밖에는 내놓지 않고 있는 것이다). 니체는, 서구의 전통에 위치하고 있는 어느 철학자보다도, 데리다가 정의를 시도하는 언어와 사고의 한계에 육박했다. 데리다의 저술 스타일과 전략을 니체는 선취하고 있으며, 두 사람은 자주 이상한 상호 교환을 하고 있는 것이 아닌가 여겨질 정도이다.

이 이유는 대충 짐작이 간다. 니체가 디컨스트럭션의 예정표와 체계적 책략을 미리 자상하게 쓰고 있다고 여겨지는 일이 흔히 있다. 니체는 회의적이고도 엄밀한 자세를 취해서, 방법이나 개념에 있어 어떤 안전한 안식처를 스스로에게 허용하지는 않았다. 그는 이렇게 논한다. 철학자란 자책에 사로잡힌 <진리>의 괴뢰인데, 그 <진리>라는 것도 자기를 존재케 해 준 **은유** 혹은 비유적 담론을 말살함으로써만 오직 자기를 지키고 있는 것이다. 언어가 근원적으로 은유적이며, 그 의미가 (나중에 소쉬르가 보여 주게 되는) 관계와 차이의 무한한 연쇄에 사로잡혀 있다고 한다면, 사고가 언어의 미궁적인 우회로를 넘어서 진리를 탐구한다고 함은 자기를 속이는 것에 지나지 않다는 것이다. 스스로의 기원이 은유에 있음에도 불구하고, 그것을 억압함으로써 비로소, 철학은 플라톤에서 현대에 이르기까지 실질적으로 은유적 언어와의 어떠한 관련도 부정한 폭군적인 이성의 지배를 계속 유지해 올 수 있었던 것이다. 이성은, 철학의 상상력 풍부한 삶을 깔아뭉개 버렸던 것이다. 이것은 이성이 (니체의 견지를 따른다면) 고전 그리스 비극에 있던 명랑한 <디오니서스적>인 요소를 파괴해 버린 것과 마찬가지다. 소크라테스는—니체가 뒤집어엎은 신전에서의 크리스트와 더불어—인간 이해라는 영위에 생명과 다양성과 기쁨을 주는 모든 것을 파괴한 창백한 존재로서 서 있다. 그 매몰된 전통을 복원하자면, <이성>이 언어의 수사적인 공격에 대해서 체계적으로 적대 (敵對)하고, 그것을 위장함으로써 현재의 그 지위를 강탈했다는 것을 제시하면 되는 것이다.

니체가 사용한 흥미로운 이미지에서 그가 지식과 진리에 대해서 얼마나 회의적이었는지를 알 수 있다. 언어는 비틀림과 벗어남을 통해서 스스로의 음흉한 작용을 은폐하고 동시에 그것을 영속화한다는 것을 일단 간파당하면, 지식이니 진리니 하는 개념 중에서 어느 부분이 남을 것인가, 하고 니체는 묻는다. 그는 이렇게 결론을 내린다. 진리란,

은유·환유·의인법이 구성하는 기동력 있는 군대이다. 진리는 환
상이요, 사람은 그것을 이제까지 잊고 있었다……표면이 지워져서
이미 돈으로서의 가치는 없고, 금속으로서의 가치밖에는 없는 화
폐이다 (Derrida p. xxii Spivak의 인용에 의함).

니체로서는, 이 통찰은 다음의 결론으로 이어진다. 즉 **모든** 철학은,
제아무리 논리적 혹은 이성적이라 하더라도, 비유적 언어의 변전
(變轉)하는 텍스트에 의존하고 있다, 그럼에도 불구하고 이 흔적은
진리의 지상명령하에 체계적으로 억압되어 있다고. 이 의미의 한없
는 상대성, 그리고 철학자들이 자신이 사용하는 유력한 은유들을 위
장하고 폐쇄해 온 그 방식들은 선배인 니체와 마찬가지로 데리다
저술의 출발점이 되어 있다.

언어는 성격상 근원적으로 비유적이라고 하는 생각의 선례들은
물론 수많이 있다. 이 견해는 독일 낭만파 사람들 사이에서 구체화
되고, 코울리지를 통해서 I. A. 리처즈 같은 현대 비평가들에게 전해
내려 왔다. 리처즈의『수사학의 철학』(*Philosophy of Rhetoric*, 1936)에서
는, 은유의 중심적인 중요성에 관한 타협 없는 생각인 상실은 것이
자상하게 설명되어 있다. 리처즈는 이렇게 선언했다. <사고는 은유
적이며, 언어의 은유는 거기에서 생겨난다>. 전통적인 은유관 (즉
은유란 단순히 언어의 우아함이나 그것을 우연히 보충하는 것에 지
나지 않는 것이라고 보는 견해)과 대결하고, 굳어 버린 우열 관계를
이렇게 뒤집어엎을 때, 리처즈는 적이 해체적인 시야에 가까이 가
있는 것이다. 다른 것은, <은유의 이론을 개선하려면>, 우리는 <자
기가 소유하는 사고의 기술에 더욱 주목>하지 않으면 안 된다, 그
리고 <우리 기술의 더욱 많은 부분들을 논의 가능한 과학으로 번
역>하지 않으면 안 된다고, 그가 제안할 때 나타난다 (Richards
1936, p. 116). 은유의 중요성에 대한 드높은 주장에도 불구하고, 그

는 비유의 영역 바깥에 나가서, 그 독자적인 윤곽을 바라다볼 수 있는 <과학>이나 논리적인 메타 언어가 존재하고 있다는 것을, 여전히 암시하고 있는 것이다.

이 가정은 리처즈의 사고에 뿌리깊이 존재하고 있는데, 실은 현대 영미 철학과 비평의 전 영역에 걸쳐서 존재하고 있는 것이다. 초기의 저작에서, 리처즈는 시적 언어의 <정서> 이론을 내놓았는데, 그 이론에 의하면, 시가 가치를 가질 수 있는 것은 환기력이 강한 생명력 넘쳐흐르는 은유가 힘을 지니기 때문이며, 한편 논리 실증주의 철학의 엄밀한 진리 조건 (眞理條件)을 회피하고 있기 때문이라는 것이다. 그가 설정한 구별은 미국의 신비평가들에게 이용되어, (지금까지 보아 온 바와 같이) 수사법을 바탕으로 한 신비평가들의 설명 체계의 기초가 되었다. 이리하여 시와 합리적인 지식 사이에 하나의 간격이 고정되었던 것이다. 그것은 무인지대이며 그 횡단은 절대로 허용되지 않지만, 다만 비유적인 언어의 독자적인 <논리>를 엄수한다면 이야기는 다르다. 과학적인 위장을 한 초기의 구조주의는 동일한 일반 조례 (條例)를 따르고 있었다. 비평은 텍스트에 관한 메타 언어이거나 포괄적 이론 (그 설명력을, 이상 보아 온 바와 같은 엄격한 객관성을 목표로 하는 데서 얻은 이론)이 되는 것을 열망했던 것이다.

니체의 시범에 따라서, 데리다는 방법과 타당성에 관한 이러한 자율적인 생각과 결별하고 있다. 데리다의 용법에서는 <과학>이란, 이성에 관한 억압적인 이데올로기와 결부된 담론을 말하는 것이며, 그 이데올로기는 (니체가 논한 바와 같이) 진리와 논리를 동일시한 그리스 인에 기인하는 것이다. 니체와 데리다로서 문제가 되는 것은, 비유적인 언어에 <대신하는> 어떤 논리가 아니라, 열려진 다양성을 지닌 담론이다. 거기서는 온갖 우열 관계가 해빙되고, 사람을 당황케 할 만한 기호의 <자유스런 놀이>가 생기게 될 것이다. 언어와 방법에 관한 현대 논쟁의 착잡한 영역을 주장하고 있는 두 <해석에 관한 해석>에 관해서, 데리다는 쓰고 있다 (그의 논문 「구조·기호·놀이」에서). 두 가지 다 광의의 구조주의라고 할 수 있는 것인데, 이미 본 바와 같이, 데리다는 서구 사상의 긴 다양한 전통을 나타내는 데 광의의 그것을 사용하고 있다. 즉 양쪽이 다 사고가 경험의 의미를 이해하기 위해서 사용하는 수단과 관련이 있다 (그 이해가 이루어지지 않는다면 경험은 조직화되지 않는다). 두 가지 해석이 다른 것은, 저마다 의미의 탐구에 있어서, 양자가 얼마나 질서와 안전성을 부과하고 있느냐 하는 점이다. 한편으로는, 순수한 **차연**의 현기증 나는 운동으로부터 피난하기 위해서 구조 개념을 고집하는 태도가 있다. 그 태도의 전형은 여기서는 레비-스트로스이다. 다른 한편으로 상정되어 있는 태도는, 더욱 근원적인 선택이다. 그것이 관한 것은, 데리다의 말로 말한다면, <니체적인 *<긍정>의 태도*……세계의 놀이와 생성의 무구 (無垢)를 *긍정하는 태도*……해석에 직면한 오류도 진리도 기원도 없는 기호의 세계를 긍정하는 태도>를 포함하고 있는 것이다 (Derrida 1978, p. 292). 니체 사상의 바로 이 차원이야말로 디컨스트럭션의 작용에 <영향을 끼쳐> 주었을 뿐만 아니라, 많은 점에서 야릇하게도 그것을 선취했던 것이다.

니체, 플라톤, 소피스트

니체의 철학 비판은 당시 지식의 모든 관습들에 대한 공격에 열의를 담아서 착수했는데, 열의의 점에서도 역사적 규모의 점에서도 그 비판은 원대한 것이었다. 거기에는 서구의 도덕과 사고의 전면에 걸친 <계보학> (系譜學)이 이성 그 자체의 그리스적 기반에까지 곧바로 거슬러 올라가는 진단적인 개관이 포함되어 있다. 이 전통은, 소

크라테스가 발명한 논의의 변증법적 양식으로 해서 굳건히 궤도에
올려 놓이게 되고, 그 제자 플라톤의 텍스트를 통해서 후세에 전해
졌다고, 니체에게는 보였던 것이다. 신중하게 지혜와 무지를 대결시
키고, 거기에서 <진리>를 이끌어내는 수법을 취하는 변증법은—니
체를 따른다면—수사적인 책략에 지나지 않았다. 그렇지만 그 설득
력은 대단해서, 이성·권위·진리의 주장권을 모조리 독점해 버렸
던 것이다. 그 결과, 철학은 수사법과 관련이 있는 모든 것들을 규
탄하고, 언어를 사용하는 여러 기술 (특히 글쓰기)을 오류와 환상의
근원이라고 보았다. 소크라테스가 경멸의 표적으로 삼은 것은 소피
스트로 알려져 있는 수사학자 겸 철학자의 일파이었는데, 그 이름은
—플라톤에게 그러했듯이—지금도 설득력 있는 간지 (奸智)로 범벅
이 되어 있는 교묘한 말의 조작이라는 의미를 품고 있다. 플라톤의
대화편 『고르기아스』에는, 소피스트들의 것 하나를 에워싸고서 소
크라테스가 논의의 고리를 돌리고 있는 모습이 그려져 있다. 언제나
처럼 여기서도 소크라테스의 변증법이 이기지만, 그 승리는, **소크라
테스의 용어**로, 전략적인 기술에 의해서 물음을 세워서 상대편을 약
한 입장으로 몰아부침으로 해서 획득된다. 대충 요약한다면, 요점은
다음과 같은 점들을 증명하는 데 있다. 수사법은 이성도 도덕적 자
각도 소유하고 있지 않다는 점. 그 설득력은 윤리에 대해서 무관심
하고 극악한 목적에 빠지기 쉽다는 점.
　이에 대한 니체의 반응은, 수사법이 잠재적으로는 상궤 (常軌)를
일탈할 수 있다는 것을 부정하지는 않으나, 역으로 소크라테스 자신
이 아주 빈틈없이, 교활하게 포인트를 올리는 책략을 쓰는 수사가라
는 식으로 논하는 것이다. 이성과 도덕이라고 하는 거대한 총포의
모든 배후에는 설득하려고 하는 의지가 기본적으로 있으며, 그 작용
을 언제나 적진에게 뒤집어 씌우고, 교묘하게 은폐한다는 것이다.
진리란 단순한 영예의 칭호에 지나지 않으며, 설득을 경합하는 이

싸움에서 우세를 얻어 그것을 유지한 쪽의 논의에 받쳐지는 것이
된다. 어느 편이냐 하면 소크라테스가 부정하지 않으면 안 되는 것
을, 소피스트들은 암암리에 인정하고 있어서, 그만큼 지식에 더욱
가까지 가 있는 셈이다. 즉 사고는 그것을 뒷받침하고 있는 수사법
의 장치와 언제나 불가분으로 결부되어 있는 것이다.

해체의 두 바퀴

따라서 니체 철학의 가치 전환이 요청하는 것은, 근원으로 회귀해
서, 이성 그 자체가 사용하는 주요한 은유들을 해체하는 노력이었
다. 기묘하지만 이것과 유사한 계시적인 예가 로버트 피어시그
(Robert Pirsig)의 소설 『선과 오토바이 관리의 기술』(*Zen and The Art
of Motorcycle Maintenance*, 1974)에 있다. 많은 독자들이 알면 틀림없이
당황하게 되는 일이지만, 거기서는 이야기의 관심이 선불교보다도
그리스 철학 쪽에 있다. 중심 인물은 쇠약과 절망에 빠진 사나이로,
그는 자기 이해라는 것을 탐구하려고 미국 횡단의 오토바이 여행을
나선다. 이 탐구 도상에서 차츰 드러나는 것은 그때까지는 묻혀 있
던 지적 갈등의 전사 (前史) 전체이며, 그것이 바로 소설의 사건의
실마리가 되어 있다—그렇게 우리는 이해하게 된다. 어렴풋하게 회
상되는 삽화의 연속을 통해서, 내레이터 (narrator) 자신이 지내 온
이전의 생활 모습을 재구축하고 있다. 그의 생활 최근 이삼 개월은,
시카고 대학에서 철학도로서 보냈던 것이다. *이 또 한 사람의 그가*,
<파이드러스>라는 익명으로—이런 이름을 채택한 이유는 이내 밝
혀진다—실질적인 파문을 각오하고서 그의 선생님들이 전하는 기본
적 전제들에 모조리 도전해 가는 과정이 그려져 있다.

독서를 통해서 파이드러스가 원전 (原典)으로, 특히 플라톤과 아

리스토텔레스의 텍스트들로 되돌아가기 시작하자, 선생님들의 논의
는 설득력을 잃을 뿐만 아니라, 부정한 왜곡을 범해서, 망각에 덮여
있던 논적의 모습을 도처에서 그릇되게 전하고 있다는 것을 알게
된다. 특히 소피스트들은 철학의 웃음거리가 되고 마는데, 그럴 즈
음에 채용되는 논의의 방법은, 소피스트들의 주장을 비틀어서 아주
조금만 보이는 그 주장의 아우트라인의 패로디가 되도록 해 버리는
수법이다. 소크라테스로부터 플라톤 그리고 아리스토텔레스에 이르
기까지, 증거가 보여 주고 있는 바와 같이, 변증법적 이성의 지배력
을 위협하는 것은 모조리 억압과 곡해를 강력히 받았던 것이다.

　파이드러스 자신, 이 같은 <음모>의 후세 희생자인데, 여러 세기
에 걸친 이 지혜를 감히 의심하지 않는 교수와 학생들로부터 우롱
을 받는 피해자로서의 역할을 하고 있는 것이다. 시카고에는 <이성
의 교회>가 너무나도 확고하게 설립되어 버려서, 명석한 논리 분석
과 확실한 카테고리적 사고라는 미덕을 강조하는 신아리스토텔레스
파적인 경향을 가지고 있다. 파이드러스로서 이 곤란한 사태가 절정
에 달하는 것은, 불길하게도 <관념 분석과 방법 연구에 관한 위원
회>의 위원장이 그가 받고 있던 수업을 인계했을 때이다. 그 결과
일어나는 것은—적어도 타오르는 파이드러스의 상상력 안에서는—
<변증법> 대 <수사법>의 재주를 겨루는 최종 결투 (最終決鬪)이
다. 결과는 수사법의 결정적인 승리로 끝난다. 그 전기가 찾아오는
것은, <『변증법』에는 어떠한 특별한 의미가 있어서, 그것으로 해서
<변증법>이라는 말은 지점적 (支點的)인 말, 그 말의 위치에 따라
서 논의의 밸런스를 바꿀 수 있는 말이 된다>고 하는 것을 그가 알
아차렸을 때이다. 변증법의 기원—니체적으로 말하면 변증법의 계
보—의 설명을 위원장에게 요구함으로 해서, 파이드러스는, 변증법
을 뒷받침하고 있는 것은 스스로가 수사법에 기원을 가지면서 그
사실을 의도적으로 체계적으로 잊으려고 하는 자세에 있다는 것을

내보인다. 그 자신의 방법을 순전히 동어 반복적 (同語反覆的)인 기반 위에서만 정당화할 수 있는 것이 이성인 이상, 이성은, 아니 지녀야 할 자명성은, 의심스런 것이 된다. 거기에서 파이드러스의 의기양양한 결론이 나온다.

> 플라톤과 소크라테스의 주위에 있던 후광은 이제 사라졌다. 그들이 비난하는 소피스트들의 영위를 그들 자신이 끊임없이 행하고 있는 것이다. 약한 논의 곧 변증법을 강하게 보이고자 하는 속 의도 때문에 감정적으로 설득하는 언어를 사용하고 있는 것이다. 우리는 언제나 스스로 자기 안에서 가장 두려워하고 있는 것을 타인에서 가장 비난하는 법이다 (Pirsig 1974, p. 378).

그러나 거기에는 광기가 기다리고 있다. 시카고 아리스토텔레스파 사람들이 열렬히 보호하는 제도화된 지식과 <대화>의 규범 내부에서는, 파이드러스는 자기가 한 발견을 전할 수가 없다. 그는 대학을 떠난다. 그리고 (니체처럼) 허탈 상태에 빠지고 침묵하고 신경증에 걸린다.

『파이드러스』라는 표제를 가진 플라톤의 대화편 속에, <기원>으로서의 파이드러스가 등장한다. 그는 소크라테스를 어리둥절케 하는 또 한 사람의 인물인데, 이 젊고 오만한 수사가의 저돌적인 선수는, 보기 좋게 예측되고 만다 (Plato 1973 참조). 오늘날의 또 한 사람의 파이드러스는 어떤가 하면, 엄하게 스스로 부정하는 트릭과 꾀에 스스로도 관여하고 있음을 무시하는, 논의의 표준적인 패턴을 답습하고 있음에 지나지 않다. 『파이드러스』는 데리다가 그리스 철학을 읽을 즈음에도, 우연히도 대단히 중요한 텍스트가 되어 있다. 『파이드러스』 안에서 플라톤은 에크리튀르를 매우 강력히 공격하고 있는데, 그 공격은 루소의 에세이의 논의를 구성하고 있던 것과 같은 익숙한 용어—<현전>/<부재> 그리고 <살아 있는 파롤>/<죽은 문자>—로 행해지고 있다. 플라톤의 논의는 이러하다. 에크리튀르는 위험한 <보족대리>이어서, 그것 때문에 언어는 유혹되어 그 정당한 기원인 파롤과 현전으로부터 이탈해 간다. 자기의 사고를 에크리튀르에 맡기면, 사고는 공공적 영역 (公共的領域)에 양도되고, 해석에 의한 온갖 무차별적인 속임수 바람에 오해를 받는 그런 위험을 무릅쓰게 되고 만다. 에크리튀르는 <죽음>이다. 살아 있는 사고를 기다리고 있는 <죽음>이요, 진리의 바로 근원을 오염시키는 부패의 교묘한 작인 (作因)이다. 따라서 반수사 (反修辭)를 표방하는 플라톤의 주장은, 에크리튀르에 대한 그의 태도와 같은 종류의 것이다. 수사법도 에크리튀르도 주인 (진리 혹은 변증법)에 반항하는 하인으로 간주된다. 자기네들이야말로 그 주인 대신을 할 지혜의 길이노라 하는 자세를 취함으로 해서 주인의 권위를 비웃는다.

피어시그가 그리는 파이드러스가 설명하고 있는 바와 같이, 세계와 질서로 환원할 수 있는 수속을 분류해서 모은 것으로만 취급되는 수사학은, 그 고유의 힘을 변질당하고 박탈당했다. 아리스토텔레스는 이 과정을 생각할 수 있는 한 완벽한 상태에까지 높였다. <수사학은 하나의 대상이 되고, 하나의 대상으로서 여러 부분들을 지니고 있다. 그리고 그 부분은 서로 관계를 맺고 있으며 그 관계는 불변한 것이다> (Pirsig 1974, p. 368). 덧붙여 말하자면, 거기에서 오토바이의 연결 문제가 생겨난다. 파이드러스로서는 이 기계는 서비스용 편람에 늘어 놓여 있는 부품들의 총화 이상의 것이기 때문이다.

아주 이상하게도, 이 소설은 니체에 관해서는 언급이 조금도 없다. 확실히 그 속의 철학적 논의에서 취하고 있는 방침은, 도처에서 니체적인 비판 정신으로 해서 유발되어 있는 데도 말이다. 파이드러스가 제기하는 결정적인 물음—소크라테스적 이성의 권위는 어디에서 유래하는 것인가 라는 물음을, 니체도 놀라울 만큼 비슷한 언어로 제기하고, 그리고 그것에 해답을 주고 있다. 인간이 경험과 마주쳤을 때에 생겨나는 사고의 기원 쪽으로 우리를 멀리 다시 데려다 주는 것은 변증법 같은 것이 아니라, 수사법이라는 것이다. <변증법이야말로 논리학을 낳은 것이지만, 그것 자체는 수사법에 유래하고 있는 것이다. 그리고 수사법은 이번에는 고대 그리스의 신화와 시가 낳은 자식이다> (ibid., p. 391). 이리하여 파이드러스는, 소크라테스 이전의 철학자들 앞으로 인도된다. 즉 독자적인 은유를 사용할 만한 용기를 갖추고 있는 사람들이라고, 니체가 찬양하는 정체가 확실하지 않은 사람들 쪽으로 말이다. 이 철학자들은 자연계에 있는 갖가지 기본적인 힘이야말로 현실이라고 생각했었다. 탈레스로서는 <불변의 원리>란 물의 그것이었으며, 아나크시메네스는 그 은유를 공기로 바꾸었고, 헤라클레이토스는—생성유전 (生成流轉)을 주창한 이 철학자는—불을 만물의 기본으로 보았다. 그들의 설명은 물론 시적 유추와 같은 그런 것이며, 합리주의의 (혹은 소크라테스 이후의) 정신에게는 아무런 의미도 이루지 않는 것이다. 그러나 파이드러스가 말한 바와 같이, <모든 것은 유추>이니까, 변증법적인 논의에 포함되어 있는 일반화도 예외는 아니다. 다르다면 변증법 논자는 그 <불합리한> 선인과는 달라서, 사고의 과정 그 자체에 있는 이 조직적 운동을 인식할 수 없다는 점이다.

에크리튀르와 철학

디컨스트럭션 (해체)은, 이성을 그 자체와 대결시켜, 억압되거나 간과되거나 한 의미의 또 하나의 레벨에 이성이 암암리에 의존하고 있다는 것을 밝히는 몸짓에서 시작한다. 이 역전을 달성하기 위해서 **변증법**이라는 개념이 <지점> (支點)으로 사용될 수 있다는 것을 파이드러스는 얼핏 보았는데, 이것은 데리다의 텍스트 전략에 대단히 가깝다. 진리·자기 현전·기원이라고 하는 테마에 대해서 에크리 튀르는 체계적으로 대립되어 왔는데, 그럴 즈음에 취해진 전략과 수속 중의 어떤 것에 관해서는, 데리다가 그리스 철학에 관한 몇 가지 텍스트에서 추적하고 있다. 그러나 에크리튀르에 대한 이런 적의는 어째서일까? 많은 학자들이 채용하고 있는 가장 확실성이 높은 역사적 설명에 의하면, 이 단계의 그리스 문화 생활에서는, 에크리튀르는 생겨난지 아직 얼마 되지 않았으며, 플라톤은 지식과 힘을 흐트러뜨리는 위험한 것으로 그의 눈에 비친 것을 신용하지 않는 경향이 있었다는 것이다. 이 논의는 분명히, 소크라테스적 이성은 억누르는 억압적인 힘이 있다고 하는 니체＝데리다적인 견해와 공통하는 바가 많다. 한편으로는 해체적인 읽음이 폭로하는 텍스트적 전략과 뿌리깊은 현전의 형이상학을, 이 논의는 무시하고 있다. 데리다로서는, 에크리튀르의 억압은 단지 연대기적인 우연도, 문화의 변전 (變轉)에 의한 변덕도 아니다. 플라톤 및 그의 수많은 후계자들에 있어, 에크리튀르의 억압은 (전통적인 사상사가는 일고조차 하지 않았지만), 영속적인 수사법의 양식을 통해서 이루어져 있는 것이다.

　에크리튀르에 대한 이러한 자세가 뿌리깊은 것으로서 종래부터 존재해 왔다는 것은, 그리스 철학과 그 배후를 알기 위해서 널리 읽히고 있는 F. M. 콘포드 (F. M. Cornford)의 입문서 『소크라테스 전후』(*Before and After Socrates*, 1932) 같은 텍스트에서도 엿볼 수 있다. 콘포드는 소피스트들을 소크라테스의 지혜와 위엄으로 향하는 도상에 있는 청년기의 반역아라고 낮추어 보고 참는다. 그러나 이야기가 소크라테스와 플라톤의 관계에 이르르고 보면, 그의 해설은 기원이 지니는 강력한 신비력에 의해서 에크리튀르에서 가치를 빼앗아 버리는 과정을 완벽하게 설명한다. 콘포드를 따르자면, 소크라테스는 <진실을 사는> 일에 의해서, 어떠한 단순한 텍스트보다도 강한 힘을 지닌 실례를 후세에 남긴 걸출한 인물의 하나라는 것이다.

> 자기들만이 완성의 영역에까지 높인 뜻하지 않은 능력이, 실은 우
> 리의 본질 속에도 있다는 것을 그들은 알아차리고 있었다.……확
> 신은 서서히 그들의 생애를 실례로서 후세에 전해진다. 그것은 그
> 들이 에크리튀르에 의해서 남긴 기록에 의하는 것은 아니다. 왜냐
> 하면 거의 예외 없이, 그들은 책을 쓰지 않았기 때문이다. 그들은
> 현명하게도, 문자는 정신이 주는 생명의 (모든 것은 아니라 하더라
> 도) 많은 것들을 죽여 버리고 만다는 사실을 알고 있었던 것이다
> (Cornford 1932, p. 62).

소크라테스는 진리와 현전과 파롤이 지니는 시원의 권위를 같은 것
으로 생각했는데, 그 형편을 이 이상 명확하게 보여 주는 것은 없을
것이다. 콘포드는 에크리튀르란 어린애다운 발명이라고 한 플라톤
의 생각에 전면적으로 찬성하고 있지는 않으나, 소크라테스는 자기
가 발견한 진리를 텍스트가 지니는 유치한 유혹에 복종시킬 필요가
없었으며, 그래서 진리를 상처입지 않은 채 유지할 수 있었던 것이
라고 시사하고 있다.

데리다는 이러한 에크리튀르 비판을 추적해서, 플라톤의 사고의
미궁 깊숙한 곳까지 들어간다. 그리고 <선한> 에크리튀르와 <악
한> 에크리튀르라는 대립이 존재하고 있다는 것을 발견한다. 전자
는 <자연스런> 것, 이성의 여러 법칙들로 해서 영혼에 써넣은 것
이요, 후자는 타락한 <문자>로 해서 쓰여진 것이며, 진리와 이해
사이에 그 그림자를 내미는 것으로 되어 있었다. 데리다가 날카롭게
지적하고 있는 바와 같이, 이 구별을 가능케 하고 있는 것은 **은유적
인** 전환이요, 그것에 의해서 비유적인 <선한> 에크리튀르가, 그것
에 대립하는 글자 그대로의 에크리튀르보다도 현실적이고 직접적인
것이 되고 마는 것이다. 플라톤적 전통에서와 마찬가지로 기독교적

인 전통에서도, 물질적으로 쓰여져 있는 것의 가치는 떨어지고, 물질적인 도구의 도움없이 영혼에 직접 각인된 정신적 에크리튀르는 가치 있는 것으로 되어 있다. 그리고 <위장된 직접성>이 모든 정당한 지식과 진리의 원천이 된다. 이와 같은 플라톤적 체계 내부에서 용인될 수 없는 것은, 이 체계가 에크리튀르의 근원적인 **은유**에 의존하고 있다는 사실이다. (이 체계는 끊임없이 <은유>의 바리에이션과 넘놀면서도, 그것을 애써 억압하려 하고 있는 것이다). 그렇지 않았더라면 자립하고 있을 이 은유가 지니는 글자 그대로의 지위를, 디컨스트럭션은—역설적으로—강조하는 것이다. 데리다가 말하는 바와 같이, 이것은 <글자 그대로의 의미와 비유적인 의미를 역전시키는 것이 아니라, 에크리튀르의 <글자 그대로의> 의미는, 바로 은유성 그것이라고 규정하는 일>이다 (Derrida 1977a, p. 15). 바로 여기서 디컨스트럭션은, 은유는 환원 불가능이라고 하는 확고한 인식을 얻는다. 즉 <글자 그대로의 의미>를 구성하고 있는 것의 내부에서 **차연**이 놀고 있다는 인식을 얻는다. 요컨대, 글자 그대로의 의미란 존재하지 않는다는 것이다.

이상과 같이 에크리튀르를 <선한> 것과 <악한> 것으로 이중으로 나누어서 평가하는 자세의 원천으로서 그리스 철학만 있는 것이 아니다. 데리다는 다양한 텍스트들을 인용하는데, 거기에는 표현 불가능한 신의 <에크리튀르>—즉 신의 계시에 의해서 영혼에게 주는 성서의 문장들도 많이 포함되어 있다 (ibid., p. 16ff. 참조). 신학은, 에크리튀르에는 <감각에 의해서만 이해할 수 있는> 측면과 <지성에 의해서만 이해할 수 있는> 측면이 있다고 하고, 이중 질서의 에크리튀르를 설정해서, 그렇게 함으로 해서 물질에 지나지 않는 기호의 오염에서 지켜 두지 않으면 안 되었던 <영혼의 에크리튀르>를 믿는 플라톤적 신앙을 지지했던 것이다. 계시되는 진리의 **로고스**는, 그것이 플라톤적이든 기독교적이든, 언어적 은총의 상태로, 언어가 타락하고 부패한 쓰여 있는 존재 양식으로 떨어지기 전의 상태로 되돌아간다는 것이다. 중세의 신학에 있어, 이 두 가지 전통은 합체한다—<지성에 의해서만 이해할 수 있는 기호의 일면은 계속 신의 말씀과 신의 얼굴 쪽을 향해 있다>.

<감각에 의해서만 이해할 수 있는> 의미의 질서와 <지성에 의해서만 이해할 수 있는> 의미의 질서 사이의 이 같은 구별이야말로, 데리다가 훗설의 텍스트들에서 디컨스트럭션의 대상으로 삼고자 하는 것이다. 그는 논하기를, 사실 그 구별이 끼친 영향은, 의미는 의미 전달의 구실을 하는 기호에 어떻든 선행한다고 하는 입장을 취하는 모든 철학들에 엿보인다는 것이다. 이것은 소쉬르의 <의미하는 것>과 <의미되는 것>이라고 하는 기본적 구별에도 해당된다는 것이다. 이 두 용어는—기본적인 가능성을 지니고 있음에도 불구하고—일종의 플라톤적 이원론에 사로잡혀 벗어나지 못한다는 것이다. 이와 같이 분기된 기호의 이미지를 갖는 것은, 데리다의 논의를 따르자면,

> 형이상학의 역사에 뒤덮인 위대한 시대 전체에 속한다. 더욱 명확히 세분화해서 말하면, 크리스트적인 영혼 창조설과 무한설 (無限說)이 그리스에서 나온 갖가지 개념성을 자기의 것으로 이용하는 시대에 속한다 (ibid., p. 13).

<의미하는 것>과 <의미되는 것>, 즉 <감각에 의해서만 이해할 수 있는> 징후와 <지성에 의해서만 이해할 수 있는> 개념 사이에, 소쉬르적인 차단봉을 계속 유지하는 한, 구조주의와 기호론은 이 전통의 일부로 계속 머물러 있게 되는 셈이다.

해석을 넘어서?

그러나 사고는, 사용하지 않을 수 없는 언어들을 엄밀하게 중지하고 자—괄호 속에 넣고자—해도, 이런 구별과 완전히 손을 끊을 도리는 없다. 우리는 여기서 재차 니체=데리다가 주장하는 한계에 부딪히는데, 거기에서 다시 나아가려고 하면, 스스로의 형이상학적 채무를 자각하면서, 용의주도하게 텍스트적 실천을 행하는 길밖에 없을 것이다. 니체는 자신의 수사적 동기를 디컨스트럭션의 대상으로 삼고, 어떠한 방법적 일관성도 주장하지 않는다. 이것만은 데리다에 못지 않게 충분히 엄밀하다.

이와 같이 보면, 데리다가 분명히 긍정적·시인적 (是認的)인 말씨로 니체의 텍스트를 인용하고 있는 곳에 관해서, 내가 앞에서 암시한 바와 마찬가지로, 여러 가지로 의문이 솟아난다. 그와 같은 반응은 진리의 가치를 여지없이 거절하고, 다시 재해석을 부르는 따위의 해석적 사고에 종사하는 것을 거부하고 있는 니체의 입장과 충돌하고 만다. 반대로 니체는, 스스로의 에크리튀르의 <진리>가, <의미하는 것>에서 <의미되는 것>으로 주의 깊게 이행해 가면 발견될 수 있다는 따위의 안이한 확신을, 독자에게 허용하는 일이 없다. 그것이 허용되기나 한 것처럼 니체를 해석한다면, 언어라고 하는 물질적인 인공물에 의해서 애매한대로 순수하게 지적 이해가 가능한 의미 영역 (意味領域)이 존재한다고 하는 대 (大) 플라톤적 환상에 재차 빠지게 된다. 바르트나 데리다처럼, 가지각색 전통적인 모습의 해석 쪽으로 이같이 흘러내려가는 것에, 니체는 모든 수단을 다해서 저항하는 것이다. 그는 복수의 스타일을 사용하고 패러독스를 다듬는데, 그것은 의미 작용이 아직 의미랄지 개념으로 굳어져 있지 않는 텍스트의 레벨에, 가능한 한 이해를 멈춰 두려고 하는 전략인 것이다. 이러한 의미의 자유스런 놀이를 암시하려고 해서 데리다가 자주 되돌아가는 것이, 에크리튀르를 <펜의 춤>으로 보는 니체의 이미지인 것이다.

그러나 다시 이와 같이 말하면, 니체 (그리고 사실 데리다)의 사고법에 역설적으로 거역해서, 언어를 의지 (意志)라고 취하고 있는 것처럼 보인다. 바로 해석적 사고의 논리를 부정하는 텍스트, 따라서 그 의미들을 어떤 질서를 지니는 것으로서 이해하려고 하는 독자의 노력을 무너뜨려 버리는 텍스트, 이런 텍스트의 해석은 어떻게 시작하면 좋은가? 그리고—효과적으로는 데리다의 입장에서 묻는 것이 더 좋다—해석의 종말을 구하는 니체의 방식을 이미 선취해서, 교묘하게 그것을 연출해 보이는 텍스트들을 해석하기 위한 발판을, 디컨스트럭션은 어디에서 찾을 수 있을 것인가?

니체와 하이데거

이런 물음들은, 데리다가 니체와 맞붙었던 가장 최근의 예 중에서, 고의로 부조리의 직전까지 밀리고 있다 (『니체의 문체』 (*Spur*, 1979). 이 텍스트는, <진지한> 논의, 적어도 개개의 철학자들이 인정하거나 알고 있는 바와 같은 다루는 방식은 거의 제공하지 않는다. 대개의 경우, 이 텍스트는 이미지와 엉뚱한—속임수라고도 할 수 있는—어원을, 기상천외의 요술의 스타일을 취하고서 그것으로 만족하고 있다. 이 두 가지 것들을 왔다 갔다 엇바꾸어 사용하는 전술이 그 표적으로 삼고 있는 바는, 니체라기보다도 오히려 하이데거가 행한 니체의 유력한 읽음이다. 즉 데리다가 그런 종류의 읽음의 전형으로 간주하고, 또한 (바로 그 이유 때문에) 디컨스트럭션을 받아야 하는 것으로 본 해석이다. 마르틴 하이데거 (1889-1976)는, 현대의 실존주의적 및 해석학적 사고에 대해서 강력한 영향을 끼쳐 준 독일의 철학자이었다. 하이데거가 구상한 바와 같은 해석학이란, 모든 해석의 기초학이었으며 인문과학의 저마다의 임무들에 적합한 자기 이해를 마련해 주는 하나의 시도이었다. 하이데거로서는, 그것은 사고의 기원으로 거슬러 올라가는 탐구를 뜻했으며 여러 세기에 걸친 합리주의 철학으로 해서 희미해진 진리를 서서히 밝혀 가는 것을 뜻했다. 그의 데리다에 대한 영향은 대단히 복잡한 문제이거니와, 그 가장 유익한 개략적 설명을 『그라마톨로지에 관하여』의 영역판 (Derrida 1977a)에 붙인 G. C. 스피박의 서문에서 볼 수 있다. 당분간 우리는, 특히 하이데거의 니체 비판 그리고 그 효과를 무너뜨리고 뒤집기 위해서 거기에 개입해 들어가는 데리다의 방법에 초점을 맞추기로 한다.

하이데거는 니체의 텍스트를 낳은 동기와 전통을 충분히 이해함으로 해서, 그 텍스트의 의미며 의의를 해석하는 것을 겨냥하는 해석학적 복원을 기도한다. 니체는 합리주의의 여러 전제들이라고 하는 얕은 갯바닥에 얹힌 서구 형이상학 최후의 필사적인 대변자, 그리고 서구 형이상학 그 자체가 낳은 여러 가지 문제들을 넘어서고자 하는 헛된 노력을 되풀이한 인물로 보인다는 것이다. 니체는 서구 형상학의 역사에 있어서는 결정적으로 중요한 존재이다. 왜냐하면 하이데거를 따르자면, 그는 이성이 그 한계에 직면하고, 합리성의 온갖 속임수로 해서 흐려지기 이전에 있었던 <존재> (Being)랄까 기원의 점에 되돌아가기 시작하는 모습을 나타내고 있기 때문이다. 니체가 이 시도에 결국 실패했음은, 거부나 역전만을 할 수 있는 사고의 체계에 그가 부분적으로 계속 사로잡혀서, 장애가 되는 여러 전제들을 넘는 데 눈을 돌리지 않았다는 표시라는 것이다. 그러기 위해서 필요한 것은, 하이데거로서는, 서구적 사고를 구성하는 문법과 서술 구조에 깃들어 있는 모든 논리적 전제들을 괄호에 넣는 일이다. 언어 그것이 경험을 합리주의적으로 구분해서 <주체>와 <객체> 따위의 카테고리로 나누는 것을 영구화한다. 그리고 이 구분은 이성에 의한 자연 정복으로 향하려 드는 분석적 충동에 복종한다. 그러나 카테고리를 넘는 길을 생각하는 일, 그것은 바로 사물이 *어떻게* 존재하는지를 묻는 일이 아니라, 그것이 우선 *어째서* 존재하지 않으면 안 되는지를 묻는 일이다. 거기에서 <존재>와 <존재자>의 중요한 구별이 생겨나게 되는 셈인데, 전자는 온갖 지식에 앞서는 존재의 근거라고 생각되고, 후자는 이성에 의해서 이미 각인된 실재의 영역이라고 생각된다.

이상과 같이 하이데거의 사고를 조잡하게 단순화해 보기만 하더라도, 이 사고 방식이 데리다로서는 도발적인 의의를 드러내는 데 적어도 한몫 해 줄 것이다. 디컨스트럭션과 하이데거의 프로젝트, 즉 서구 철학에 잠재하는 개념의 매듭과 끈을 푼다고 하는 프로젝트 사이에는 어느 정도까지 분명히 공통되는 점들이 많이 있다. 어떻든, 서구 철학의 전통 속에 전해져 내려온 언어를 가지고 이럭저럭 해 나가는 문제인데, 한편으로는 그 시도 자체의 궁극적인 의미·타당성에 관해서 가혹한 회의를 유지하고 있다. 미상불 이같은 개념의 중지를 실천하기 위해서 데리다가 취하는 가장 전형적인 전략의 하나는, 하이데거의 텍스트적 실천에서 직접 나오고 있는 것이다. 그것은 <단어>를 말소하 (抹消下)에 (*sous rature*) 둔다고 하는 고안이다. 텍스트 위에 가위표의 선을 긋고, 철학적 액면 그대로 그 말을 받아들이지 않도록 독자에게 경고함으로 해서 실현된다. 이를테면 『그라마톨로지에 관하여』에서는 이렇게 되어 있다. <기호는, 철학의 제도화하는 물음을 회피하는, 불행한 명명을 받은 유일한 ~~것이다~~> (Derrida., p. 19). 말소 기호는 사용되어 있는 기호가 *부적절하다*는 것—그것은 매우 잠정적 지위에 있다는 것—그리고 사고는 해체의 작업 안에서 그 용어들 없이는 될 수가 없다는 것을 인정하는 것이다. 이와 같은 표기법에 의해서, 즉 *차연* (*differance*) 이라고 하는 파격적인 철자와 매우 유사한 수단에 의해서, 개념은 부단히 동요되고 그 지위에서 내몰리게 되는 것이다.

지금까지는, 데리다와 하이데거는 매우 비슷한 해체적인 목적을 추구하는 것처럼 보인다. 하이데거가 사고의 정통적인 원천과 근거를 설정하는 지점에까지 오면, 즉 분절적 언어에 선행하는 존재 혹은 충실 (plenitude)까지 오면, 그들의 차이가 차츰 드러난다. 데리다로서는, 이것은 진리와 기원을 갈망하는 형이상학이 곧잘 행하는 방법의 또 하나의 고전적인 사례에 지나지 않다. 하이데거의 해석학 전체의 기저에 있는 것은, 의미 작용의 놀이를 궁극적으로는 지워 없애려고 하는 자기 현전, 혹은 그 놀이에 선행하는 것으로 되어 있는 자기 현전이야말로 진리라고 보는 생각이다. 니체가 소크라테스를 넘어서 다양하고 유동적인 사고의 전사 (前史)를 돌아다본다면, 하이데거는 존재라고 하는 단일한 장 (場) 안에서 정당한 진리를 낳는 원천에 눈을 돌린다. 하이데거가 말하는 형이상학 <파괴>의 의도는, 의미의 다양성을 해방하는 것이 아니라, 의미를 그 본래의 자기 동일적 (自己同一的)인 원천으로 불러들이는 것이며, 그런 의미에서 데리다와는 다른 것이다. 그리하여 하이데거는 데리다의 동맹자로서, 그에게 전략적으로 가장 가까운 존재이면서도, ―이와 같은 결정적인 차이 때문에―데리다의 현대의 주요 적대자가 되어 있는 것이다.

이 대립은, 각자의 니체의 읽음에 있어서 가장 두드러진 모습으로 나타나고 있다. 데리다가 보는 바로서는, 하이데거의 읽음은 스스로를 <(「존재」)의 진리의 문제를 다루는 해석학의 공간>에 한정하고 있다. 거기에는, 데리다가 도처에서 적발하려고 애쓰는, 로고스 중심주의의 신화―기원·진리·현전에의 갈망―의 기미가 있다. 데리다가 논하기를, 이 경우에는, *스타일*의 엉뚱한 분열과 비틀어짐 때문에, 하이데거의 프로젝트는 스스로 공언한 목적에서 빗나가고 말았다는 점에 주목해야 한다는 것이다. 하이데거의 읽음은 <폭력

적이라고 밖에는 말할 수 없는, 거의 내적인 필연성>에 어쩔 수 없이 굴복하고 있으며, <실제로 좌절하고 있는 것은 아니지만…… 그 읽음의 내부에 포섭되는 것을 거부하는 다른 읽음으로 열려 있지 않으면 안 되게끔 되어 있다> (Derrida 1979, p. 115). 니체의 텍스트는 독자의 동요를 일으키는 힘을 가지기 때문에, 하이데거 철학 같은 진리와 의미의 궁극적 현전을 겨냥하는 철학이 미치지 못하는 곳에 위치하고 있는 것이다. 거기에서 기묘하다고 여겨지는 절묘한 스타일—은유와 이미지를 구사하는 책략—이 생겨나게 되는데, 이것을 이번에는 데리다가 그 니체의 읽음에 가지고 들어오는 것이다. 기원과 진리를 추구한다고 하는 엉뚱한 길로 나선 해석이, 거기에서 되돌림을 당하는 일은 이제 없다. 오히려 해석은, 에크리튀르 그것이 주는 현기증 나는 자유를 수중에 넣는다. 그 에크리튀르는, 의미의 자유로운 놀이에 아무런 제한을 가하지 않는 텍스트와의 만남으로 해서 생겨나는 것이다.

니체의 우산

이런 유희 혹은 놀이의 차원은 크게 데리다의 작업의 일부를 이루고 있다. 그는 <에크리튀르>를 <철학>에 예속시키는 것을, 그리고 비유적 언어를 논리적 사고의 표면에 붙은 오점으로 다루는 그런 억압적 체제에 스타일을 예속시키는 것을 거절하고 있다. 극단적으로 말하면 이것은, 니체가 의도한 상싶은 의미가 무엇인지를 묻는 것을 정지하라, 그의 텍스트는 열려진 가능성의 영역에 있는 것이어서 확실한 <해석학적> 복원은 아무래도 바랄 수는 없는 것임을 인정하라는 것을 의미한다. 니체가 노트의 여백에 갈겨 쓴 것에 언급하면서, 데리다는 자칫 잘못하면 부조리로 떨어질 아슬아슬한 난간을 걷는다. 이 갈겨 쓴 것은 <나는 우산을 잊었다>라는 말이다. 그는 이 단편적인 말이 지닐 수 있는 여러 <의미들>과 교묘하게 놀면서—재차 하이데거나 그의 <해석학>을 시야에 넣고서—이 단편의 컨텍스트의 회복은 불가능하며, 그러므로 그 의미는 전적으로 수수께끼라고 결론을 내린다. 프로이트적인 읽음을 할 가능성도 짤막하게 암시는 하고 있으나, 바로 집어치운다. 그 읽음도 해석학적 기도를 유발하는 것과 아주 동일한, 아무튼 이해하고 싶다고 하는 뿌리깊은 갈망—숨겨져 있는 무슨 <참된> 의의를 발견하고 싶다는 갈망—을 숨겨 가지고 있을 따름이다. 이 문장은 니체의 다른 글 이상으로, <의의가 있다>라고도 없다라고도 말할 수 없다고, 데리다는 결론을 내린다. 다른 텍스트들과 마찬가지로, 이 텍스트 역시 의도 혹은 살아 있는 발화에서 <구조적으로 해방되어> 있기 때문에, 언제나 다음과 같이 말해서 상관없다는 것이다—<그것은 아무것도 의미하지 않는다. 혹은 결정 가능한 의미를 가지지 않는다.⋯⋯해석자는 그 놀이에 도발되고 당혹하지 않을 수 없다> (ibid., pp. 131-2).

니체를 <최후의 형이상학자>라고 한 하이데거의 읽음에 대해서, 데리다는 그렇게 아주 효과적인 형세 역전을 행하는 것이다. 그의 설명을 따르자면, 하이데거야말로 진리와 정당성이라고 하는 전통적인 무기를 사용함으로 해서, 자기의 해석학적 목적을 위해서 니체의 텍스트를 이용하려 하고 있다는 것이다. 이 철학에 대항해서 데리다는, 니체의 스타일이 지니는 에너지를 해방하고, 그 텍스트가 개념의 틀을 모두 넘어서는 의미의 산종 (散種)을 하는 것을 가능케해 주기 위해서, 온갖 수단을 강구한다. 이 전략은 니체의 현재적 (顯在的) 의미와 반목하는 수가 실로 흔히 있다. 이를테면 니체의 **여성**에 대한 이미지 (<여성의 유혹적인 거리, 여성의 마음을 뺏는 접근하기 어려움, 여성의 도발적인 초월성 속에 있는 언제나 감추어진 약속>)와 철학에서의 비진리로서의, 즉 개념과 범주적 구별을 해석하는 것으로서의 *에크리튀르* 사이에, 데리다는 기묘한 은유적 관계를 몇 가지 설정하고 있다 (ibid., p. 89). 페미니스트라면, 니체의 유명한 여성 기피의 경향 (<여자한테 찾아가나? 매나 잊지 말게>)을 상기하면서, 데리다가 사용하는 논술의 스타일을 눈앞에 둔 평균적 철학자와 마찬가지로, 여성과 에크리튀르를 관계 붙이는 그의 논법을 분명히 불가해하다고 생각할 것이다.

그러나 이것은 니체의 텍스트가 주는 힌트와 시사를 단서로 해서, 데리다가 거반 장난조로 설명하는 따위의 <여성 문제>에 대한 오해이다. 계속해서 데리다는, 하이데거가 말없이 <성의 문제>를 <진리라고 하는 한결 일반적인 문제> 밑에 처넣고 말았다는 것은 좋지 않은 짓이라고 비판한다. 해석학은, 해석학에 의한 지배권의 주장을 깨뜨리는, 에로스를 암시하는 언어라든가 손대기 까다로운 *차연*이라든가에 의해서, 어쩌면 진리의 탐구에서 떨어지고 비틀어져 버리고 만다는 것이다. 하이데거의 읽음은, 니체의 은유의 연쇄에 내재하는 여성의 파괴적 영향력을 무시하고 있는 한, <저 안쪽에서 어정거리고 있을> 따름이다. 데리다는, 대단히 적절한 예를 인용한다. 이를테면 『이 사람을 보라』에서의 인용인데, 이 텍스트에서는, 니체의 스타일의 다양성과 그가 여성에 관해서 잘 알고 있는 것이 결부되어 있는 것처럼 보인다 (<정녕 나는 영원히 여성적인 것을 해명한 최초의 심리학자일 거야>). 그렇지만 데리다의 의도는 니체가 어떠한 에로스적인 감각을 가지고 있었는지를 기록하는 일이 아니라, 의미가 과하는 규범적 논리를 회피해 버리는 *텍스트*의 페인트 작전과 암시를 탐색하는 일이다. 데리다는 여성과 성 그리고 논리에서 비유적 언어에의 일탈이라는 세 가지는 같은 것이라고 보고 있는데, 물론 거기에는 자명한 것은 아무것도 없다. 그가 좋아라고 전하려 하고 있는 것은, 해석의 적절성이니 빼어남이니 하는 규범적인 것을 <뒤집어 엎더라도> 횡단해 버리는 읽음의 효과인 것이다.

　바르트의 후기의 저작에도 (특히『연애의 디스쿠르』) 언어를 성애화 (性愛化)하고, 이성이 그 지배력을 소실하는 장 (場)인 유혹적인 이미지와 비유의 무리에 몸을 맡기고 싶다고 하는 유사한 욕망이 보인다. 이것과 매우 깊은 관계에 있는 것이 너무나도 방법론적인 엄밀함을 지켜서 적용하면, 구조주의적인 사고는 그 유효성과 매력을 잃는 것이 아닌가 하고, 바르트가 점차 회의적으로 되어 왔다고 하는 사실이다. 바르트의 성애화된 텍스트 <이론>은, 읽음의 쾌락을—매우 지성화된 쾌락이기는 하지만—위협할는지도 모를 부권적인 법을 재빨리 끊임없이 회피하는 것을 목표로 삼은 것이다. 이 효과를 달성하기 위해서 바르트가 취하는 것은, 관념을 인상주의적으로 얼핏 바라다보는 것만으로 멈추는 방법이다. 그렇게 함으로 해서 관념들이 방법 혹은 개념으로 고정화되어 버리고 마는 것을 결코 허용하지 않는다. 니체는『연애의 디스쿠르』의 사색의 출발점도 되는 동시에 많은 용례들을 제공하고 있는데, 그것은 결코 우연한 일치는 아니다. 니체에 의한 범주적 언어의 해체야말로, 바르트에게 있어서는 바로 성애의 욕망과 탐닉의 이미지에 지나지 않은 것이다.

　마찬가지로 데리다도, 니체를 성애화해서 읽으면서, 해석학적인 프로젝트를 뒤흔들어 놓고 혼란에 빠뜨린다. 니체에서의 <여성의 문제>는 <참과 참 아님의 결정 가능한 대립을 중단하고……그래서 스타일의 문제를 바로 에크리튀르의 문제로 풀어 버리는 것이다> (Derrida. 1979, p. 57). 바르트는 니체의 텍스트를 얼핏 바라다볼 따름인 장난삼은 어프로치로서 만족하고 있음에 반해서, 데리다는 훨씬 정력적으로 그 텍스트의 은유와 교전하지 않으면 안 되도록 되어 있다. 그리고 이상하지만 엄밀한 **논의를 전개하는** 읽음을 해서, 니체의 도전에 응하고 있는 것이다. 니체의 스타일에 관한 학문적인 <문제>가, 더욱 커다란 문제로, 즉 철학은 어떻게 해서 오랫동안 스스로의 **에크리튀르**로서의 지위를 억압하거나 망각하는 데 힘써

왔는가 하는 문제에 통하고 있다는 것이 제시되는 것이다. 데리다의
읽음을 따르면, 니체는 결코 <최후의 형이상학자>는 아니며, 형이
상학사를 고의로 성립시키지 않는, 혹은 디컨스트럭션의 대상으로
삼는 최초의 인물이다. 그는 그의 동맹자이자 동시대인인 칼 마르크
스와 나란히, 현대 사상의 탈신화화를 한 위대한 인물의 하나이다.
포스트 구조주의의 비평이 지니는 커다란 가능성과 그것에 대한 비
판은, 마르크스와 니체라고 하는 두 인물 사이에서 마련되어 있는
것이다.

마르크스와 니체 사이 :
해체의 정치학

5
마르크스와 니체 사이 :
해체의 정치학

『포지시옹』 (*Positions*)이라는 책에 발표된 데리다와의 인터뷰에서, 정치적인 입장의 문제와, 마르크스주의와 디컨스트럭션에 관련이 있다고 하면 그것은 어떠한 것인가 하는 문제가 제기되어 있다. 인터뷰를 한 사람들은 장 루이 우드비느 (Jean-Louis Houdbine)와 기 스카르페타 (Guy Scarpeta)이었다. 두 사람 모두 파리의 잡지『텔 켈』(*Tel Quel*)지와 연결되어 있는, **마르크스주의적인** 텍스트 기호론을 변호하는 입장에서 말하고 있다. 그들의 질문은 공격적인 방향을 취하는 것으로, 데리다의 방법이 마르크스주의적 언어 분석이나 이데올로기 분석과 동맹 관계를 맺는 것인지, 그렇지 않으면 은연중 대립하는 것인지를 물어, 데리다를 꼼짝 못하게 하자는 시도이었다. 그것에 대해서, 데리다는 이렇게 논했다. 즉 마르크스와 레닌의 텍스트에 대해서 어떠한 양식의 수사 작용 및 비유 작용이 존재하는지를 분명히 하는 읽음이 이루어져 있지 않다. 텍스트의 표층 밑에 잠겨 있는 기성의 <의미되는 것>을 캐는 것과 같은, 미리 존재하는 방법에 바탕을 둔 해석으로서는, 전적으로 쓸모가 없다. 디컨스트럭션을 한다고 하면, 마르크스의 텍스트의 <이질 혼재성> (異質混在性)이라고 데리다가 부르는 것이 강조되어야만 할 것이다. 즉 텍스트는 관념론 (특히 헤겔)과 절연 (絶緣)하는 한편, 더욱 깊은 레벨에서는 다양한 형이상학적 테마의 지배를 여전히 받고 있다는 징후를 보인다는 것이다.

우드비느와 스카르페타는, 그 대화를, 마르크스주의적 변증법의 주요 원인으로서의 <모순>과 데리다의 *차연*이라는 테마가 전략적으로 어떤 동맹을 맺을 수도 있다는 방향으로 끌고 가려고 했다. 데리다의 응답은, 자칭 유물론적인 <텍스트 과학>의 여러 주장들과, 이데올로기와 전면적으로 절연할 수 있다는 기대를 일체 가지지 않는 디컨스트럭션의 주장이, 어떻게 근본적으로 양립할 수 없는가 하는 것을 밝히려 한다. 데리다로서는, 변증법적 유물론의 언어에는 *개념*으로 변장한 *은유*들이, 온통 미공인의 전제들을 지닌 테마들이 가득차 있다는 것이다. 따라서 그 언어를 추켜들어서, (그 속에) 형이상학의 역사에 의해서 퇴적된 침전물들을 모조리 조사해야만 한다고, 데리다는 말한다 (Derrida 1981, pp. 39-91 참조).

이 인터뷰는 비록 짧고 결론이 나지 않는 것이지만, 데리다의 사상이 전개될 때의 주요 논점이 무엇인지를 암시해 준다. 디컨스트럭션은, 그 반대자들이 일부 주장하는 대로, 단지 신기한 모습의 텍스트적 신비화에 지나지 않고, 역사와 정치를 가까이 하지 않는 데 한몫 하는 것에 지나지 않는 것인가? 시대를 넘어서 존속하는, 사회·경제의 변화의 흔적을 조금도 지니고 있지 않는 현전과 *차연*이라는 테마에 관심을 가지기 때문에 디컨스트럭션은 <비변증법적>인 것인가? 데리다의 디컨스트럭션과, 구조주의가 지나간 자리에 나타난 다양한 마르크스주의 문학과의 사이에는, 요컨대 어떤 관계가 있을까? 이런 문제들을 생각해 보기 위한 최선의 방법은 포스트 구조주의적 사고에 대해서 커다란 영향을 끼친 두 가지 적대하는 힘을 더듬어 보는 일이다. 즉 마르크스와 그 동맹 프리드리히 니체의 영향력을 더듬어 보는 것이 상책이다.

니체적 양식의 디컨스트럭션은, 극단적으로 회의적인 엄밀성과 수사적인 자의식을 특색으로 하는 담론을 생산해 왔다. 마르크스주의 비판도 마찬가지로 강력해서, 한편으로는 몇 가지 구조주의적 관

넘들을 채택해서 이론적 기초를 발전시키고, 다른 한편으로는 마르
크스주의적 사고에 반대하는 요소로 보이는 것들을 배제했다. 이 두
가지 주된 포스트 구조주의 이론의 경향 사이에는, 디컨스트럭션의
근본적인 **차연**을 밝히는 복잡한 적대 관계 (敵對關係)가 출현해 왔
다.

데리다의 헤겔론

마르크스에 관해서 데리다는 사실상 침묵하고 있는데, 이것은 길게
뒤로 미룬다, 즉 그 텍스트를 통해서 마르크스의 사상과 맞부디치는
것을 지금까지 거부하고 있다,라고 풀이할 수밖에 없다. 데리다가 한
장 (章) 전체를 헤겔에 할애하면서 (『에크리튀르와 차이』에서), 헤겔
의 사상에 관한 마르크스의 비판이나 유물론적 전도 (顚倒)에 관해
서는 언급조차 하지 않는다. 데리다의 읽음은, 헤겔 철학에서, 역사
와 의식이 결합해서 이해 가능한 의미의 충실을 형성하기는 커녕,
그것들이 모든 변증법의 이해를 넘어서 탈운동 (脫運動)에 직면하는
지점을 이끌어내려고 한다. 헤겔의 논리는 그 수사 때문에 목적에서
벗어나고, 다루기 힘든 의미의 과잉으로 해서 자기 모순에 빠진다는
것이다. 헤겔 체계의 <한정적 체제> (限定的 體制)는 <일반적 체
제>에 의해서 빗나가고 침략되어 있다는 것이다 (데리다는 후자를
에크리튀르 혹은 텍스트성의 효과와 동일시하고 있다). 개념은 그 철
학상의 <합법적인> 지위에서 떨어져 나가고, 과격한 <의미의 변
화>를 당하게 되며, 이성의 주권에 등을 돌리게 된다. <따라서 해
석의 의미를 지배하는 논리는 아무 것도 없다. 논리도 하나의 해석
이기 때문이다. 거기에서 헤겔의 의도에 거역하는 모습에서, 헤겔 자
신의 해석은 재해석될 수 있다> (Derrida 1978, p. 260). 전형적인 데

리다의 특징에서, 이 에세이는 직접적으로 헤겔에 접근하는 것이 아
니라 또 하나 다른 읽음, —조르즈 바타이유 (Georges Bataille)의 읽음
—을 경유해서 헤겔에 접근해 간다. 바타이유의 인식과 사각 (死角)
이, 더욱 해체적 취급을 위한 구실이 된다. 즉 헤겔 자신의 논의는
교활하게 간텍스트적인 의미 작용의 망에 사로잡혀 있으며, 그래서
단일한 권위적인 논리의 손이 미치지 않는 지점에 자리잡고 있게 되
는 것이다.

『에크리튀르와 차이』의 다른 곳에서, 데리다는 텍스트와 정치 사
이의 관계에 언급하고, 짤막하게나마 디컨스트럭션은 <마르크스주
의와는 다름 방향에서 철학을 이데올로기로서 읽기 위한 전제>를
제시하는 것임을 암시하고 있다. 확실히 그에 의한 헤겔의 읽음은
디컨스트럭션과 마르크스주의적 텍스트의 이데올로기 이해가 서로
충돌한다는 것을 명백히 밝힌다. 헤겔적 변증법은, 에크리튀르의
<일반적 체제>에 의해서 그 한계까지 밀리게 된, 서구의 로고스 중
심주의적인 담론의 전통의 한 장 (章)에 지나지 않는 것이 되고 만
다. 헤겔적 변증법이 역사적으로 뿌리를 내리고 있다든가 현재 그것
이 마르크스주의적인 사상의 반대자=선행자로서의 구실을 맡아한
다는 사실 등은 거의 의미가 없게 된다. 역사는 *표상* (*representation*)의
놀이로 환원된다. (헤겔의 설명으로는 정신은 그 표상을 사용해서,
스스로의 오성과, 그것에 이르기까지의 역사적 사고의 제단계를 포
착하려고 시도한다는 것이다). 의식적 성찰의 극한점에서, 역사는 수
사적 형상으로 분해되고, 거기서 지식에의 모든 주장들은 해체되는
것이다. 헤겔의 권력과 지식의 변증법은, 은유가 그의 논의의 논리
그것을 분열시키는 지점에 주의를 집중하는 읽음에 의해서, 물구나
무설 수 있게 되는 것이다. 헤겔의 역사는, <좌에서 우로, 혹은 우에
서 좌로 읽을 수 있다. 즉 반동적 운동으로서도 혁명적 운동으로서
도, 혹은 동시에 양쪽으로서도 읽는 것이 가능하다> (ibid., p. 276).

수사의 놀이 혹은 에크리튀르의 <보족대리성>은, 의미를 미리 구상된 설명 체계에 종속시키는 것을 불가능하게 한다. 개념의 <전체성>은, 항시 의미 작용의 책략 바람에, 디컨스트럭션이 필사적으로 폭로하려는 <담론의 미끄러짐과 차이> 바람에, 풀어 헤쳐지고 만다.

지금까지 살펴본 바와 같이, 헤겔 철학의 체계에 그런 회의적인 비판을 한 최초의 사람은 니체이었다. 데리다처럼 니체로서도, 절대적인 지식을 찾는 프로젝트는 근원적으로 착각이었으며, **언어**가 사고의 여러 과정들을 창조하고, 변덕스럽게도 그것을 그릇 인도하는 경위를 잊고 있다는 것이다. 논리랄지 추상적 이성에 의해서 진리에 도달하려는 여러 가지 시도들에서 니체는 오직 맹목과 비대한 오류만을 보았을 뿐이다. 종래의 철학은, 일반적이면서 상식적인 사용 방식을 하고 있음에도 불구하고, 강한 영향력과 사람을 속이는 힘을 갖추고 있는 일련의 숨은 은유들에 부지중 의거했었다. 결국 니체는, 디컨스트럭션의 프로그램 전체에 귀착하는 것을 성취하고, 철학적 진리니 확실성이니 하는 것의 흔적을 하나도 남기지 않고 공격한다. 아리스토텔레스의 논리학의 기본 <법칙>은, 절대적인 정당성을 지니고 있다기보다는, 오히려 그런 법칙을 넘어서 사고하는 것이 현대의 우리에게는 **불가능하다**는 것을 표현하고 있다는 것이다. 논리란, 직접적인 경험을 어떤 모습으로 이해하기 위해서, 사고 습관을 취사선택해서 정돈하는, 이해하고자 하는 의지의 산물이다. 세계에서의 대상에 관한 우리의 **지식**은, 그 대상을 지각하는 과정 그것에 관한 **경험**에서 직접 생겨난다고 하는 근거없는 전제에 바탕을 두고서, 개념은 형성되어 있다. 경험적인 자명성 (自明性)과 개념적인 진리의 결부는, 니체에 의하면, 일종의 은유적인 전이 (轉移)이어서, 비유 (trope)의 끊임없는 (비록 인식은 되지 않지만) 지렛대 작용에 의해서 우연적인 것을 필연적인 것으로 상승시킨다는 것이다.

따라서 니체는, 수사를 탈신비화한다는 이름 아래, 방법과 <구조>의 개념 그것을 의문시하는 포스트 구조주의적인 사고 노선의 선구자로서 서 있는 셈이다. 데리다가 헤겔론에서 밝힌 바와 같이, 역사적인 지식이 절대 이성 (絶對理性)에 근거한다고 주장하는 한, 이 의문시하는 자세는 역사적인 지식의 분야에까지 미친다. <역사의 의미>와 <의미의 역사>는, 서구적 사고에 고유의 것인 자율적인 진리의 탐구를 통해서 합체되어 있다. 헤겔은 <방법과 역사성과의 존재론적 통일>을 믿고 있었으나, 데리다는 기원과 자기 현전에 대한 집요한 갈망은 거기서 생긴다고 생각한다. 헤겔은 역사와 의식을 최고의 명석함과 완전한 이해의 단계를 향해서 수렴하는 것으로 다룬다. 데리다는 니체와 마찬가지로, 이 이념화된 지식과 그 지식에 속하는 방법 개념들의 해체에 착수한다.

그럴 즈음에 데리다는, 역사적 설명의 힘이라는 것에 대해서 노골적인 도전을 건다. 이것은 단지, 구조주의를 둘러싼 논의의 초기 단계의 특징이었던, 사고의 <공시적> 양식과 <통시적> 양식의 대립의 재판이랄까, 더욱 세련된 것으로 보일는지도 모른다. 레비-스트로스는, 이 문제를 「역사와 변증법」 (Levi-Strauss 1966)에서, 매우 명쾌하게 제시했다. 이것은, 구조주의를 추상적인 방법론에 지나지 않아서 역사적 현실과 살았던 현실로부터의 도피라고 비판했던 사람들 (사르트르도 포함)에 대한 대답의 모습을 취했다. 레비-스트로스의 견지에서는, 그런 비판들은, 개인의 정신이 자기 투영 (自己投影)을 행할 때에 분비하는 의미에 역사적 의의를 부여해 버리는, 진부한 환상의 산물이라는 것이다. 역사는 오히려 일련의 변동하는 형태가 만들어내는 패턴이며, 그 <의미>는 시간의 경과와 더불어 차츰 불투명한 것으로 된다고 여겨진다. <어떤 코드 하에서는 의미가 있는 사건들도, 다른 코드 하에서는 이미 그렇게는 안 된다. 즉 그 사건들이 어떤 의미를 지니느냐 하는 것은, 그것이 동시대인에게 어

떤 인상을 주느냐에 전적으로 달려 있다>. 역사적 이해는, 그것이
공시적 견지를 채용할 때에만 가능하다. 즉 <저마다 자율화된 참조
체계 (參照體系)를 부여하는 일부군 (日附群)>을 채용할 때에만 가
능하다. 사르트르의 <전제화>라는 개념—즉 후지혜적인 해석을 통
해서 스스로의 의의를 개시해 가는 역사라는 개념—을 레비-스트로
스는 인간의 경험의 전제성과 연속성을 믿고 싶다는 신념의 나타남
에 지나지 않은 것이라고 해서 물리친다. 이 신념은 변동되고 임시
적인 의의밖에는 지니지 않는 <겉보기의 명료성>을 부여할 따름이
다. 사르트르 식으로 <코기토 (cogito)를 사회화>한다면, <개인주
의>와 <경험주의>라는 헤겔적인 이중의 덫에 걸리게 된다.

마르크스주의, 구조주의, 해체

이 논쟁은, 프레드릭 제임슨 같은 비평가들에 의해서도 거론되었다.
그들은 광의의 구조주의파 마르크스주의자들로, 공시적 사고의 주장
을 어떻게 해서든지 역사적 이해의 주장과 조화시키지 않으면 안 된
다고 느낀 사람들이다. 해석이란 부단한 <코드 변환> (transcoding)
의 과정이다. 즉 스스로의 작용을 의식하고, 단일한 확정된 <진리>
에서 결코 안주하려 들지 않는 수사적 활동이라고 한 레비-스트로스
에게, 제임슨은 그 한도에서 찬의를 표명한다. 그와 같은 방법을 취
하면, 비판적 담론의 새로 발견된 개방성이 생겨나고, 저 가증스런
<형식>과 <내용>이라는 대립을 넘어서는 방법이 얻어진다고, 제
임슨은 말한다. 그의 논의가 분명히 힘을 잃고 있다고 여겨지는 것
은 이같이 열려진 코드가 복수 있으면, 비평가도 문학 작품도 한층
깊이 있는 **역사적인** 과정에 효율적으로 참가하게 마련이라고 그가
주장을 펼 때이다. 그렇게 꽉 짜여진 논의를 한 후에, 제임슨의 말투

는 여기서 분명 맥이 풀리고 은유적이 된다. 모든 해석적 행위의 양면에서 작용하고 있는 코드의 다양성을 보임으로써, 구조주의는, <온통 텍스트와 분석 과정의 양쪽을 똑같이 다시 열어서, 역사의 바람을 쏘이는 것>을 약속한다고, 그는 말한다 (Jameson 1971, p. 216).

수사법과 마르크스주의적 변증법 사이에, 제임슨은 자신 있게 **친선 관계의 확립**을 꾀했으나, 그 뒤의 전개를 생각하면, 시기 상조인 것만 같다. 테리 이글턴처럼 수사적 코드의 변환에서 오는 개방적인 자유스런 놀이는—무한한 <복수성을 지닌> 텍스트의 이념과 더불어—마르크스주의 비평의 목적에는 저항하는 것임을 더욱 명확히 인식한 사람들도 있었다. 역사와 의미가, 끊임없이 변전하는 비유의 상호 작용에 환원된다 하더라도, **방법**은 어떤 절대적인 정당성을 계속 유지할 수 있다는 신념이, 제임슨의 이론의 뒷받침이 되어 있다. 환언하면, <구조>를 회의적인 의혹의 공격에도 까딱없는 이해 가능한 양식으로 유지하고자 하는 레비-스트로스의 사상 중 어느 부분을 그가 지지하고 있다는 말이다.

소쉬르와 레비-스트로스의 텍스트에서, 데리다가 아주 능란하게 해체한 것이 구조주의의 이런 이종 (異種)임은 분명하다. 데리다의 목적은, 구조주의의 깊은 함축은, 소쉬르나 레비-스트로스가 인정하고 싶다고 생각하는 이상으로, 방법을 더욱 극단적으로 어지럽게 의문시하는 방향으로 나아가는 것임을 보이는 데 있다. <구조>라는 개념 자체가, 막다른 데서 스스로의 수사적인 지위를 의도적으로 망각하려는 자세를 지닌 은유라는 것이 제시된다. 데리다의 가장 강력한 에세이 「힘과 의미 작용」과 「구조, 기호, 놀이」는 둘 다 <구조>의 근본적인 은유성을, 용어와 조작 개념 (操作槪念)으로서 밝히려는 이 목적에 확실히 골몰하고 있다. 그렇지 않으면, 사람은 끊임없이 그 자신의 진지성을 승인하는 담론의 순환적 논리의 덫에 영원히 걸린 채로 있게 된다고, 데리다는 논하고 있다. 결국 서구적 사

고는 무엇을 이해하려면 종래 빈번히 시각적·공간적 은유에 호소
해 왔는데, <구조>란 궁극적으로는 그 은유들의 반영상 (反映像)인
것이다.

그런 비유적인 지주 (支柱)들의 도움없이 사고한다는 것은, 정신
의 능력을 넘어서는 것인지도 모른다. 반면, 그런 지주들을 받아들
여서, 그 효과를 해체하지 않는다는 것은, <비유 그것에 말려들어
서, 그 비유의 내부에서 은유적으로 생기는 놀이를 못 보게 된다>
는 위험을 무릅쓰게 된다 (Derrida 1978, p. 16). 이미지에서 개념으
로 은유적으로 이동하면서, 그것을 충분히 수사적으로 음미하지 않
기 때문에 생기는 망상을, 니체는 비판했던 것인데, 데리다도 그것
을 따르고 있다. 데리다의 설명에 의하면, 구조주의의 커다란 장점
은, 구조주의가 대단히 절박한 용어로, 이제 말한 필요성을 주장한
점이다. <대상을 공간화함으로써만 언어는 대상을 결정할 수 있다
는 사실은, 반대로 언어가 스스로를 공간화하지 않을 수 없다는 것
을 충분히 설명하는 것일까?> (ibid.). 구조주의가 그 자체의 방법과
정당성에 관해서 그러한 질문들을 부단히 제기하는 일이야말로, 데
리다로서는, 구조주의가 <구조>의 보복을 피할 수 있는 유일한 수
단이 된다는 것이다.

이같은 근원적인, 니체적인 해체와, 마르크스주의의 입장에서 하
는 텍스트와 이데올로기의 유효한 설명을 조화시키는 일은, 이미 논
한 바와 같이, 곤란하다. 마르크스주의적 포스트 구조주의의 이름
아래 행해진 그러한 조화의 시도는, 앞으로 추적하려는 이유로 해
서, 추상적 담론을 끝없이 증식시킬 운명에 있다. 니체=데리다적
용어로 텍스트를 해체하면, 마르크스주의적=역사적인 이해를 **빠져**
나가, 의미의 한계점 혹은 막다른 **아포리아**에 다다르게 된다. 데리
다의 읽음이 폭로하는 텍스트의 <이데올로기>란 은유와 수사적인
우회로 속으로 원생적 (原生的)으로 빗나가 버리는 행위를 말하는

것으로, 마르크스주의의 용어로서는 설명 불가능한 사고의 오류를
통해서, 언어는 그것을 끌어안아 버리는 것이다.

『비평과 이데올로기』(*Criticism and Ideology*, 1976)에는, 저자 테리
이글턴이 짤막하게 니체에 언급한 곳이 하나 있는데, 거기서는 마르
크스주의자가 그러한 철저한 회의론에 대해서 당연히 느껴야 할 불
안이 표명되어 있다. 이글턴의 직접적인 표적은 파리의 잡지 『텔
켈』류의 <방자> (放恣)한 텍스트 이론이다. 그 이론은, 과격한 정
치 운동과 무한히 복잡화한 의미의 자유스런 놀이를 같은 것으로
보고 있다. 이 태도는 (이글턴의 읽음에 의하면), 전형적으로 <부르
조아적 사회 관계의 거울 이미지>로 역전한다. 모든 의미는, 단일
한 권위 있는 의미 같은 것은 가지지 않는다고 생각하는 것은 (단지
부정하기 위해서 그것을 꺼내는 것은), 무능한 도전의 몸짓에 지나
지 않다. 그러나 여기서 이글턴의 진정한 공격 목표는 니체 및 마르
크스주의적인 해석 이론에 대한 니체적인 도전이다. 전통과 근원적
으로 결별하는 방법은 따로 있다고, 이글턴은 말한다.

> 의미의 궁극적인 증여자 (贈與者)를 지배의 자리에서 추방한 뒤의
> 해방의 순간에 속박되는 일은 없다. 만일 신이 죽었다고 하면, 니
> 체를 부활시킬 필요는 없다. 왜냐하면 이 경우의 원점은, 마르크스
> 류의 <당연한 것으로 승인된> 포스트 무신론이었지, 그 동료 니
> 체의 <언제나 정당화되어야 하는> 포스트 무신론은 아니기 때문
> 이다 (Eagleton 1976, p. 43).

여기서는 니체의 회의론이 일종의 유치한 무질서가 되고, 충분히 성
숙한 마르크스주의적인 역사 사고 (歷史思考)에 의해서 그 실체의
모습이 밝혀지게 된다. 디컨스트럭션도 마찬가지로 부정적으로 바
라볼 수가 있을 것이다. 즉 담론은 로고스 중심주의적 사고 속에 있

는 <초월론적으로 의미된 것>에 묶이어서 끝없는 탈신화화의 작업
에 (니체처럼) 스스로 유폐되어 버린다.

　그러나 이글턴은, 이 고위 (高位)의 변증법적인 지식을 정확히 어
떤 근거 위에 놓는 것일까? (알튀세르를 따라서) 다음과 같은 필요
조건 위에 놓는다. 즉 비평은 <그 이데올로기적 전사 (前史)와 결별
하고, 텍스트의 공간 바깥에, 과학적인 지식이라는 다른 장소에 스
스로를 위치시켜야 한다> (ibid., p. 43)는 것이다. 여기에 있는 은유
들은, 분명히 시각적·공간적인 것이다. 그것들은 해체해 달라고 외
치고 있는데, 괴팍한 앞서기 때문에만 그러는 것이 아니라, 이 은유
들이 마르크스주의의 인식론에 대해서 갖는 의미를 끝까지 추구하
기 위해서이다. 텍스트의 <공간>과 과학적인 <장소>라는 이글턴
의 이미지는, 하부/상부 구조라는 은유의, 세련은 되었으나 편재적인
변종 (變種)에 연유한 것이다. 그리고 이론 (혹은 미완성의 텍스트
과학>)은, 스스로를 살았던 이데올로기의 바깥 및 그 위에 위치하
는 것처럼 보인다. 문학의 텍스트는 그 두 가지 중간에 위치해서,
풍부하기는 하지만 혼란스런 지식의 원천이 되며, 경험에 가깝다는
점에서는 이론보다 <직접적>이지만, 경험이 이론에 가까이 할 수
있는 (보이는) 것으로 하기 위해서, 경험을 표상하고 그것에 **손을 댄
다.** 이런 생각이, 이글턴의 <텍스트 과학>의 기초가 되어 있다.
<텍스트가 의미를 구성하는 여러 양식은, 이데올로기에 의해서 결
정된 관습성을 지니지만, 텍스트는 그것을 비평에 맡길 즈음에, 동
시에 간접적으로나마 그 이데올로기와 진정한 역사의 관계에 빛을
던진다> (ibid., p. 101). 여기서의 논의는, 그것을 뒷받침하고 있는
은유들에 전적으로 좌우된다. 즉 그 과정은, 살았던 경험이 지니는
<생생은 하지만 느즈러진 우발성>에서부터, 과학적인 명석한 차원
에의 수직적 상승으로서 시각화되어 있는 것이다. 문학의 텍스트가
<간접적으로 빛을 던진다>고 일컬어지는 것은, 문학의 텍스트가

저 비교적 조밀한 중간 지대를 차지하는 한, 간접적이 되기 때문이다. 그리고 그 텍스트가 지식에 스스로를 맡기는 그 정도에 따라서, <빛을 던지는> 것이다. 빛과 어둠이라는 은유는 계층 구조 (階層構造)의 은유와 협력해서, 이글턴이 마음에 그리는 텍스트 과학의 완벽한 *이미지*—혹은 시각적인 유사물—을 낳고 있다.

서구 철학의 여러 텍스트들에는 빛과 어둠에 관한 비유적 함의 (含意)가 충만해 있는데, 그 함의에 관해서, 데리다의 에세이 「흰 신화」(1974b)는 많은 문제를 지적하고 있다. 지성의 자연광 (自然光)으로서의 이성은, 전형적으로 무기적 자연 (無機的自然)이 지니는 불투명한 물질성뿐만 아니라, 방해가 되는 이물적 매체 (異物的媒體)로서의 에크리튀르가 지니는 불투명한 물질성과 대치된다는 것이다. 이것은 물론 로고스 중심주의적 담론의 기본 전략이어서, 데리다는 그 전략의 논리가 은연중 역전되는 지점에까지 밀어다부침으로써, 그 전략을 그 자체에 향하도록 한다. 의식이 이성의 순수한 빛에서 스스로 앞에 현전될 수 있고, 불투명한 텍스트성의 덫에서 해방될 수 있는 일, 이것이 서구 사상의 주기적으로 일어나는 꿈이었다. 이 꿈은 텍스트・이데올로기・표상에 관한 마르크스주의적 이론에 깊이 간직되어 있다. 이 이론에서 조잡한 결정론적인 사고가 꼼꼼히 제거되어 있는 경우에도 그렇다. 이글턴, 피에르 마시레, 그 밖의 알튀세르파의 마르크스주의자들이 제창하는 <과학>은, 결국 스스로의 논리를 결정하는 시각적・공간적 은유에서 벗어날 수가 없다. 텍스트는 살았던 경험의 원소재 (原素材)와 지식의 꿰뚫는 빛의 중간에 위치한, <농밀하고>, <불투명하고>, <간접적인> 반투명한 에크리튀르로서 다루어진다. <이론> (theory)과 <보기> (seeing)의 어원적 관계 (그리스 어 *thea*는 구경거리라는 뜻)는, 과학의 확실성에 묻혀서, 잊혀진 은유 혹은 승화된 은유가 되어 버리는 것이다.

이글턴의 언어가 비유적인 성격을 지니는 것은, 그의 이론이 유

물론적이지만 비환원적 (非還元的)인 의미에서 <표상>을 정의하려
는 문제에 부딪히는 곳에서 뚜렷히 드러난다. 텍스트가 이데올로기
를 <표상하는> 것은, <이러한 표상들을 낳아 주는 여러 카테고리
들을, 특히 강렬하게, 간결하게, 시종여일한 형으로>, 분명히 함으
로써 이루어진다는 것이다 (Eagleton 1976, p. 101). 여기 이 논의는
사용되어 있는 언어의 공간적·시각적인 함의에 부착하고 있는 은
유적인 가치의 순환적 교환에 의해서 버티고 있는 것이다. <카테고
리>라는 추상적인 용어가 사용되어서, 이 논의는 엄밀하고 설명력
이 있다는 느낌이 들지만, 그러나 그 용어 자체가 이 문맥에서는 의
미가 선명하지 못한 채로 있다. 그리고 이 용어가 명백히 규정되지
않았다는 벌충으로서, <강렬하게>라든가 <간결하게>라는 말이
수사적으로 사용되어, 구체적이고 생생한 직접성이 암시되어 있다.
거기에 <형> (形)이며 <표상> (表象)이라는 시각 투영적 (視覺投
影的)인 은유들이 사용되어서, 이 꽉 짜여진 이미지군 (群)을 **개념화**
하는 작용을 완성한다. 이 문학적인 텍스트가 분명히 하는 점이라
면, 이같이 비유를 분석하면, 이 텍스트가 이해 가능한 것이 되자면
어떤 조건이 필요한지를 일러준다는 점이다.

　이글턴은 아닌게 아니라 자신의 입장에 조건을 붙이지만, 같은
징후를 보이는 언어로 그렇게 하는 것이다.

> <나타낸다> (reveal)는 단어는, 여기서는 아마 오해를 일으킬 염려
> 가 있다. 왜냐하면 모든 텍스트가 그 이데올로기의 카테고리들을
> 표면에 제시하지 않기 때문이다. 이 카테고리들이 눈에 보이게 되
> 느냐 그렇지 않느냐는, 카테고리 자체의 성질뿐만 아니라, 그것을
> 만들어내는 텍스트의 정확한 양식 여하에도 달려 있다 (ibid., p. 85).

여기서는 은유들이 더 한층 억척을 부리고 있다. 이데올로기는 텍스

트에 의해서 제시되는데, 텍스트의 반사면 (反射面)에서 얼마만큼의 깊이를 보이느냐는 고사간에, 문제의 추상적인 <카테고리>가 낳아 주는 다소간에 <눈에 보이는> 작용의 양식을 통해서, 그렇게 되는 셈이다. 이글턴의 정교한 논의는 이러한 기본적인, 증식하는 사고의 비유 형상에 의존하고 있다는 것을 숨길 수는 없다. 그가 다른 곳에서 알튀세르와 마시레를 비판, 그들은 논의에 <단순한 수사적인 성격>을 주거나 혹은 <몽롱한 비유가 넘쳐흐르는> 담론에 후퇴한다라고 말하는 것은 아이러니컬하다. 이와 같이 은유에 미끌어져 들어가는 것에 용의주도하게 대처하고 있음에도 불구하고, 이글턴은 아주 동일한 경향을 드러낸다. 사실 자주 눈에 띄기는 그러한 이데올로기적인 담론과 결별해야 할 새로운 마르크스주의적 <과학>의 설명을 하고 있을 때인 것이다. 아무리 이론적으로는 세련되어 있을지라도, 이 마르크스주의적인 표상의 모델은, 그 논리를 전적으로 지배하는 비유와 이미지의 수사학에 사로잡혀 있는 것이다.

니체 대 마르크스?

이상과 같이, 이글턴에 의한 마르크스와 니체의 요약적 대비가 대단히 달라진 것으로 보인다. 사적 유물론의 <자명한 것으로 되어 있는> 기초는, 그것이 아무리 미묘하게 정식화되어 있을지라도, <언제나 정당화를 요구하는> 니체적 비판에 의해서 도전을 받게 된다. 텍스트에서의 의미의 놀이로부터 완전히 분리되어 버린 **어떤** 과학이나 방법의 정당성을 디컨스트럭션이 의심하는 이상, 그것은 마르크스주의 사상에 대해서도 대항한다. 제임슨과 이글턴은 공통된 딜레마의 서로 대립하는 양면을 대표하고 있다. 제임슨은 역사와 의미를 열려진 자유로운 놀이에 동화시키는데, 그 경우 지금까지 보아

온 바와 같이, 역사적인 방법은 임의적인 제스추어에 지나지 않게
된다. 이글턴은 이와 같은 다원론적인 견해를 거절하고, 수사법상의
이중성이나 오류와 얼마만큼의 거리를 유지할 수 있는지를 측정할
텍스트론의 필요성을 능란하게 논한다. 그러나 비평이 텍스트의 영
역 바깥에 발을 밟으면서, **비유적인 용어를 사용하지 않고서** 그러한
지식을 달성한다는 것은 비평의 능력을 넘어서는 일이다. 데리다가
주장하는 바와 같이, 해체적인 사고의 종점이란, 텍스트와 텍스트
사이에서 하는 상호간의 물음의 놀이에는 끝이 없다는 것을 인식하
는 일이다. 디컨스트럭션은 최종적인 언어를 결코 가질 수 없다. 왜
냐하면 디컨스트럭션이 낳는 통찰은 필연적으로 어떤 수사를 가지
고 나타낼 수밖에 없는데, 그 수사 자체가 해체적인 읽음에 열려져
있기 때문이다. 비평이 과학적인 지식의 평면상에서, <텍스트의 공
간 바깥에서> (이글턴의 말) 작용한다고 주장하는 것은 착각에 지
나지 않다. 메타 언어는 존재하지 않는다.

　알튀세르의 마르크스주의도 일종의 디컨스트럭션이지만, 그것은,
과학이 이데올로기의 숨겨진 메시지를 끌어낼 수 있는 지점에서, 디
컨스트럭션의 과정을 정지하려고 한다. 어떠한 결정 기능을 지니는
체계나 구조의 이름 아래 이렇게 운동을 정지한다는 것은, 데리다가
논문 「힘과 의미 작용」에서 해체해 보이는 전략이다. 그것은 수사적
요소들에 대해서 결정적으로 눈은 감고 있는 구석이 있어서, 이글턴
의 경우와 마찬가지로, 그 수사적 요소들을 해체적으로 읽음으로써,
그 비유에 의한 도피를 밝힐 수가 있다. 마르크스주의적인 비평이
포스트 구조주의의 이론적 입장을 취할 때에, 그러한 읽음을 초래한
다. 제임슨도 이글턴도 텍스트를 수사적 구조물로 보고, 그것은 이
데올로기를, 새로우면서 문제가 되는 모습으로 <간추려 가는> (단
과학적인 해독을 하면 접근할 수 있는) 것이라고 생각하는 한, 이러
한 생각을 공유하고 있다. 즉 그들은 텍스트와 현실의 분리를 인정

하고, <현실적인 것>이란 문화 속에서 특권화된 표상의 코드로 해서 생겨난 *결과*라고 생각하고 있다. 사실상, 제임슨의 경우, <생산적인> 텍스트성을 주장하는 마르크스주의적 입장과 바르트적인 해방된 의미의 황홀 상태를 구별하는 것은 어렵다. 이글턴은 이와 같이 전면적으로 수사에 몸을 맡기는 것을 피하지만, 그러나 그럴 즈음에 스스로의 텍스트에 압력을 가해서 그 방법에 이의를 제기하게 마련인 다른 것들을 무시한다. 그가 사용하는 은유에 의해서 텍스트·이데올로기·과학의 관계의 이미지는 실체화되지만, 이것 자체가 이번에는 해체적인 읽음을 분명히 수용하는 비유에 의한 도망에 의존하고 있는 것이다.

비평이 일단 디컨스트럭션의 미궁에 빠지면, 어느 회의론적 인식론에 사로잡혀 버린다. 방법을 찾는 종점을 찾아 그 인식론을 더듬어 올라가면 마르크스가 아니라 니체에 이른른다. 니체의 <방법>이란, 끊임없이 자기를 무효화하는 레슨에 불과한 것일지도 모르지만, 그러나 포스트 구조주의적인 마르크스주의에 보이는 절충적인 확신 같은 것보다 훨씬 엄밀하고 면밀한 레슨일 것이다. 피에르 마시레도, 텍스트의 여러 가지 기만 행위와 혼란을 초래하는 수사법에서 <과학>으로서의 비평의 지위를 지키려고 해서 마찬가지로 중대한 맹점을 드러낸다. <작품의 담론 속에 정식화되어 있는 현실적인 것은, 그 담론의 전개 방식에 전면적으로 좌우되는 것이기 때문에, 언제나 자의적이라> (Macherey 1978, p. 37)는 것이다. 해체적 읽음도 같은 방향의 논의를 해서, 이야기의 담론이, 스스로 주장하는 대상 지시성 (對象指示性) 혹은 현실에의 언급성을 무너뜨리는 페러독시컬한 논리를 전형적으로 낳는 모습을 보여 준다. 마시레는 계속 주장하기를 <*문학* 작품에서 직접 끌어내는 테마는, 처음부터 개념으로서의 가치를 지니고 있는 것은 아니라> (ibid., p. 21)는 것이다. 이것은 너무나도 쉽게 이미지에서 개념으로 이행해서는 안 된다고

하는, 니체의 회의적 명령과 일치하는 것처럼 보일 것이다. 그러나
마시레는 여전히, <과학>으로서의 비평이란, 텍스트의 규제력에서
완전히 자유로와져서, 문학적 이데올로기의 기저에 있는 대립까지
도 통찰할 수 있는 담론이라고 생각하고 있다 (그의 생각의 충분한
설명과 비판에 대해서는, 벨시 (Belsey 1980 참조). 비평이 텍스트의
표상 작용이 지니는 기만적인 수사법 전체와 결별할 수 있다는 것
은, 자명한 이치라고 마시레는 생각하고 있다. 이 자명한 이치가 억
압해 버리는 것은, 비평 역시 여러 가지 유추로 이루어진 담론으로
서, 과학적인 주장을 하면 할수록 더욱 기만적이 되고 마는 담론으
로서, 스스로를 구축하고 있다는 사실이다.

푸코와 사이드 : 권력의 수사학

해석들이 자아내는 이런 충돌이, 요즘 포스트 구조주의 논의의 중핵
을 이루고 있다. 미셸 푸코는 마르크스주의적 및 역사적=해석적 방
법을 위해서, 니체 사상이 지니는 함의를 하나씩 하나씩 설명하는
일을 가장 멀리까지 추진한 인물이다. 다음 구절에서는, 그는 두 가
지 서로 겨루는 지식의 질서 사이에 있는 균열을 기술하고 있다.

> 외견상, 아니 그것이 뒤집어쓰고 있는 가면을 보고 있노라면, 역
> 사적 의식은 중립적이고, 열정이 없으며, 오로지 진리에만 눈을
> 돌리고 있다. 그러나 역사적 의식이 스스로를 음미해 본다면, 더
> 욱 일반적으로 말해서, 역사적 의식이 그 자체의 역사 속에 나타
> 난 가지각색 과학적 의식을 따져 묻는다면, 그 모든 형태와 변형
> 들이 지식으로 향한 의지의 양상—본능·열정·이단 심문관 (異
> 端審問官)의 여러 헌신·냉혹한 교활함·악의—이라는 것을 알게
> 된다 (Foucault 1977, p. 162).

마르크스에 대한 니체의 도전 (푸코가 전략적으로 스쳐 지나가는 문제점)은, 역사의 책략을 이해함에 있어, 그것을 이런 근원적으로 텍스트적이랄까 비유적인 양식의 문제로서 포착하는 것과 결부되어 있다. 그것은, <과학적> 방법이 의심이 붙어다니는 것을 회피하기 위해서 사용하는, 진리에의 접근을 나타내는 은유들을 모조리 무너뜨린다. 니체와 마찬가지로 푸코도, 역사적 의미를 <분해하는 견해>라고 스스로 부르는 것을 채용하고 있다. 그것은 곧 <인간이 과거의 사건들에까지 스스로의 통치권을 확대하기 위해서 쓰는, 인간 존재의 일체성>이라는 생각을 분쇄하는 것이다 (ibid., p. 154).

푸코가 구사하는 니체식 수사는, 결국 헤겔에 관한 데리다의 텍스트를 행동주의적으로 고쳐 쓴 것에 지나지 않다. 그것은, 역사·의식·의미가 일치해서 지식의 지배를 행하는 저주받은 환경계 (循環系) 속에다 최대의 혼란을 야기시키려 든다. 언어의 비유성을 회피하고, 의미의 모든 충돌들을 넘어서는 시점을 성취하는 능력을 지닌다고 믿고 있는 마르크스주의적 <과학>에 대해서도, 푸코의 비판은 마찬가지로 적용될 것이다. 이미 <현재 우리만이 소유할 수 있는 진리의 이름 아래, 과거를 재판하는 문제>는 아니라고, 그는 논한다. 니체적인 말로 역사를 쓴다는 것은, 지고의 의식이 일찍이 가지고 있던 지식에의 특권적 주장을 포기함을 포함하고 있다. 푸코의 말을 사용하면, <지식에의 의지를 끊임없이 전개하면서 지식을 추구하는 주체를 해체하는 위험을 무릅쓰는> 일이다 (ibid., p. 164). 니체적인 혹은 비유 표현을 해체하는 수사를 마르크스주의적=구조주의적 사상의 냉철한 카테고리들에 적용함으로 해서 생기는 효과는 이상과 같은 것이다.

텍스트에 관한 마르크스주의적 이론과 니체적 이론과의 연기된 조우전 (遭遇戰)의 결과는 어떤 것이 될까? 제프리 멜만의 『혁명과 반복』(*Rovolution and Repetition*, 1979)이, 디컨스트럭션이 어떻게 마르크스주의적 담론의 전략에 육박해서, 그 텍스트의 일탈 (逸脫)을 밝혀낼 수 있는지를 보여 주는 짤막하고 간결한 예를 보이고 있다. 멜만은 「루이 보나파르트의 브루메르 18일」에 빈틈없이 논의의 조준을 맞추는데, 이것은 마르크스의 가장 정도를 벗어난 변칙적인 텍스트의 하나이다 (Marx, 1968). 나폴레옹 조카의 공화국은 모든 변증법의 변칙들을 깨는 부조리한 것, 즉 마르크스주의의 카테고리를 완전히 파괴해 버리는 역사상의 사건들의 어릿광대적인 반복이라고, 보고 있다. 역사가 스스로를 소극 (笑劇)으로서 반복하는 것이다. 이성은 그 능력을 마비시키는 방탕적 우행의 이미지들과 직면하게 된다. 이런 곤혹스런 사태가 마르크스 산문의 성격 그것을 오염해서, 여러 가지 은유와 무의미하지만 색채 풍부한 세부의 괴상한 진행들을 낳게 되는 꼴을, 멜만은 보여 준다. 보나파르트주의 (Bonapartism)는 마르크스주의적 사고의 <스캔들>이요, 역사적 사고를 *표상*의 논리와 결부시키려는 어떤 이론도 <체계적으로 소산 (消散)시키는 것>이다 (멜만은 그렇게 읽는다). 마르크스의 텍스트가 지니는 가장 순수한 기술 취미 (記述趣味)—불합리하고 동화 불가능한 세부를 열거하는 것—는, 고약스럽게도 변증법적 이성의 토대를 무너뜨려 버린다. *소(小) 나폴레옹*은 단지 백부의 패러디가 될 뿐 아니라, 마르크스주의의 역사적 사상의 기초를 갉아먹는 <일반적 기생>의 예가 된다. 변증법의 용어로서의 <혁명>은, 역사의 의의를 무효화하는 그로테스크한 <반복>에 굴복하고 마는 것이다.

푸코는, 들뢰즈론에서, 이런 텍스트적 반복의 효과들을 기술한 바 있다. 그것들에 의해서 활성화되는 것은, 차이화 (差異化)되어 있지 않는 비카테고리적인 의미의 과잉 (過剩)인데, 그 과잉은 사고의 법칙인 상싶은 것들을 업신여기고 파괴한다. 변증법은 <긍정과 부정의 놀이를 조직화하고, 표상의 정당성을 확립하며, 그리고 개념의 객관성과 작용에 보증을 서 주는> 여러 카테고리에 의존하고 있다

(Foucault 1977, p. 186). 반면 반복은 자기 동일 (自己同一)과 무모순의 논리에 의존하고 있는 역사와 지식의 모든 설명 체계를 허물어뜨린다. 반복이 나타내는 것은 (멜만에 의한 마르크스의 읽음에서 그러했듯이), <가까스로 착수한 매개 작용이 다시 그 자체로 후퇴하는 지점이며……그 매개 작용이 유한한 요소들로 이루어져 있는 체계의 내부에 대립을 분배하는 대신에, 끊임없이 동일한 위치로 되돌아오는 때이다> (ibid.). 억제가 듣지 않는 의미가 그렇게 난입해 오는 지점은, 어떤 방법론을 가지고서도 텍스트의 성격을 절대로 억누르는 것이 불가능한 지점인 것이다.

이것은, 비평 이론이란 자기 일에만 전념하고 있는 텍스트가 낳는 방심 상태에서 오는 끝없는 놀이라고 선고해 버리려는 것은 아니다 (그렇게 생각하는 사람도 있겠지만). 차라리 푸코와 더불어 텍스트와 해석적 전략은, 경계선을 확정하기 위한 단 하나의 정당한 방법이라는 것이 없는 장 (場)에서, 지배권을 놓고 경합을 벌리는 것임을 인식할 일이다. 푸코는 니체를 따라서, 객관적인 것처럼 보이는 지식의 배후에서 끊임없는 힘에의 의지를 은폐하는 사고 체계를 해체한다. 푸코는 이같은 다양한 <담론적 실천>의 분석을 하면서, 그것들이 해결할 수 없는 텍스트성을 현실적으로 지니고 있음에도 불구하고, 어떤 권모에 말려들고 있다는 것을 끊임없이 지적하고 있다. 그의 저서『오리엔탈리즘』(Orientalism, 1978)에서 에드워드 사이드는, 디컨스트럭션이 문화사 자체의 텍스트의 장 (場)에 문화사를 끌어들여, 그것이 주장하는 객관성에 이의를 달 수 있다는 것을, 매우 구체적인 예를 들어서 밝힌 바 있다. 여러 세대 동안에 걸쳐서, 학자·시인·역사가에 의해서 구축된 <오리엔트>의 이미지가, 스스로의 우월적인 지혜의 힘 속에 편안히 앉아 있는 민족 중심주의적인 담론에 의해서 지배되어 있다는 것을 보여 주었다. 오리엔트적 나태·교활·<이국적인> 불합리 등으로 이루어진 신화를 만드는 일에, 서구적인 이성이 관여하고 있다는 것이 하나 하나 확인된다. 은유의 책략을 폭로함으로써 이런 담론과 싸운다는 것은, 이데올로기의 혼란을 폭로하는 하나의 <과학>으로서 시작하는 것은 아니다. 그것은 하나의 도전 행위이며, 가짜 객관성의 주장에 더욱 효과적으로 맞서서, 그것을 되돌려 보내기 위해서 제 손수 수사의 장 (場)에 자리잡는 행위인 것이다.

사이드는 최근의 에세이 「세계·텍스트·비평가」(1979)에서, 이 어프로치의 처지를 변론한 바 있다. 텍스트는 주위의 상황을 고용하고, 그것을 공공 (公共)의 장에다 똑바로 위치시켜 주는 여러 가지 의미와 **효용**을 나중에 지니게 된다고 하는 의미에서는, 돌이킬 수 없는 <세속성>을 지닌다는 것이다. 담론은, 사이드가 말하는 <밀폐된, 알렉산드리아적인 텍스트의 우주>에서, <현실과 아무런 연결도 지니지 않은 채> 스스로를 유지할 수는 없다. 텍스트는 이 세상에 내속 (內屬)한다. 텍스트는 읽음의 전략에 몸을 맡기는 동시에, 그 전략은 해석의 힘을 다툰다고 하는 것을 언제나 그 의도 속에 품고 있기 때문이다. 사이드에 의하면, 그것은 소설가에게, 서사적인 진실성을 내세우는 상황이나 컨텍스트의 세부를 픽션에 짜 넣도록 권하는 것과 유사한 충격이다. 픽션 안에는 <텍스트를 좌우하는 힘을 양도하고……그것을 인간의 담론의 압력에 굴복하도록 하고 싶지 않다>는 방향성이, 언제나 있다 (Said 1979, p. 177). 이 힘이라는 것은 사실상 환상에 지나지 않으며, 작가의 힘이 소망으로써 투사된 것인지도 모른다. 그러나 그래도 본시 텍스트는 서로 다투는 지식의 다양한 전략들이 경합하는 장 (場)으로서 존재하는 것이라는 의식을 반영하고는 있다.

멜만이 디컨스트럭션을 위해서 골라낸 마르크스의 텍스트 (「브루메르 18일」)가 사이드의 구체 예의 하나와 같다는 것은, 확실히 우연의 일치는 아니다. 사이드의 의견은 어느 정도까지 비슷하다. 그

는 <반복>이 가지는 파괴적인 효과에—즉 이 텍스트가 어떤 합리
적인 설명도 빠져나가 버리는 엉뚱한 구실과 조응 (照應)의 연쇄 속
으로, 어떻게 해서 루이 보나팔트를 <삽입하는>가 하는 점에 주목
하는 것이다. 그렇지만 사이드는 멜만의 결론과는 좀 다른 결론에
도달하고 있다. 그리고 그것은, 텍스트를 <세속적>이고도 실천적인
의미의 담당자로서 이해하려고 하는 그의 논의를 지지하는 결론이
다. 멜만은 「브루메르 18일」을 역사에 대한 일종의 수사적 보복이
요, 하나의 거대하게 증식해가는 담론이어서 불합리한 서사적인 힘
을 획득해 가는 것으로 해석한다. 사이드도 그런 것은 모두 알고 있
으나, 그 이상으로, 이 얼토당토않은 텍스트와 역사적 사건의 질서
와의 기묘한 *조응*에 강한 인상을 받는다. 마르크스는 마치 소설가
처럼—아니 그 이상으로 강박 관념에 사로잡혀서—<백부>의 <소
극적 반복>으로서의 <조카>의 역할을 강조하기 위해서, 세부의
사실을 일일이 채운다. 이 텍스트가 지니는 사실 (史實)의 순수한 밀
도는, 그 논증법 그것에 도착된 자율적 논리성 같은 것을 부여하는
서사적 연쇄의 패턴에 의해서, 기묘하게 보강되어 버린다. 텍스트의
전략이, 역설적으로, 역사적 사건의 불합리한 우연성을 설명하는 수
단이 되어 버린 것이다. 이 설명이 패러디 혹은 <반복>의 모습을
취했기 때문에, 어김없이 어느 정도의 설득력은 생겨나는 것이다.

　　사이드의 견해에 의하면, 여기서 이해하지 않으면 안 되는 것은,
텍스트가 <텍스트임으로 해서, 즉 모든 텍스트성의 책략 (특히 눈
에 띄는 것은 *반복*)을 강인하게 해서, 루이 보나팔트를 그 상징으로
선택한 고정되지 않은 의미를 역사화하고, 하나의 문제로서 정착하
는> 경위이다 (ibid., p. 178). 사이드가 해체적인 사고를 왜곡시키는
것이라고 보는 한 <세계>와 <텍스트>와의 지나친 단순한 대조가
끼여 들어갈 여지는 여기에는 없다. 이런 문제들에 대한 그의 접근
법에 설득력이 있는 것은, 엄밀한 텍스트 의식과 읽음이 정치학에

대한 실천적인 관여를 결부시키는 능력이 거기에 있기 때문이다. 사이드의 방법은, 많은 포스트 알튀세르적 마르크스주의 이론과는 다르다. 스스로 정식화한 것에 고정되어서, 그것이 비유에 뒷받침되어 있다는 것을 인식할 수 없는 담론이 품고 있는 여러 문제들에 갇혀 있지는 않는다. 디컨스트럭션의 논리의 도전을 미지근하게 대하는 것이 아니라 그 논리에 끝까지 따라붙음으로써 비로소 사고는 스스로 동결한 담론의 은유에 의한 이런 감금 상태를 벗어날 수 있는 것이다. 니체는 최후까지, 마르크스주의적 이론의 <자명한 것으로 되어 있는> 수사법을 교란하는 위협으로 남아 있는 것이다.

6
미국의 해체 비평

6
미국의 해체 비평

지난 10여년 동안, 데리다는 파리와 미국을 왔다 갔다 하고 있다 (주로 예일대학과 존스 홉킨즈대학의 객원 교수로서). 그를 따르는 미국의 비평가들은 착실히 증가해 왔으며, 지금은 프랑스 포스트 구조주의자 그 누구보다도 강한 영향력을 행사하고 있다고 해도 과언이 아니다. 디컨스트럭션을 당당히 부르짖거나 아니면 어떤 특징적인 논법이나 말투로 무심코 하게 되거나는 고사간에 (이 편이 더욱 많긴 많지만), 해체적인 색채를 띤 아주 많은 분량의 비평서들로 미루어 보더라도, 이 사실은 부정의 여지가 없다. 데리다 자신도 그의 저작으로 말미암아서 점화 (點火)된 다양한 논의들에 열렬히 참가하고 있다. 그는 그의 동조자에 대해서도 적대자에 대해서도 골치아플 만큼 장문 (長文)의 텍스트를 가지고 응답, 그것이 번역될 때에 생기는 다의적인 애매성을 재치 있게 이용한다. 이런 에세이들 가운데 어떤 것에서는, 놀이의 경향이 (이미 니체론에서도 강하게 나타났지만), 진지한 논의 내용을 상회하고 있는 것처럼 보이기도 한다. 그러나 이런 관습적인 가치를 정면으로 의문시하려고 드는 텍스트에다 그 가치 기준을 적용할 때에는, 상당히 주의할 필요가 있다. 아마도 데리다의 에크리튀르가 지니는 가장 래디컬한 효과는 <착실한> 비평적 사고로 간주되는 개념 그것을 변형시키는 데 있었는지 모르기 때문이다.

비평가들은 데리다적인 사례 (事例)에 대해서 제각기 매우 다르게 반응을 보여 왔으므로, 디컨스트럭션의 <운동>에 관해서 말하는 일 자체가 역점을 두어야 할 곳이며 스타일의 중요한 이미 구별을 흐리게 한다. 제5장에서 나는, 그러한 이탈의 하나, 즉 정통적인 해체파와, 텍스트를 <세속적>이거나 정치적인 의미의 차원으로 되돌리고자 하는 사람들 (이를테면 에드워드 사이드) 사이에 생긴 최근의 논쟁을 지적했다. 제도를 감안해서 대충 말해 본다면, 예일대학과 존스 홉킨즈대학은 엄밀하게 텍스트의—그리고 크게는 비정치적인—모습으로 데리다의 이론을 퍼뜨리는 데 커다란 구실을 해 왔다. 마르크스주의자라든가 실천중시파의 도전은 여태까지는 외부로부터 왔으나, 지금은 예일대학에서 프레드릭 제임슨이 가르치게 됨에 따라, 논쟁은 한층 본가 (本家)에 접근하게 되어 있다. 그러나 데리다의 사상에 아주 가까운 비평가의 집단 (제프리 하트먼, 폴 드 만, J. 힐리스 밀러) 가운데서조차 디컨스트럭션의 목적과 위치에 관해서 의견의 엇갈림이 있음을 내비치는 차이가 드러난다. 이런 엇갈림은, 데리다가 그의 미국 동료들의 요청 (혹은 도발)을 받고서 쓴 텍스트에서도 더욱 뚜렷이 드러난다.

『그라마톨로지에 관하여』의 다음 일절은, 여기서 문제가 되어 있는 차이를 두드러지게 하는데 일조 (一助)가 될는지도 모른다. 데리다는 쓰기를, 디컨스트럭션은

> 어느 의미에서는 반드시 그 스스로의 일에 희생이 되는 것이다. 이것은 같은 영역의 다른 장소에서 같은 일을 시작했던 사람이, 어김없이 핏대를 올리면서 지적하는 점이다. 오늘날 이보다 더 널리 퍼져 있는 활동은 없으며, 우리는 그 규칙들을 간추릴 수도 있을 것이다 (Derrida 1977a, p. 24).

지금은 이 <활동>이라는 것이, 데리다가 이 글을 썼을 때보다도

훨씬 널리 퍼져 있다. 반면 해체열은, 데리다가 여기서 요구하고 있는 것과 같은, 엄밀한 논의를 항상 수반하고 있는 것은 아니다. 아닌게 아니라 몇몇 비평가들은 디컨스트럭션이 어떠한 종류의 <규칙>에도 제한을 받지 않는, 문체와 사색의 무진장한 자유로운 놀이를 약속한다는 점에, 그 세력의 큰 부분을 보고 있다. 이런 반응이야말로 미국의 해체 비평으로서 통용하고 있는 것 중 많은 것들, 적어도 사람의 눈에 띄기 쉬운 것들이 지니는 특색이었다. 폴 드 만 같은 주목할 만한 예외를 별도로 한다면—그의 텍스트들은 초기 데리다의 날카로움과 엄정함을 보여 준다—예일의 비평가들은 거개 디컨스트럭션의 현기증 나는, 넘쳐흐르는 측면에 눈을 돌렸던 것이다. 두 가지 측면을 뚜렷이 구별할 수 있다거나 한 쪽이 다른 쪽보다 <진지하게> 고려할 만하지 않다는 말은 아니다. 그것은 오히려, 데리다의 텍스트 자체가, 매우 다르게 반응했던 엄밀성과 자유 사이에서의 선택을 보여 주고 있는 것이다.

<야생파> : 제프리 하트먼과 J. 힐리스 밀러

신비평의 방법의 다양한 제약하에서 몸살이 나기 시작한 제프리 하트먼 같은 비평가들을 사로잡기에 꼭 알맞은 시기에, 디컨스트럭션이 어떻게 미국에 상륙했는지를 우리는 보아 왔다. 그것은 <창작적>인 에크리튀르와 (단순히) <비평적>인 에크리튀르 사이의 어떤 엄격한 구분은 고려하지 않은 채 문체상의 여러 가능성을 좋을대로 자유로이 탐구해 가는 매력적인 비평의 모양을 드러냈다. 이 점에 관해서는 하트먼이 그의 「해석자 : 하나의 자기 분석」 (Hartmann 1975, pp. 3-19)이라는 에세이에서 아주 철저히 논하고 있다. 이 글의 서두는 <나는 다른 비평가들에 대해서는 우월감을, 예술에 대해

서는 열등감을 가지고 있다>라는 솔직한 고백으로 시작한다. 뒤에
그는, 그가 해석하는 텍스트 (창의·기교·수사 능력 등)의 레벨 위
에다 <해석자>를 놓는 그런 역설적 논의를 펼치면서, 이 귀찮은
조건들을 대항시켜 가지고 양쪽을 해체해 버린다. 그리고 그는 데리
다처럼, 기원은 환상이다, 비평가는 스스로 단지 해석이라는 이차적
인 역할에 만족할 수밖에 없다고 느끼는데, 마찬가지로 텍스트도 그
것이 귀속하는 전통과의 관계에서 보면 항상 <뒤늦게 온다>
('belated')고 논한다. 하트먼으로서는, 이를 벗어나는 유일한 출구는
비평가가 그의 <열등감>을 버리고서—니체처럼 가슴을 펴고서—
전심전력 의미의 춤 속으로 뛰어드는 일이다.

> 우리는 지금 그것을 해야 할 장소에 있다고, 나는 생각한다. 우리
> 는 문학의 텍스트는 문학 비평의 텍스트보다 위에 있다는 생각
> 에 대해서 도전할 수 있는 시대에 들어섰다. 롱기누스를, 그가 평
> 석한 숭고한 텍스트와 마찬가지로 진지하게, 루소를 논한 데리다
> 를, 거의 루소만큼이나 흥미롭게, 연구한다 (ibid., p. 18).

혹은 루소를 논하는 데리다를 논하는 하트먼을…… 식으로 말해도
좋을 것이다. 이 논의는 애써 숨길 것도 없이 그 자체에 흥미를 끄
는 성질을 가진다. 아주 단순화한다면, 하트먼으로서는 <글쓰기는,
그 자체가 이의적 (二義的)인 것임을 알면서, 그 이의적인 것 속에서
사는 일이다. 그것은 저주 아니면 축복이다>.

하트먼은 고풍스런 문체를 구사하고, 해석상의 문제들을 그 자신
의 개인적 투쟁을 위한 반향판 (反響板)으로 사용함으로써, 흔히 독
자를 안달나게 만든다. 그런대로, 그의 에크리튀르가 데리다의 영향
으로 해서 일어난 상쾌한 정신을 전해 주고, 새로운 지평을 엿보이
게 한다. 그와 힐리스 밀러는, 데리다의 사상을 가장 민감하게 따라

서, 해석적 자유의 한계까지 나아갔다. 밀러는, <주인>과 <기생자>라는 두 말의 의미상의 대립을 교묘하게 해체한 에세이 「주인으로서의 비평가」 (1977)에서 자기 변명을 제시하고 있다. 그는 거기서, 이 두 말의 어원적 미궁을 더트면서, 양자의 의미가 교차하고 겹쳐서 마침내는 <주인> (텍스트)이 <기생자> (비평가)와 적어도 마찬가지로 기생성을 지니는 애매한 거의 공생 관계 (共生關係)에 처해 있음을 논해 보인다. 밀러의 어원론적인 처리와 전통적인 은유를 전략적으로 역전시키는 방식은, 둘 다 데리다로부터 빌어 온 강력한 전술이다. 그 결과 나오는 논의의 결과는 비평가도 비평가가 해석하는 텍스트도, 이미 있는 언어 (이 언어도 그것을 자진해서 받아들이려는 비평가와 텍스트의 *주체적*인 의미에 기생한다고도 말할 수 있다)로 이루어진 주인-텍스트에 기생하며 살아가는 것이기 때문에, 비평가 쪽이 해석되는 텍스트 이상으로 <기생적>이라고는 말할 수 없다는 사실이다. 이러한 논의는 분명히 아주 다양한 전술적인 용도로 쓰일 수 있다. 밀러는 그의 의미론적인 요술을, 해체적인 읽음이 정상적인 혹은 주류파적 (主流派的)인 역사적 해석에 <기생하는지> (M. H. 에이브람즈가 주장했던대로) 어쩌는지 하는 문제에 적용해 보인다. 그는 또 한번, 정상적인 규범이라는 것이, 그것으로 해서 배제되지 않을 수 없는 일탈 부분을 스스로의 전제로서 가지고 있을 뿐 아니라, 어느 의미에서는 그것을 *내포하고 있다*는 것을 증명해 보인다.

밀러는 이런 전술을, 데리다의 논의가 지니는 엄밀성에는 충분히 미치지 못하지만, 그것을 모방하는 문체로 표현하려고 한다. 그의 궁극적인 관심은, 하트먼의 경우와 마찬가지로, 자신의 역설적인 목적에 걸맞는 비유와 의미의 비꼬임을 찾아냄으로써, 이 새롭게 발견된 해석의 자유를 정당화하는 데 있다. 밀러의 디컨스트럭션 수용은 그 이전의 그의 비평에서 제기되었으나 부분적으로밖에는 해결하지 못했던 문제들과 관련되어 있다. 60년대에서 70년대 초엽에 걸치는 동안의 그의 사상은, <해석이란 문학의 텍스트에 구체화되어 있는 **의식의 상태**를 파악하려는 노력으로 보았던 비평가들>—이른바 <제네바 학파>—한테서 많은 영향을 받은 것이었다 (이 파의 대표는 장 스타로빈스키, 장-피에르 리샤르, 조르즈 폴레, 장 루세 등이었다). 그들의 방법 전반에 관해서는 밀러의 논문 「제네바 파」(1966)에 간추려져 있으며, 영어권의 많은 독자들에게는 이 그룹의 비평에 대한 유익한 입문이 되었다. 폴레 및 그의 동료들은, 비평이란 <비평가의 정신과 작가의 정신이 일체화하는 데서 시작하고 거기서 끝난다>고 생각했다. 그 목적은 항상 <어떤 작가의 다양한 작품들을 온통 관통하고 있는 그대로의 가락을, 되도록 정확하게 재창조하는 일>에 두었다.

밀러로서는 이것은 분명히, 미국의 포멀리즘 이론과 관계를 끊도록 하는 안성맞춤의 생각이었다. 또한 그것은 그때까지 교육 현장에서 신비평의 지배를 무너뜨리는 데까지는 이르지 못한 갖가지 경쟁적인 이론들—프로이트주의, 마르크스주의 따위—에 대해서 기대되는 대안 (代案)을 마련해 주었다. 제네바 파의 비평가들은 그런 다른 이론들을 물리치고, 그 대신 문학의 텍스트가 환기하는 **의식**의 형식에 초점을 맞춤으로써, 해석을 추상적인 비평의 죽은 손으로부터 해방하는 데 한 몫을 해 주고 있었던 것이다. 밀러로서 특히 중요했던 것은, 미국의 비평을 단단히 장악하고 있던 형식과 구조의 **공간화된** 개념이라는 것을 이 비평에서는 필요로 하지 않는다는 점이다. 거기서는 문학은, <시나 소설의 언어 속에 존재하는 의미의 객체적인 구조>에 환원해서는 안 되는 것이었다. 또 문학이 <작가의 무의식의 뜻하지않은 표출>도 아니었으며 혹은 <사회를 통합하고 있는 잠재적인 교환 구조를 개시 (開示)하는 것>도 사실 아니었다. 텍스트는 일차적으로 경험되는 것으로서 거기 있으며, 그 의미는 비평가 측의 이상적인 공감에 바탕을 둔 재창조의 과정을 통해서만 <밝혀지는 것>으로서 거기 있다는 것이다.

이런 전혀 구속을 받지 않는 완벽한 정신적 교류라고 하는 꿈은 밀러의 <해체기 이전>의 에크리튀르뿐 아니라 낭만주의 시를 기질적인 기반으로 삼는 하트먼이며 그 밖의 다른 미국의 비평가들에도 깊이 뿌리를 내리고 있다. 낭만주의는 정신과 대상의 융합이라는 유토피아적인 관념을 내세우며, 의식과 경험이 용케 조화를 이루어서 모든 구별들이 사라지고, 아는 주체와 알게 되는 객체가 하나가 되는 그런 의식 상태를 제시한다. 워즈워드의 시는 이런 특권적인 순간, 즉 <시간의 점>을 끊임없이 탐구했으며, 한편 코울리지는 관념론적인 형이상학 속에서 고투하면서 같은 테마를 추구했다. 이런 시도에 내재하는 비애—정신이 결코 그런 완벽한 교류를 성취할 수 없다는 사실이 하트먼의 비교적 순화된 문체 속에 자주 드러난다. 「해석자 : 하나의 자기 분석」에서 그는, 그의 비평이 애초부터 텍스트와의 직접적인, <매개를 필요로 하지 않는> 교류를 얼마나 희구했는지를 회상하고, 이어서 그 이상이 퇴색함에 따라서, 사고 자체의 자의식적인 조작에 의해서 사고를 향해 열린 사색의 옆길에서 형언할 수 없는 안식처를 찾게 된 경위를 말하고 있다 (Hartman 1975, pp. 3-19). 하트먼의 고백적인 이야기는 워즈워드가 『서곡』에서, 계시적인 순간을 돌아다보면서, 거기에서 멀어짐과 거의 가교(架橋)가 불가능한 거리감에 잠겨 있을 때의 패턴을 분명히 본뜨고 있다. 하트먼은 바로 이것이 낭만주의와 포스트 낭만주의 사상 모두가 봉착하는 막다른 골목이라고 본다. <직접성의 비젼>은, 언어가 미치지 못하는 곳에 있다. 왜냐하면 언어는 순수한 자기 완결적인 지식에서는 대상과 결코 일치할 수 없는 지각의 매개 구조를 수반하기 때문이다. 이것은, 하트먼이 데리다의 텍스트 안에서 이 점에 관한 강력한 논의와 만나기 훨씬 이전부터, 그의 비평이 안고 있는 짐이었다. 그런대로 기원 (起源)의 기만성, 현전성의 신화, 그리고 언어의 매개력에 관해서 이미 생각하기 시작하고 있던 비평가에게, 데리다의 텍스트가 얼마나 강한 충격을 주었는지는 상상하기 어렵지 않다.

<의식의 비평>에서 해체적인 사고 방식으로 옮아간 힐리스 밀러의 경우에서도 동일한 전개를 볼 수 있다. 그가 제네바 학파의 비평가들을 신봉한 것은, 의미와 의식이 순수하게 직관적으로 전해짐으로써 하나의 정신이 다른 정신에 대해서 어떻든 현전할 수 있다는 그들의 가정이 있었기 때문이었다. 밀러는 1966년의 논문에서, 언어는 그 표현력을 마음껏 발휘함으로써 완전히 **투명한** 매체 (媒體)가 되어, 비평가가 작가의 정신 상태 속으로 숫제 들어가는 것을 가능케 한다는 풀레의 견해를 (긍정적으로) 인용하고 있다. 그러나 『토머스 하디 : 거리와 욕망』(*Thomas Hardy : Distance and Desire*, 1970)의 시기까지에는, 밀러는 의식 자체로부터 끌어온 은유들 대신에 **텍스트의** 이미지들을 사용하고 있어서, 이런 입장은 이미 궁색한 것이 되기 시작한다. 그에 의하면, 비평가가 들어가는 것은,

> 그가 이미 그 안에 살고 있는 매체 곧 언어를 통해서이다. 비평가와 텍스트는 양자가 이미 그들의 공통 언어로 해서 서로 침투되어 있기 때문에, 비평가는 텍스트 속에 자신을 끼워 넣을 수 있다. 비평가의 해석 수단 역시 언어이어서, 가장 수동적인 읽기 행위의 언어에서도 비평가는 텍스트를 이해하면서 그 텍스트에 자신의 언어를 부가해 가는 것이다 (Miller 1970, p. 36).

이 구절은, 언어의 완벽한 투명성을 통해서 정신과 정신이 상호 작용한다는 것을 철두철미 믿는 제네바 학파의 비평 이념에 대응될 수 있을 것이다. 그러나 그의 의도가 무엇이었던 간에, 여기서의 밀

러의 어투는, 모든 이해 행위의 끝없는 **텍스트적인** 성질, 즉 해석을
시작하기 무섭게 곧 의미가 뒤로 미루어지고 다중화되어 간다는 점
을 역설하고 있다.

사실 밀러는 이 구절에 이어서, 줄곧 하디로부터 한 은유를 줏어
오는데, 그후 이 은유는 그의 해체적인 저작에서 **고정 관념** 같은 것
이 되었던 것이다. 수수께끼와 같은 어원 천착의 취미에 탐닉하면
서, 밀러는, 올을 짜고 무늬를 넣는 언어에다 에크리튀르를 결부시
키는 연상축 (聯想軸)에 있는 <텍스트> (text)・<텍스춰> (texture)
・<티슈> (tissue)라고 하는 말의 근연성 (近緣性)을 상기시킨다.

> 비평가는 페넬로페 (Penelope)가 짠 텍스트에 자신이 짠 것을 덧
> 붙이거나, 혹은 짜여진 실이 드러나도록 그것을 풀거나, 그것을
> 고쳐 짜거나, 그렇지 않으면 올을 짜들어 간 디자인을 밝히기 위
> 해서 텍스트 속의 실 한가닥을 추적하거나 한다⋯⋯(ibid.).

이런 복잡한 이미져리와 언어상의 놀이는, 힐리스 밀러의 디컨스트
럭션에 전형적인 것이다. 하트먼과 마찬가지로 밀러로서도, 디컨스
트럭션은 어떤 탈선된 엄밀한 설명과 훨씬 더 매력적인 엉뚱한 결
론이 결합한 것이 된다. 그것은 또 밀러의 초기의 비평을 괴롭혔던
의식 대 텍스트의 문제들을 대번에 해결해 준다. 만약에 해석이라는
것이 항시 의미의 연쇄적 증식 (增殖)에 사로잡혀서 그 증식을 막을
수도 없고 완전히 이해할 수도 없다고 한다면, 비평가는 결과적으로
그 자신의 상상력의 놀이를 제한해야 할 모든 책임을 면하게 된다.
이것은 밀러와 제네바 학파 은사들이 요구한 저 성실성과 정합적
(整合的)인 의식이라는 개념들로부터 절연하게 됨을 의미한다. 디컨
스트럭션은—적어도 밀러가 생각하는 그것은—의식의 수사학을 텍
스트의 수사학으로 바꿔치기 함으로써, 텍스트와 해석 사이에 있던

선을 지워 없애는 일이다.

전성기의 신비평가들이라면, 그러한 논의에는 <개인주의적인 이설>의 악례 (惡例)라는 렛텔을 붙이고, 비평을 해석의 재주를 과시하려는 수단이나 연단 (演壇)으로 취급하려 드는 잘못이라고 비난했을 것이다. 이 운동의 철학적인 대변자 W. K. 윔젓은, 뒤에 신비평의 교의를 옹호할 즈음에, 역시 이 문제를 이용했다 (Wimsatt, 1970). 시를 얼마간이나마 자율적 대상—헤겔의 용어로는 <구체적인 보편> (concrete universal)—으로서 보호하지 않는 한, 해석은 항상 스스로 발견한 게임 속을 폭주할 위험이 있게 마련이라는 것이다. 거기서 윔젓의 논문「대상의 파괴」라는 타이틀이 나왔으며, 피해야 할 세력으로서 특히 힐리스 밀러를 꼽았던 것이다.

이 시점에서 윔젓이 병적인 비평의 위험한 증후로 여겼던 것은 밀러와 제네바 학파와의 관계이었으며, 밀러의 주관주의적인 접근이었다. 그리고 나중의 밀러와 하트먼의 행적을 보면, 어느 의미에서 그의 예측은 정확했다. 윔젓의 논문은, 텍스트와 비평 사이의 경계선을 해체하려고 드는 불온한 움직임에 대항하려고, 갖은 짓을 다한다. 그는, <유기적 형식> ('organic form')이라는 생각은 <미적인 지식와 형식의 이론을 뒷받침하는 형이상학으로서 순화되기 이전부터……매우 중요한 주제 (에라스무스 다윈의 ≪식물원≫에서처럼)이었다>고 말하고 있다 (ibid., p. 63). 윔젓은 이런 좀 엉뚱한 비교에 의해서, 시는 자기 충족적인 <유기적> 형식이라는 신비평의 생각을, 그걸 서둘러 해체하고 있던—하트먼과 힐리스 밀러 같은—비평가들로부터 지키려고 했음이 분명하다. 그는 텍스트의 자립성이라는 생각을 받쳐 주는 데 쓸모가 있다면, 구조주의의 사상에서도 기꺼이 착상을 빌어 오려고까지 했다. 그리하여 윔젓은 시적 언어는 <등가성의 원리를 선택의 축에서 결합의 축으로 투사한다>는 야콥슨의 유명한 입언 (立言)을 긍정적으로 용인하고 있다 (ibid. p. 78). 윔젓의 눈에는

이 생각은, (밀러처럼) 시의 속성을 해석에 관여하는, 해석적 의식의
놀이 속에 해소해 버리지 않고서 시의 자기 충족적인 형식의 속성에
주의를 집중시킨다고 하는 장점을 가지고 있는 것처럼 보였던 것이
다. 그가 야콥슨을 <존재론적 접근> ('ontological approach')의 동조
자로 꼽을 수 있다는 사실은, 신비평의 시학과 고전적이고도 보수적
인 모습의 구조주의 사이에 있는 깊은 친연성 (親緣性)의 증거로 보
였던 것이다.

  예일의 해체파들은 이런 존재론적인 옹색함을 거부하고, 윔젓이
그렇게 필사적으로 피하려고 애썼던 모든 위험들을 혼연히 얼싸안
는다. 하트먼은 그의 비평 스타일을 진짜 자기 탐익 (自己耽溺)의 언
저리까지 밀고 나아가는 것을 미덕으로, 아니 사명으로까지 삼는다.
그의 최근의 비평집 (『광야에서의 비평』 (*Criticism in the Wilderness*,
1980)은, 비평가에게 <뛰쳐나올 것>을, 그들의 주장이 절도와 기교
를 위주로 하는 종래의 신비평적 관습으로부터 해방된 책임 있는 스
타일이 될 것을 호소하고 있다. 하트먼의 이 주장의 배후에는, 그가
「아놀드 협약」 ('The Arnoldian concordat')이라 부르고 있는 것, 즉 비
평은 기껏해야 창조적인 열정을 위한 천한 하녀와 같은 것이라고 보
는 견해에 대한 미국인의 뿌리깊은 혐오가 있다. 그는 이런 태도가
엘리오트를 거쳐 미국의 신비평가들에게도 전해지고, 영국의 전통이
미국에서도 여전히 힘을 지니고 있다는 것을 반영하는 전통적인 해
석 방식의 코드를 강화해 온 것이라고 본다. 하트먼으로서는, 비평
스타일의 문제는 문화의 동질성의 문제와 밀착되어 있으며, 따라서
똑똑히 <미국적인> 비평의 목소리를 (그가 본대로) 확립할 필요성
이 있게 된다. 이것이 이번에는, 유럽 대륙의 원천들—하이데거, 데
리다, 벤야민 등—에, 그들의 특수한 사상을 빌었기 때문이라기보다
도, 그것들이 <영국적인 것>이며 엘리오트 이후의 것에 도전한다
는 사실 때문에 열띤 자세를 취하게도 되는 것이다.

하트먼의 프로젝트는, 기원과 보족대리 혹은 텍스트와 주석 (注釋)을 해체적으로 융합하는 데리다의 작업에서 당연히 용기를 얻는다. 비평은 이제 문학 속으로 <월경해서>, 아놀드적인 종속적 자세를 거부하고, 비길 바 없는 즐거움을 가지고서 자유로운 해석의 스타일을 취한다. 이론은, 일단 하트먼의 손에 걸리면, 비평가들이 지금까지 스스로에게 부과해 왔던 모든 제약들에 대해서 도전하기 위한 전술적인 무기가 된다. 그 결과는 인명들이며 철학들이 인상적이지만 좀 뒤죽박죽으로 열거된다. 하트먼은, 아놀드의 입담 좋은 자기 만족에 대한 유익한 교정 수단이라고 하면서, 토머스 칼라일의 호언장담을 자진해서 옹호하려고까지 든다. 그는, 예일의 수정파들 (특히 해럴드 블룸)에서, 디컨스트럭션의 예언의 빛을 충실히 재현해 내고; 은유를 구사하는 용기를 지닌 언어에 대한 열망이 있음을 인식한다. 「예술가로서의 비평가」에서 오스카 와일드 (Oscar Wilde)가 구사한 역설적인 비틀림은, 니체·하이데거·데리다 같은 해체파의 언어들과 비교된다.

하트먼은 이런 사상가들을 어떤 정리되고 일관된 철학과 조절하고자 하는 것은 아니다. 사실, 비평에 있어 <조절하는> 스타일이야말로—양식·합리성·질서의 존중이야말로—하트먼의 최근 거의 대부분의 에세이들에서, 주요 공격 대상이 되어 있다. 그에 의하면, 최근 곧잘 눈에 띄는 것은,

> 상식이라는 이름의 가면을 쓰고서, 반대하는 것에는 공중광고문체 (空中廣告文體, Skywriting)라는 딱지를 붙이는 새로운 고립주의이다. 공중광고파들은 헤겔 및 대륙의 철학적인 기치 아래 행진을 하고, 한편 상식파는 로크의 철학이나 손으로 짠 유기체론적인 철학이 아니면, 철학 없이도 만족해한다. (Hartman 1978, p. 409).

여기서 공평무사한 척하고는 있으나, 그것은 은유들의 선택 바람에 매섭게 무너진다. 하트먼 자신이 철저한 공중광고파이어서, 그의 모든 근원들을 유성의 꼬리처럼 끌고 있는 것이다.

이것이 바로 <야생파>의 디컨스트럭션이다. 즉 데리다를 본보기로 해서 컸지만, 그의 논술이 지니는 엄밀성을 별로 모방하려고 들지 않는 비평이다. 하트먼은, 데리다가 철학의 텍스트를 강력히 해체해 가는 예를 들면서, 모든 것을 끌어안는 자신의 수사법을 옹호한다. 여기에서 조금만 더 나아가면, 철학은 문학의 한 변종에 지나지 않으며, 비유의 같은 전술이 침투한 텍스트라고 하는 일반론에 이르르게 된다. 그런 경우에, <문제가 되는 것은, 데리다나 하이데거를 <아는> 일이 아니라, 그들이 흡수하고 수정한 비평적・철학적・문학의 텍스트들의 총체를 읽고, 그 속에 몰입하는 일이다>라고 하트먼은 결론을 내린다 (ibid., p. 411). 이리하여 하트먼은, 자기가 일으킬 수 있는 몰아치는 철학적인 바람 속에 내놓음으로 해서, 비평을 그 천한 숙명으로부터 해방시키려 하는 자신의 노력을 정당화한다. 디컨스트럭션의 엄밀한 작업을 대체로 정당하다고 승인하고 나서, 하트먼은 자기가 결정적으로 <포멀리즘을 넘어서> 나아간 것에 대해서 감사하면서, 아주 패기 있는 스타일을 구사, 그 여파 속에서 희희낙락하고 있는 것이다.

그런대로, 데리다나 하이데거를 <아는> 일보다는 그들의 제멋대로 하는 수사의 궤적에 몸을 적시는 일이 더욱 중요하다는 하트먼의 명쾌한 확신에는, 역시 의문이 따라붙어 다닌다. 그가 취하는 전략들은—아이러니컬하게도—밀러 이상으로, 객관성의 문제에 대한 윔젯의 절조 있는 입장을 상기케 한다. 하트먼의 에세이 「해석자」는 다음과 같은 전형적으로 과장된 그러나 불안이 섞인 가락으로 끝난다.

사물들은 이 안달스런 상황에서 뒤섞인다. 텍스트의 정체를 밝히
는 사람은 당연히 해석자이다. 그러나 책이 질문자에게 질문을
하기 시작한다. <그대는 누구냐> 하는 책의 목소리가, 질문자에
게 유령이 아니라는 것을 입증할 것을 요구한다. 그러면 도대체
질문자란 무엇일까? (hartman 1975, p. 19).

두 말 할 것 없이, 이것은 『햄릿』에 대한 언급인데, 하트먼은 공손
하게도 문제의 대화를 이조 (移調)해 보인다.

해석자 : 게 누구냐?
책 : 아니 그쪽에서 대답하라, 서라, 그리고 네 정체를 대라.

하트먼은 분명히 이런 당혹스러움을 즐기고 있으며, 여기서도 그렇
듯이 그것을 이용해서 역설적인 효과를 거두고 있다. 한편으로는 이
사태는 포멀리즘의 교의가 만든 종래의 대립과 완전히 절연하지 못
한 채, 자폐적인 수사의 요술 레벨에서 한 발자국도 나오지 못하고
있다. 하트먼의 인상주의적인 스타일은 <개인주의적인 이단>을 하
나의 철학 원리의 요체 (要諦)에까지 끌어올리려는, 끝없는 시연 (試
演)에 빠져 있다. 필경, 그의 비평은, <포멀리즘을 넘어서> 나아간
다기보다도 그 어물쩍 변두리 근방을 맴돌고 있을 따름이다.

폴 드 만 : 수사성과 이성

하트먼이 디컨스트럭션의 놀이적일까 자유를 즐기는 경향을 대표하
고 있다면, 폴 드 만은 엄밀한 논의와 고도의 개념상의 엄밀성이라
는 정반대의 특성들을 예시하고 있다. 논문집 『해체와 비평』 (1979)

의 서문에서, 하트먼은 예일의 수정파들을 <신중파>와 <비신중
파>로 대별하고, 후자는 불안한 궁극의 결론까지 디컨스트럭션을
추적한 사람들이라고 했다 (드 만도 그 중의 한 사람이다). 사실상,
이 용어들은, 참으로 데리다적인 스타일에서 서로 엇갈리고 함축된
의미 내용을 서로 교환한다고, 우리는 논할 수도 있다. 어느 의미에
서는 드 만이야말로 누구보다도 <가장 신중한> 비평가이다. 그는
패러독스를 끝까지 파고드는 논의를 할 때에도 논의를 단단히 파악
하고, 하트먼처럼 철학적인 광상곡 (狂想曲)을 펼치는 스타일을 결
코 자신에게는 허용하지 않기 때문이다.

우리는, 드 만의 수사적 전략이 <옛> 신비평과 그 유기론적인
은유들에 어떻게 적용되는지에 관해서는 이미 본 바 있다. 하트먼과
는 달라서, 그는 재치에 의존할 뿐 이론을 위한 발판을 제시하지 않
는 타입의 디컨스트럭션에는, 즉 자잘한 관여밖에는 하지 않는 것에
는 만족하지 않는다. 드 만의 읽음은 텍스트의 가장 깊숙한 논리를
끌어냄과 동시에, 수사상의 긴장이 높아져서 마침내는 그 논리가 그
자체의 함의로 해서 은연중 무너져 버리는 모습을 보여 준다. 드 만
으로서는, 이성과 수사성 사이에서 생기는 이런 모습은, 모든 문학
적 텍스트뿐 아니라, 비평이 해명에서 이론이며 자의식적인 방법으
로 이행하려고 할 때에도 반드시 따라붙어 다닌다는 것이다. 즉
<비평가는 스스로의 비평적 전제에 관해서 가장 맹목적인 순간에,
최고의 통찰을 얻게 되는 것이다> (de Man, 1971, p. 109). 여기에서,
텍스트는 항상 편파적인, <일탈된> 읽음의 역사를 낳고, 그런 맹점
은 해체할 수 있다 하더라도, 비평을 완전히 명료한 진리의 레벨에
올려놓을 만큼 완벽하게 그 맹점을 탈신화할 수는 없다는 논의가
나온다. <비평 (criticism)>과 <위기 (crisis)>는 어원적으로 관계가
있을 뿐만 아니라, 해석적인 사고의 성격에 의해서도 관계가 있게
된다. <위기를 표현하고자 하는 수사법은, 오류의 양식을 통해서

스스로의 진리를 말한다> (ibid., p. 16). 이것은 곧 비평은 도처에
그 퍼포먼스 (performance)를 표시하는 궁극의 *아포리아* 위에서—비
록 비평이 그 아포리아를 알아차리는 일이 없더라도—번성한다는
것을 말한다.

드 만의 가장 최근의 평론집 『읽음의 알레고리』(*Allegories of Reading*,
1979)는 하나의 <역사적 연구>로서 출발했던 것인데, 그러나 도중
에 <읽음의 이론>으로 변형해 버렸다고, 드 만 본인이 말하고 있다.
이 경위에 관해서는, 프루스트를 논한 장에서 가장 분명히 볼 수 있
다. 드 만은 『스완 가 쪽으로』에서 읽음의 즐거움을 정면으로 다룬
구절을 취해서 상세히 분석하고, <내적 명상> ('inward contemplation',
도피로서의 문학)을 나타내는 은유들이 외재적인 사물에 관련된 (혹
은 <실 인생>의) 경험을 나타내는 은유들과 어떻게 미묘하게 교차
하는지를 보여 준다. 이것은 공사 (公私)의 활동 사이에, 사고의 세계
와 외부 세계 사이에, 확고한 경계선을 긋는 관습적인 가설을 무너뜨
리는 효과를 가진다. 프루스트의 명백한 의도에도 불구하고, 그의 고
독한 즐거움의 이미지들은, 분명히 *외부적*인 감각적 인상들의 밀치
락거리는 무리에 길을 내 주고 있다. 지각과 상상이, 그것들을 구별
해 두려고 하는 규범적인 논리가 흔들리니까, 이상하게도 혼동되어
버리는 것이다. 드 만이 설명하고 있는 것처럼, 그러한 <정태적인
이원론이……다소간에 은폐되어 있는 받아서 넘기는 체계에 의해서
연결적으로 작동하게 되고, 때문에 갖가지 속성이, 양립하지 않는 내
적인 세계와 외적인 세계를 결부해 버리는 것처럼 보이는 대체·교
환·교차 등의 관계를 맺게 된다> (ibid., p. 60). 드 만은 이런 비유가
만들어내는 우회로를, 최종적으로는 모순과 *아포리아*에 이르른다 해
도, 그렇다고 해서 <논리성>을 결여하는 일이 없는 엄밀한 논의에
의해서 추구한다. 이리하여 산출된 읽음은, 그가 인정하듯이, <옳음
과 긇음이 지배하는> 직선적인 논리의 견지에서는 생각할 수 없는

것이다. 그런대로, 비유적인 언어의 힘은, 프루스트의 은유들이 창조해 내는 <전체적인 세계>를 우리가 당장에 용인하게 될 만큼 강력한 것이다.

드 만이라는 비평가는 그래도 상당한 <신중파>이어서, 그런 은유들의 이면을 들여다보면, 수사적으로 용케 발라맞추고 있는 경우라도, 실은 그것이 속임수임을 분명히 하는 노정력 (露呈力) 같은 것이 텍스트에 짜 넣어져 있다는 것을 보아낸다. 그의 말마타나 <비유의 힘에는 제한이 없는지도> 모르지만, 그래도 그와 같은 비유적인 언어는 반드시 자기 해체적인 요소를 포함하고 있다. 프루스트의 은유를 이용한 현현 (顯現)도, 면밀히 조사해 보면, <글자 그대로의> (혹은 환유적인) 세부의 연속으로 해체할 수 있으며, 내적인 지각과 외적인 지각을 통일하는 세계를 만들어냈다는 주장을 그대로는 받아들이지 못하게 된다는 것이다.

은유와 환유는, 로만 야콥슨 및 그 밖의 구조주의 비평가들에 의해서, 수사적인 언어에 가장 보통으로 보이는 강력한 두 가지 수법으로 꼽힌다. 은유는 두 가지 전혀 다른 의미 영역 사이에서 유사성을 지각하는 것인데, 상상 속에서 그 둘 사이를 넘어 뛸 즈음에도 그 거리감은 보존된다. <변화의 바람> ('wind of change')은 지금까지 습관적으로 써서 낡아버린 은유이지만, 그래도 막연하게나마 <시적>인 암시의 느낌을 지니고 있다. 이런 이유로 해서, 은유는 <창조적인> 언어의 실질적인 보증 마크라든가 그날 그날 보통 쓰는 <글자 그대로의> 용법과 결별하기 위한 수단으로 간주되었던 것이다. 한편, 환유는 부분을 전체 대신으로 삼는다거나, <속성이나 부가물 (付加物)의 명칭을 ……본체의 명칭과> 바꿔 놓거나 함으로써 작용한다. (예: <갑판 위 모든 손들>이라 할 때 여기서 <손들>은 환유적으로 손을 가지고 사용하는 사람들을 가리킨다). 그리하여 예이츠의 시 「레다와 백조」 ('Leda and the Swan')에서,

A Shudder in the loins engenders there
The broken wall, the burning roof and tower
And Agamemnon dead.

(허리의 떨림이 거기서
부서지는 성벽, 불타는 지붕과 탑을 낳고,
그리고 죽은 아가멤논을 낳는다.)

이 언어에는 은유 *그리고* 환유 양쪽이 포함되어 있다. 모두 컨텍스
트로 해서 충분히 분간이 된다. <부서지는 성벽>이며 <불타는 지
붕과 탑>은, 독자가 말하자면 그 장면의 전체를 마음대로 그리기 위
해서 보충하는 상상 속의 토로이의 정경이다. <허리의 떨림>을 해
석하기 위해서는 상상력을 크게 발동시켜서 <글자 그대로의> 의미
(레다의 강간)를 역사의 파국이니 폭력이 끼어든 재생이니 하는 예
이츠 특유의 여러 가지 테마와 결부시켜서 볼 필요가 있다. 이런 의
미에서 환유는, 우리가 직접 대상을 지시하는 언어라고 생각하는 것
에 가깝다. 그러므로 환유는, 많은 수사학자들한테서, 은유에 종속하
는 수법이라느니 단순히 자세한 설명을 할 필요도 없는 수법이라느
니 해서 평가절하를 받아 왔다. 야콥슨의 구분이 중요한 의미를 띠
는 것은, 데이비드 로지 (David Lodge)가 『현대 에크리튀르의 양식』
(*The Modes of Modern Writing*, 1977)에서 논하고 있는 바와 같이, 은유
와 환유를, 똑같이 창조적이지만 대극적 (對極的)인 산출 기구 (産出
機構)에 따라 조직되어 있는 것으로 다루고 있다는 점이다. 그리하여
로지는, 야콥슨의 이항 (二項) 모델을 바탕으로 해서, 시대에 따라 강
력하게 은유적인 에크리튀르 (모더니스트)로부터 명백히 환유적인
(혹은 <리얼리즘적인>) 에크리튀르로 역점이 옮겨가는 것을 추적해
나가는, 새로운 종류의 문학사를 제창하고 있다.

로지는 이론을 응용하고 기술할 즈음에도, 넓은 구조주의의 한계 안에서 완전히 안주하고 있다. 그는 자신의 작업 가설이랄지 그것을 검증하고 정당화하기 위한 텍스트를 해체하려 들지 않는다. 드 만의 은유와 환유에 대한 성찰은 매우 다른 길로 나아간다. 로지가 이 두 가지 수법들을―마치 화기애애하게 겨루면서―현대의 에크리튀르의 지도를 만들어 가는 것으로 다루는 데 반해서, 드 만은 이 두 가지 가 도처에서 수사상의 싸움에 물려 있는 모습을 본다. 그로서는, 환 유를 은유와 같은 토대 위에 올려놓음으로써 전통적인 편견에 도전 하는 것으로는 충분치 못하다는 것이다. 양자의 관계를 완전히 역전 시킬 필요가 있으며, 그렇게 하면, 은유가 텍스트의 내부에서 스스 로의 작용을 숨기려고 속임수, 때로는 은밀에 가까운 움직임을 하는 것이 드러난다. 거기서 드 만은, 그런 환상의 근원을 드러내 주는 텍스트 (프루스트의 텍스트 같은 것들) 속에서, 해체하는 힘을 찾아 낸다. 은유의 매력을 가지고서도, 결국 그 효과를 올리기 위한 수단 인 비유를 숨길 수는 없는 노릇이다. 충분히 면밀하게 읽으면, 의도 와 의미 사이에 설정된 간격은 반드시 드러난게 마련이다. 프루스트 류의 기술은 <은유를 지향하는 척하는 경향이 있지만>, 실제로는 매양 환유적으로 작용하고 있는 것이다.

이렇듯이 언어를 은유와 환유 사이―혹은 <심볼 (symbol)>과 <디스쿠르 (discourse) 사이―에 매달아 놓는 것이, 드 만의 해석 이 론의 요체이다. 『사각과 통찰』에서는, 미국의 신비평가들 사이에서 유력했던 유기론적인 은유들, 즉 자기 충족적인 통일이니 형식이니 하는 이미지들을 해체하는 방향으로 향하고 있었다. 마찬가지로 비 판적인 자세는, 낭만파 사람들 (주로 워즈워드와 코울리지)이 총합적 인 지각의 질서를 탐구할 즈음에 제창한 은유와 심볼의 개념에 관해 서 논한 드 만의 다양한 논문들에서도 작용하고 있다 (de Man 1969 참조). 이 경우, 포괄적인 비젼의 비유 형상을―즉 주객을 순수히 직

관적으로 용해하는 것으로서의 심볼을─묻고, 그 자리에 반성적인 이해의 과정에서 일어나는 사고 작용의 열려진 <알레고리>를 둠으로 해서, 이러한 개념이 무너져 버리는 것을 확인하는 것이, 드 만의 전형적인 독해법이다. 독일 시인 릴케에 대한 그의 평론도 결국은 그렇게 되는 셈인데 (de Man 1979, pp. 20-56), 거기서 드 만은 <순수한 비유 형상>의 수사학에 몰입하고 있는 (그가 그렇게 읽는다) 시의 한계를 탐구한다. 그 지시 기능에 의한 모든 마지막 오염에서 언어를 구출하기 위해서, 순수한 비유 형상이라는 훌륭한 지위에 이르르려다가 실패하고 있다는 것은, 릴케가 원용하지 않을 수 없던 의미 표현의 전술과 우회 속에 나타나 있다. <언어의 의미론적 기능과 형식적 구조>를 완전히 조응시키려는 노력 (그렇다는 것뿐이지 성공은 거두지 못한)이 실질적으로는 무너져 버리게 된다. 시가 그러한 낭만주의 전성기의 테마를 유지하려 들면, <필연적으로 저주받을 엉터리 둔사에 몸을 맡기지 않을 수 없게 된다>는 것이다.

결국 우리는 소박하게 읽거나 아니면 해체적인 읽음을 택하게 마련이다. 디컨스트럭션은 순화된 비유의 논리에 관심이 끌려서, 언어가 지니는 설득력 (혹은 의미 작용)을 중지시킨다. 소박한 읽음은, 나름대로 무의식적으로, 드 만이 <규범적인 파토스, 혹은 윤리적인 압력>이라 부르는 것에 굴복한다. 그는 이 후자를 받아들일 여지가 언제나 있지 않으면 안 된다고 말하고는 있지만, 그 말투로 미루어 보아 디컨스트럭션 쪽을 더 좋아하고 있음은 의심할 나위 없다. <규범적인 파토스>라든가 <윤리적인 압력>에 아무런 저항없이 따르게 된다는 것은, 분명히 드 만이 생각하고 있는 비판적 지성이 취할 길은 아니다. 때로는 사실, 그가 심볼과 은유의 발호를 탄핵하려는 그 정열의 배후에는 일종의 윤리적 층이 있는 듯도 싶다. 프랭크 렌트리키아는 최근에, 드 만의 비평에는 사르트르의 영향이 꼬리를 끌고 있으며 실존주의자들의 <배신>이라는 개념이, 슬그머니 텍스트론적—수사학적 용어들로 번역되어 있는 것이 아닌가, 지적하고 있다 (Lentricchia 1980). 그러면, 은유와 상징은, 인간의 본성은 그 자체로 고정된 것이며 그 의미는 미리 주어져 있다고 생각하는 *<배신>*에 대응하게 된다. 반면 디컨스트럭션은, 의미라고 하는 것은 (사르트르가 말하는 진정성과 마찬가지로), 항상 그 자기 동일성의 확립을 *연기하게* 마련인 끊임없는 자기 비평을 통해서만 산출된다는 것을 입증해야 할 것이다. 확실히 드 만은 예일의 해체 비평가들 가운데서도 가장 강한 인물로, 윤리적인 용어들을 끌어대지 않으면 쉽게 설명되지 않는 엄밀성을 지니고 있다.

그러나 드 만 자신도, 디컨스트럭션이 모든 설득욕이나 윤리와는 무관한 사고의 태도에서 실천될 수 있다고는 결코 주장하지 않는다. 니체에 대한 그의 읽음은 이 점을 거듭 역설하고 있다. 니체는 <웅변술로서의 수사학>이라고 하는 전통적 관념을 버리고, 그 대신 비유 형상의 정체를 규명하기 위한 비평 행위에 힘을 쏟아, 비유를 가지고 진리를 표현할 수 있다고 주장하는 것은 부당한 주제넘음이라는 것을 밝혀 간다. 그러나 이런 프로젝트 자체가 설득력 있는 정시법 (呈示法)을 요구하는 것으로, 때문에 그 자체의 자기 비평 의식에 의해서 버림을 받은 덫을 우선 거의 피할 수 없게 된다. 니체에 의한 형이상학 비판은, 그 뒤의 데리다와 마찬가지로, 개념적인 요소와 설득적인 요소를 둘 다 조금씩 지닌 언어에 의해서 행해지지 않을 수 없다. 그 수사성은, 그런 구별이 아직도 유효한 한, <철학>에 속하는 그만큼 <문학>에도 속한다.

사실상, 여기서 드 만의 논의의 중심에 있는 것은, 철학이 수사로 범벅이 된 텍스트로서 구성된 제 모습을 생각해 낼 재간이 없는 데서 생기는 것이 바로 <문학>이다, 라는 생각이다. 사고와 수사는 결국 공범 관계에 있는 것이어서, 자기가 행하는 철학 비평만 하더라도 그 자체가 <수사로서 구조화되어 있다>는 사실을 알아차리는 니체는, 한 사람의 문체가이자 <문학적인> 작가인 셈이다. 니체는 결국, 수행적인 행위로서의 언어가 철학의 프로젝트에까지 침투하고 그것을 한정하고 있다는 것을 보임으로써, <설득 행위를 복권시킨다>. <수행적> ('performative')이라는 말은 철학자 J. L. 오스틴 (Austin)으로부터 취해 온 것인데, 그는, 순수하게 무엇인가를 주장하는 <사실 확인적인> 발화와 대비시키면서 어떤 결과를 낳으려고 하는 발화 혹은 <발화 행위> ('speech-act')에 대해서—설득한다든가 약속한다든가에 대해서—이 명칭을 사용했다. 니체의 수사는, 드 만을 따르자면, 인식이 수행적인 표현을 절대로 **필요로 하는** 그런 지점까지 해체의 작업을 추구함으로써, 스스로의 모순에 직면하는 <권리를 획득>했던 것이다 (오스틴과 발화 행위의 철학에 관한 더욱 상세한 논의는 pp. 179 ff. 참조).

그러므로 『읽음의 알레고리』는, 인식력을 지닌다고 하는 철학과 문학 쌍방으로부터의 대립된 주장을 단순히 융합하려는 것이 아니라, 절충하려는 노력으로 볼 수 있다. 이 두 가지를 다른 분야로서 다루는 습관이야말로, 드 만의 견해를 따른다면, <철학의 텍스트를 읽는 행위로부터, 문학의 해석에서 당연한 것으로 되어 있는 저 기본적인 섬세한 매력을 박탈하는 것이다>. 그러나 이것은, 문학 이론 측에 서서, 단순히 비평상의 자리다툼 게임을 한다거나, 매수 공작으로 나서려는 것은 아니다—하트먼에게는 그런 기미가 있다. 드 만의 정연한 논의가 지니는 <신중파>의 특질은, 때때로 디컨스트럭션이 불러들이는 것처럼 보이는 자급성 (自給性)의 지적인 떠들썩함을 억제하는 힘을 충분히 지니고 있다. 니체는 <인식론적인 방법의 한계에 관해서 생각하려면, 인식론적으로 엄밀한 방법을 그 수단으로 사용할 수밖에 없다고 호소하고 있다>라고 드 만은 주장하고 있지만, 그것은 그 자신의 저작에 관해서도 말할 수 있는 것이리라 (de Man 1970, p. 115). 결국 사고가, 텍스트의 일탈을 계속하는 <논

리>와 사고 자체 사이에 있는 갭에 직면하게 되는 것은, 스스로의 한계에 부딪히게 될 때뿐이다—분석을 *아포리아* 혹은 자기 모순이 나타나는 지점까지 밀어다부칠 때인 것이다.

디컨스트럭션의 한계?

드 만은 이성의 작용에 대해서 이상과 같은 경의를 표함과 동시에 텍스트는 그 자체의 수사적인 전략을 어느 정도까지는 잠재적으로 포착하는 힘을 지닌다는 것을 기묘할 만큼 솔선해서 인정하고자 한다 (여기서 기묘할 만큼이라는 것은, 해체파 비평가의 표준에서 하는 말이다). 이 문제가 처음으로 얼굴을 들어내기는, 『사각과 통찰』의 루소에 관한 장에서인데, 드 만은 거기서 데리다에 반론을 펴는 모습을 취하면서, 텍스트는 어느 의미에서는 그 자체의 해체적인 읽음을 포함하거나 *예시*하고 있음에 틀림없다고, 효과적으로 논했다. 조나던 컬러가 주장한 바와 같이 (1972), 드 만의 읽음 자체가 기묘하게 편협된 것이어서, 데리다가 텍스트와 해체의 긴밀한 상호 교환을 역설하고 있는 구절들을 무시한 읽음이 되었는지도 모른다. 그러나 드 만은 논의해 볼 진짜 기회를 갖게 되어, 『읽음의 알레고리』에서 더욱 상세히 이 점을 다시 추켜든다.

그는, 권고의 (즉 수행적인) 모습을 취하는 수사법은 결국에는 디컨스트럭션의 엄밀성을 피해야 한다고 주장한다. 그를 따르자면, <의심의 표명은 참도 거짓도 아니다. 차라리 그것은 항구적인 가설로서의 성격을 지닌다>. 디컨스트럭션이 회의적인 태도를 계속 취할 수 있는 것은, 그것이 발견한 것을 다소간 설득을 의도한 말로 논술하지 않으면 안 되는 지점에 이르를 때까지이다. 그리고 니체가 알아차린 바와 같이, 이 지점에서 디컨스트럭션은, 스스로 가장 주의를 집중해 온 회의주의를 항상 회피하거나 논박하지 않으면 안 될 것이다. 해석자도 같은 딜레마에 부딪힌다. 한편으로, 해석자는 권고적인 성격의 수사법의 마지막 흔적까지 모조리 털어 버리고 그 힘을 씻어 버리는, 철저히 회의적인 노선을 채택할 수도 있다―그런 경우에, 그의 읽음은 (드 만이 데리다에 관해서 논증해 보인 바와 같이), 개개의 디컨스트럭션이 스스로의 힘으로는 삭제할 수 없던 수사적 요소들에 달라붙어서, 끝없이 디컨스트럭션을 펼쳐 가야만 한다. 다른 한편으로는, 비평가는 드 만과 마찬가지로, 이 어지러운 퇴행 (退行)에도 종점이 틀림없이 있을 것이라고 생각할 수도 있다. 이 경우에, 회의주의가 그 이상의 디컨스트럭션을 받아들이지 않는 비유적인 힘으로 향하는 의지와 만나게 되는 순간이 그 종점이 된다.

이것은 물론 옛 신비평가들이―그리고 그 후의 구조주의자들이―아주 단호히 거부한 <의도 존중의> 읽음 같은 것을 하라는 말은 아니다. 드 만은, 루소가 그와 같은 잠재하는 의미의 가능성에 관해서 말하려 하고 있었다거나 똑똑히 이해하고 있었다고 주장하는 것이 아니라, 그의 **텍스트**들 자체가, 해체적인 취급을 하는 유일한 출발점을 마련해 주었다고 가정하는 것이다. 이런 입장은, 『읽음의 알레고리』의 루소에 관한 장에서도, 상당한 무리가 있음에도 불구하고 지속되어 있다: 이 무리는 드 만 자신에 의해서 누적되거니와, 그는 루소의 담론의 명백한 주제들―문화·정치·그 자신의 생활사―과 그것들을 지배하고 (아주 빈번히) 무너뜨리는 텍스트의 역학 사이에 균열이 있다는 것을 논증하려고, 아주 원대한 논의를 펼친다. 여기에도 역시 비유 형상이 서사적인 논의나 논리적인 논의의 일을 떠맡아서, 비유적인 언어의―역전한 인과 관계의 범칙을 따르는 비유적인 언어의―놀이를 대신하는 예가 있다.

드 만이 <비신중파>에 가깝게 되는 것은, 이를테면 『사회 계약론』을 논하면서, 이 텍스트는 **그 자체 바깥에** 실재하는 어떤 정치

질서에 언급하는 것이 아니라, 수사의 코드와 수법으로 이루어진 네
트워크로서의 스스로의 <구성>만을 전적으로 언급하는 것이라고
말할 때일 것이다. 한 곳에서 그는 다음과 같이 말하고 있다.

> 비유적인 언어와 문법적인 언어 사이에 있는 긴장 관계는, 규정
> 된 실체로서의 국가 (Etat)와, 행동의 원리로서의 국가 (Souverain)
> 의 구별이 되어서, 혹은 언어에 관계 있는 표현을 사용하자면, 언
> 어의 사실 확인적인 면과 수행적인 면의 구별이 되어서 배가된
> 다. (de Man 1979, p. 270).

『계약론』 자체에 <법령적인 면과 실효성을 노리는 면>이 있듯이,
그것을 기술하는 언어도 사실 확인적인 구실과 수행적인 구실 사이
를 끊임없이 왔다갔다한다. 이런 경우에, <이중의 시점> ('double
perspective')을 취하면, 루소의 텍스트는 니체의 텍스트와 마찬가지
로, 수사에 의한 선제 공격 같은 것을 함으로써, 제 논의를 해체하
는 동시에 그것을 구출한다고 하는 이해가 얻어지게 된다. 에크리튀
르는 그 비유가 환원되어 버린 뒤에도, 그것을 넘어서 살아남는다.
  루소의 『고백』에 관한 드 만의 마지막 장에서도, 마찬가지로 구출
을 위한 논의의 전환이 있다. 이 경우에 해체적인 읽음에 단서를 마
련해 주는 것은, 서사적인 <변명>의—정직한 자기 해부인 척한 허
구의—성격이다. <고백한다>는 것은, 일련의 자기 정당화의 발화에
몸을 맡기는 것에 지나지 않은데, 그것은 <성실하다>거나 작가의
회상과 양심에 직접 접근하는 수단을 제공한다고 내세우는 것이다.
그런대로 고백은 언제나, 어느 의미에서는, 참회자의 죄를 설명이
닿는 이야기의 컨텍스트 속에 둠으로 해서, 그 인간의 <변명을 하
고> 그래서 책임을 해소해 버리려고 겨냥한 전략인 것이다. 그러한
변명은, <실제 문제로서, 고백자를 무죄로 사면할 것이며, 그리하여

고백을 (그리고 고백의 텍스트를) 생겨남과 동시에 군더더기의 것으로 만들고 마는> 위험을 무릅쓴다 (ibid., pp. 278-301).

역시, 이 경우에도, 진실이라고 하는 주장과, 텍스트가 그런 주장을 단지 수사적인 혹은 *후지혜적* (後知慧的)인 합리화에 지나지 않은 것으로서 해체하는 수속 사이에, 갭이 존재한다. 죄라는 것은 언제나—글쓰기의 <죄 짓는 기쁨>도 포함해서—텍스트라는 장치가 낳는 것이라고 볼 수 있다. 죄를 낳는 원인을 제시하는 시늉을 하면서, 그것을 회피해 버리는 이야기의 간지 (奸知)로 해서 재창조되는 것이라고 볼 수 있다는 말이다. 루소는 일단 이야기를 시작하면, 자서전이 지니는 진실을 말하는 힘은 제쳐놓고서 스스로의 굴곡진 논리를 밀어다부치는 에피소드의 연쇄에 말려들고 만다. 그래서 미상불 <루소의 텍스트는, 작가의 관심과는 반대로, 아무런 저의도 없는 것이기는커녕, 오히려 거짓말과 중상을 하고 있는 것이 아닌가 싶은 의심을 초래하는 것이 된다> (ibid., p. 293). 쓴다는 일이 지상 명령이 되어서, 진실이라든지 솔직함을 누르고—해체적인 관점에서—『고백』을 <텍스트의 문법의 산물, 혹은 철저한 허구로> 환원해 버렸던 것이다.

이것은, 가능한 한 작자의 의도를 무시하거나, 아니면 의도는 의식적인 통제가 듣지 않는 텍스트의 의미 작용의 그물에 엉클어져 있다고 보게 되는 듯하다. 그렇지만 드 만으로서는, 요점은 디컨스트럭션이 사용할 수 있는 한의 모든 수단들을 부린 뒤에도 텍스트에 잔존해 있는 수사의 근원적인 힘을 인정하자는 것이다. 루소의 <변명>은 그가 분명히 의도한 그대로의 기능을 발휘하지는 않았을 것이다. 그러나 그 변명은, 빼어나게 예민한 비평가만이 감지할 수 있는 동기와 논리의 갈등이 거기 있다는 것을 일러준다. 드 만의 말로 하면, 언어 그것이 <행동으로부터 의식 작용을 분리한다>. 텍스트가 거기서 *수행*하는 것은, 그 이상 회의주의의 공격을 붙여 주지 않는다. 디컨스트럭션이 텍스트 그 자체가 내어주는 단서와 수법으로서의 비유 형상을 이용한다—아니 오직 이용할 **수 있을** 따름이다—라고 해서, 그것을 단지 교란의 비평에 지니지 않은 것으로 할 일은 아니다. 드 만이 주장한 바와 같이, 텍스트를 읽는 우리는 <작자가 우선 처음에 글자를 쓸 즈음에 지니지 않을 수 없었던 엄밀성에, 독자로서 가능한 한 육박하려고 노력할 수밖에 없다>. 드 만이 신중하게 디컨스트럭션의 한계선을 정하고, 또한 비유 형식을 해체하는 문법과 텍스트의 퍼포먼스가 지니는 수사성 사이에 있는 갭을 주장하는 것은 텍스트를 구원하기 위한 이 목적 때문이다.

<일상 언어> : 오스틴의 도전

데리다 자신은, <수행성> 같은 것을 가지고 해체의 자유스런 놀이를 가로막는 짓을 용인하는 기색은 거의 조금도 보이지 않는다—이 점은 확실하다. 그가 「서명 사건 컨텍스트」 (Derrida 1977b)라는 논문에서 발화 행위의 철학을 논한 것을 계기로 해서, 미국의 철학자 존 설과 응수의 불꽃이 튀기 시작했는데, 그 과정에서 데리다가 의도한 것은 논의의 어떤 공통 발판에 도달하자는 것이 아니라, 오히려 상대를 당혹케 하고 도발하려는 데 있다는 것이 분명해진다. 그 논문 (처음에는 프랑스 어로 발표되었음) 자체는 엄밀하게 논의되어 있으며 『그라마톨로지에 관하여』에서 익숙한 테마들 가운데서 많은 것을 다시 다루고 있다. 설에 대한 반론은 이전의 것과는 매우 다른 성질의 것이어서, 설의 논의를 상대로 온통 장난인지 진정인지 분간하기 힘든 게임을 벌려서, 언어에 의한 창 싸움을 좋아하는 예일의 해체 비평파를 틀림없이 기쁘게 해 주는 것이 되어 있다. 이 응수를 보면 데리다가 그의 미국의 제자들 (폴 드 만은 제외)의 놀이의 정신을 적잖이 흡수하고 있다는 것이 분명해진다. 먼저 발화 행위의 철학, 그리고 이어서 그 살아있는 대표자인 설과의 만남은, 마찬가지로 문화와 전술의 변동이라는 것을 어느 정도 보여 주고 있다.

「서명 사건 컨텍스트」는, 위에서 간단히 언급한 바와 마찬가지로 오스틴의 발화의 수행성의 이론을 주로 논한 것이다. 오스틴을 따르자면, 언어는 대단히 다양한 목적에 사용되는 것이어서, 사실의 진술이라든지 논리적인 함의의 진술을 그 모든 것이라고 간주할 수는 없다는 것이다. (Austin 1963 참조). 그것은 약혼이라든지, 결혼의 선언이라든지, 의례적으로 무엇인가에 명명한다든지 하는 혹종의 수사적인 행위를 **수행**하는 데도 사용될 수 있다. 그러한 수행적인 기능은 분명히 명시될 수도 있고 (<나는 **여기에** 선언하노니……>), 컨텍스트에 그 특수 의미를 의존할 수도 있다. 그것이 사실의 진술과 다른 것은, 거기에 **의도** 곧 발화 행위에 수반된 <발화내적인 힘> (오스틴의 용어)이 있기 때문이다. 수행적인 발언에는, 화자 측에 자신이 한 말을 지키고, (적어도 발화한 시점에서는) 그것이 가져다주는 모든 의무를 승인하려는 의도와 서약이 있다는 것이 포함되어 있다.

오스틴은 여러 가지 종류의 발화내적인 힘을 설명하고자 해서, 갖가지 세세한 논의와 구별들을 끌어들인다. 그렇지만 거기에 공통되는 것은, 수행적인 발화 행위는, 그것을 발화하는 사람이 그때 지니고 있는 신념으로 해서 그 신빙성이 확보되고 보증된다는 생각이다. 농담으로 한 약속, 무대에서 한 약속, 화자 이외의 누군가한테서 인용한 말 속에 나오는 약속 같은 것들을, 오스틴은 <활력이 없는> <기생적인> 예로서 일부러 제외해 버린다. 이런 발화들은 서약이 결여되고, 그저 관습을 흉내낼 뿐, 진정한 수행적인 발화로서의 자격을 가지고 있지 않다는 것이다. <적절한> 발화 행위 (오스틴의 용어)를 낳기 위한 조건을 요약하면, 성실성·형식의 올바름·

컨텍스트의 적절함이 된다. 이 중에서 어떤 점에 실격하면, 헛된 말 아니면 다른 좀더 고약한 언어적 비행에 전락하게 된다.

데리다는, 오스틴의 <발화 행위>라는 생각 안에서, <에크리튀르>를 희생해서 <파롤>을 특권화하는 철학적인 자세의 또 하나의 전형적인 예를 본다. 오스틴은 수행적인 발화가 적절한 것이 되기 위해서는, 화자가 <정말로 말하는> 것이, 즉 현재 발화에 관여하고 그 취지를 정말로 *의도하고 있는* 것이 조건이 된다는 것이다. 그러나 데리다는 논하기를, 처음에 있었다고 추측되는 의도의 힘이 이미 존재하지 않는 갖가지 상황이며 컨텍스트에서도 타당하다고 하는 사실이 수행적인 발화의 본성에 포함되어 있다는 것이다. 수행적인 발화 행위는, 화자가 그것을 사용하려고 하기 이전에 언제나 이미 존재하는 *관습화된* 발화의 형식과 표지 (標識)를 구현하고 있기 때문에, 기능적인 의미를 지니게 되는 것이다. 이런 <반복 가능성> 혹은 어떤 특정 컨텍스트로부터 다른 컨텍스트로 전이할 수 있는 힘이야말로, 발화 행위가 의미의 독특한 자기 현전의 순간에만 한정될 수 없다는 증거이다. 언어가 화자의 의도를 초월해서 그 이전에 존재하는 것인 한, 발화 행위 역시 모든 언어에 보이는 *차연* 곧 기원에서의 거리를 지니고 있는 것이다. 그러므로 오스틴이 발화 행위의 적절함을 재는 기준으로 삼은 것은, 그가 말하는 수행적인 발화가 실지로 행하도록 요구하는 것과 일치하지 않는다. 데리다가 소쉬르나 훗설의 텍스트에서 분별해 낸 것과 같은 현전성과 기원에 대한 형이상학적인 동경이 거기에도 있다는 것이 드러나게 된다. 수행적인 발화의 <반복 가능성> ('iterability')은, 비현실적인 의미 작용의 더욱 큰 체계 안에서만 오로지 설명되고 자리잡을 수 있다는 것을 의미한다. 그것은 데리다가 말하는 의미에서의 *에크리튀르* 곧 하나 하나의 발화에 현전하는 의도와는 결코 일치하지 않는 차이의 체제에 귀속하게 된다.

이것이 데리다에게, 오스틴이 <적절한> 발화 행위와 <적절하지
못한> 발화 행위를 구별하기 위해서 필요로 했던 저의 있는 대립을
해체하는 발판을 준다. 데리다는 이렇게 묻는다.

> 오스틴이 변칙·예외·<착실하지 못함>·(무대 위, 시나 독백
> 속에서의) <인용>이라고 해서 배제해 버리는 것은, 그것이 없어
> 가지고는 <잘 된> 발화 행위조차 있을 수 없는 인용 가능성 일
> 반—혹은 반복 가능성 일반—이 결정적으로 수정된다는 말인가?
> (Derrida 1977b, p. 191).

같은 말이, 이 논문에 일부러 붙인 서명 (데리다 자신의 것도 포함
해서)에 관해서도 적용된다. 서명이라는 것은 진짜라는 느낌을 주는
것인데, 그 바탕에는 *반복*이라는 것이—서명한 사람의 <그때 일회
만의 의도>에서 떨어져나갈 수 있는 힘이—있으니까, 항상 의심의
여지가 있는 것이다. 이를테면 어음의 <적절한> 서명은, 신용 관계
라는 어떤 합의된 선행 조건, 주로 은행이 그의 요구를 존중할 것이
라는 서명한 사람의 지식—혹은 확신—에 의존한다. 그런대로 그러
한 거래상의 관습성 바로 그것 때문에, 사기나 부정을 당할 위험에
놓여 있게 된다. 마치 언어가 자주 <액면 그대로의 의미를 지니
지> 않는 것처럼 말이다.

물론 데리다도, 보통 우리는 그러한 의심을 품는 일 없이, 진짜
같은 관습을 마치 자연의 진리에 속하기나 한 것처럼 받아들이면서
살고 있다는 것을 인정한다. 그날 그날의 회화에서는, 그 <유효성>
이 거의 의심될 수는 없다. 그러나 오스틴처럼, 언어가 지니는 관습
을 발판으로 해서 하나의 *철학* 전체를 세워 올리려고 하면, 한층 엄
밀한 점검, 발화 행위에 있어 실제 서약의 성격 속에 숨어 있는 모
순들을 드러내는 점검이 필요하게 된다. 데리다가 논하는 바와 같

이, 이런 <유효성>은, 그것과는 반대되는 것도 언제나 통용될 수 있다든가, 그것은 근거없거나 과오를 범하기 쉬운 관습에 뒷받침되어 있을 뿐인지도 모른다는 것을 알지 못하는 척함으로써만 성립하는 것이다. 오스틴의 철학의 기본에 있는 은유들 (<순수한> 발화 행위와 <불순한> 발화 행위, <기생적인> 발화 행위 등)은 고도로 디컨스트럭션에 걸리기 쉬운 것이다.

이에 대한 설의 반론은, 데리다는 수행적인 언어에 특유한 힘을 주는 커뮤니케이션의 기본적인 규칙을 무시하고 있으며, 그것이 주된 이유가 되어서, 문제를 혼란시켜 버렸다는 것이 그 주지 (主旨)이다 (Searle 1977). 그의 논의는, 화자는 타고난 언어 운용 능력을 가지고 있으며, 그것으로 해서 무한하다고 해도 좋을 만큼 다양한 발화를 낳고 또 이해할 수 있다고 하는, 촘스키적인 전제 위에 서는 것이다. 이런 관점에서 본다면, 발화 행위의 관습이야말로, 그것이 이해되고, 컨텍스트의 변동에도 *불구하고* 그 힘을 유지하는 수단이 되는 셈이다. 그리하여 설은 데리다의 논의를 역전시켜서, 언어 형식의 <반복성>은 <발화 행위의 특징인 갖가지 의도 표현을 용이하게 하고, 그 필수 조건이 되는 것>이라고 주장한다 (ibid., p. 208). 나아가서 그는, 데리다가 말하는 <에크리튀르>의 개념은, 작가의 <의도>가 거기에 있어서 참조할 수 있건 없건 간에, 대부분의 씌어진 텍스트들이 기본적으로는 이해될 수 있다는 점을 무시하고 있다고 비판한다. 커뮤니케이션의 능력은 음성 언어에서나 문자 언어에서나 같은 역할을 하며, 그것으로 해서 독자가—일부러 혼란을 일으키려고 하지만 않는다면—표준적인 해석의 규칙을 응용해서 의도했던 대로의 결론에 도달할 수 있다는 것이다. 이리하여 설은, 발화 행위는 <인용 가능성 일반> (혹은 에크리튀르)에 침투해 있어서 그것 때문에 오스틴이 제외한 일탈의 예와 마찬가지 <기생성을 지니>게 되는 것이라는 데리다의 주장을 물리치는 것이다.

이런 응수는, 의견 일치나 어느 한쪽의 양보로 낙착될 기대는 거의 없음을 분명히 한다. 설은, 데리다가 맨 먼저 부정하기 시작하는 것—언어는 의미를 전달하기 알맞은 힘을 가지고 있다는 점, (그 귀결로서) 커뮤니케이션을 방해하는 것은 일탈적인 것이거나 어떤 모습으로 빗나간 것이라는 점—을 전제로 삼고 있기 때문이다. 데리다는 그의 논문 서두에서 <커뮤니케이션>이라는 생각 그것을 해체하고, 그것은 결정 불가능의 영역에 통하고 있어서, 거기서는 컨텍스트니 관습을 운운해 봐야 언어의 산종적 (散種的)인 자유스런 노리는 억누를 재간이 없다고 논한다. 데리다와 설 사이에 있는 사고의 거리는, 설이 커뮤니케이션의 능력이라는 자신의 견해를 뒷받침하기 위해서 제시한 예에 의해서 측정될 수 있다. <1793년 9월 20일 나는 런던에서 옥스포드로 향해 여행을 떠났다> (ibid., p. 20). 이 글의 작가도 그 <의도>도 진작에 소멸했건만, 여기에 있는 문장은 단순 명쾌하게 직접 커뮤니케이트해 온다고, 설은 논한다. 설은 이것을, 정녕 데리다라 하더라도 역전시킬 수는 거의 없는 압도적인 예로서 들고 있다.

그러나 그러한 문장들은, 비단 데리다뿐만 아니라, 일상적인 대상지시적 의미의 미끄러짐에 그와 마찬가지로 매료되어 있는 (바르트 같은) 사람들이 좋아라고 해체하는 그런 <텍스트>인 것이다. 바르트는 짧은 전보문 <내일 월요일 돌아감 장 루이>을 인용하면서, 이 단순하고 실제적인 말 뒤에 숨어 있는 것으로 여겨지는 애매성과 철저하게 놀이를 해 보인다 (*어느* 장 루이인가? 이 전보가 씌어진 것은 *어느* 월요일인가?). 이런 점으로부터 출발해서, 바르트는 그의 후기의 저작에 특유한, 기묘하지만 세세한 논의에 뒷받침된 공상 속으로 비상 (飛翔)한다. 그에 의하면, 사회라는 것은 날짜·장소·성명 등을 구체적으로 기록하도록 요구, 그러한 즐거운 장난끼 서린 행위를 가로막으려고 한다는 것이다. 그러나 우리 측에서 상상할 수는 없을 것인가?

> 대명사와 쉬프터만을 사용해서 말을 하고, 각자가 **나·내일·저
> 쪽**이라고 말할 뿐, 고유명사적인 것에 일체 언급을 하지 않는 자
> 유—**차이의 애매함**이야말로 (차이의 미묘성을 존중하려면, 그것을
> 애매하게 취하는 수밖에 없다) 언어의 가장 귀중한 가치가 되는 그
> 런 자유를? 말하자면 에로틱한 유동 상태 (流動狀態)를? (Barthes
> 1977, pp. 165-6).

바르트가 여기서 상상하고 있는 것은, 데리다가 말하는 **차연**에, 즉
대상 지시적 의미를 깨끗이 씻어 버린 순수한 텍스트성에 대응하는
유토피아적인 상태이다. 그것은 설의 철학에서는 꿈도 꾸지 못하는
언어관이다. 왜냐하면 그것이 효과적인 커뮤니케이션이 성립하기
위한 규범적인 제약들을 모조리 거부하기 때문이다. 설은, 말이 일
상적인 실천에서 **사용될** 즈음에 상식적으로 전제가 되어 있는 것에
충분히 바탕을 두고 있음에 반해서, 데리다와 바르트는, 언어는 가
는 곳마다 그 잠재적인 일탈력을 발휘하면서, 안정된 의미의 질서
속에 머물러 있으려 하지 않는다고 생각하는 셈이다.

설에 대한 후속된 응답 「유한 책임회사 (有限責任會社)」 (Derrida
1977c)에서, 데리다는 설의 논의의 배후에 있는 논리와 암묵의 전제
들을 뒤집을 양으로 온갖 가능한 수단들을 강구해 보인다. 그는 저
작권이라는 생각과 철저히 놀이를 하는데, 설의 텍스트를 기다랗게
인용해서—실은 논의의 과정에서 그 전문 (全文)을 인용해서!—갖가
지 날랜 속임수로 설의 텍스트로 하여금 그 자체가 지닌 목적을 공
격토록 만든다. 언어의 분석 속에 보편적으로 내재하는 진리라는 것
에 의거해서 씌어졌다는 텍스트에 대해서, 설은 어떤 의미에서 자기
의 소유권을 가진다고 말할 수 있는가? 데리다는 논적의 이름을

Searl에서 SARL로 바꿔 가지고, 이 철자는 <Socioété à responsabilité limitêe> 혹은 논문의 타이틀에도 있는 것처럼, <유한책임> (회사) 또는 <법인>을 가리킨다는 뜻이라는 것이다. 그리하여 Searl/SARL 은, 텍스트는 누군가 합법적인 작자의 이름을 내걸음으로써 소유할 수 있고, 지배하고, <한정>하고, 사유할 수 있다는 생각을 비판하기 위한 아주 적당한 표적이 되고 말았다. 데리다로서는, 이런 응수는, 텍스트의 전략들끼리의 정교한 교차적 놀이는 될지언정, 결코 두 개의 안정된 철학의 만남은 아니라는 것이다. 그는, 설이 <착실한> 논의의 토대로서 승인하는 모든 개념과 관습에, 날카로운 해체의 지렛대를 꽂아 넣으려 든다. 발화 행위의 철학이 전제로 하지 않을 수 없는 성실성과 정직하게 말한다고 하는 윤리성을 의문시한다고 하면, 도대체 무엇이 남을 것인가? 데리다는, 설이 「<착실하지 못한 것>의 의심적은 지위」에 관해서 가볍게 언급한 것을, 영미의 강단적 논술 (講壇的 論述)이 지니는 근엄한 관습들과 혼연히 놀이하기 위한 실마리로 삼는다. 설은 가차없이 단정적인 어투로, 데리다는 발화 행위 철학을 <오해>하고 있다, 포함된 문제들을 <왜곡하고 있다>, <데리다가 말하는 오스틴은 … 원형과는 거의 아무런 관계가 없다>와 같이 지적하고 있다. 그와 같은 논의는, <오스틴>이라는 것이 어떤 텍스트 군 (群)에 붙여진 단순한 이름이 아니라, 오스틴이라는 인물의 현전하는 존재가, 그리고 그 동조자들의 존재가 텍스트의 읽음에 계속해서 지배적인 힘을 구사하고 있다고 상정하고 있기 때문에, 완전히 데리다의 손아귀에 들어가게 마련인 것이다.

데리다는 자기가 <SARL을 진지하게 취하고> 있었다거나, 그의 논의에 대해서 조백이 서는 반론을 펴고 있었다거나 하는 환상은 전연 품고 있지 않다. 「유한 책임회사」가 겨냥하는 바는, 실제로는 결코 일어나지 않는 대결을 연출해 보이는 것이지만, 그 대결을 *회피했다*는 것이야말로, 어느 의미에서는 전술상의 승리인 것이다. 데

리다의 일관된 목표는, 발화 행위의 관습이 스스로 적용에 제한을
가하거나 적용하면 앞뒤가 맞지 않게 되거나 하는 지점에까지, 테스
트를 따라서, 설을 유인해 들이는 일이다. 한 곳에서, 그는 능청스럽
게 이렇게 내비치고 있다.

> 발화 행위의 이론가로서 자기 자신의 이론을 적당히 모순없이
> 지키려고 하는 사람은, 조금 시간이 걸리더라도 다음과 같은 물
> 음을 참을성 있게 생각해 볼 일이다. (「서명 사건 컨텍스트」의)
> 첫째 목적은, 진실이려고 하는 것인지, 진실인 것처럼 보이려고
> 하는 것인지, 진실을 말하는 것인지?
>   그리고 만약 「SEC」 (署·事·컨)가 *다른 무엇인가를 하고 있다
> 면*, 무엇이겠는가? (Derrida 1977c, p. 178).

여기서 <다른 무엇>이란, 데리다가 주로 미국의 독자들을 향해서
쓸 때에 곧잘 사용했던 <비신중파의>, 현기증나는 양식으로 하는
디컨스트럭션을 말한다. 그 논문의 테마들도, 확실히 그의 초기 텍
스트들과 연계되지만, 그 전략들은 좀더 기교적으로 고안되고, 한층
은근하면서도 정황적 (情況的)이다.
    데리다의 설과의 응수를 본 뒤에, 데리다 특유의 놀이적인 요소
가 <착실한> 의도를 모조리 배제하고 있다고 생각하는 것은, 분명
지나친 속단이 될 것이다. 반면, 데리다의 텍스트들이 미국에서 논
쟁에 말려들어 감으로써 자극되고 도발되어 가는 모습을 보아 두는
것도 흥미로운 일이다. 그 인상적인 예가, 예일의 해체 비평파의 일
종의 선언으로서 출판된 『해체와 비평』(Hartman 1979)에 데리다가
기고한 논문이다. 화제는 표면상 셸리의 「삶의 승리」로 되어 있어
서, 다른 기고자들에게는 그것이 초점이 되어 있음에도 불구하고,
데리다의 우여곡절하는 교활한 텍스트에는 그것이 거의 얼굴을 내

밀지 않는다. 그는 이 시를 <해석하는> 척도 하지 않고 그 타이틀과 닥치는대로 하는 연상을 발판으로 삼아서, 어지러울 만큼 불안한 영역으로, 세부가 서로 교차해서 당연한 경계선을 모조리 즐겁게 무너뜨려 버리는 영역으로 뛰어든다. 의미나 구조에 관해서 말하려고 하면 어쩔 수 없이 <도무지 통제할 수 없는 과정에 말려들게 되는데>, 데리다로서는 이것이야말로 텍스트와 텍스트를 구별하고, 시와 주석 (注釋) 사이에 끼여들려고 하는 경계선이 완전히 해소되어 버리는 것의 표시인 것이다. 「삶의 승리」가 지분덕거리기나 하는 것처럼 브랑쇼의 소설 『죽음의 선고』(L'Arrêt de mort)와 대비되고, 텍스트의 자율성에 대한 모든 의미를 폐기해 버리는 비유 형상의 교차와 대담한 방식의 대치 (代置)를 차례로 산출해 간다. 이런 방식을 막다른 데까지 밀고 나가는 것이, 번역의 불가능성을 끊임없이 말하면서—번역이야말로 모든 이해에 따라붙는 <밑빠진> 미끄러움과 우회성을 예증하게 된다고 계속 말하면서—데리다의 텍스트에 평행해서 처음부터 끝까지 계속되는, 번역자에 대한 호소의 각주 (脚注)이다.

여기에서 취한 데리다의 전략은, 드 만과 같은 <정통적인> 해체 비평파보다는, 하트먼이나 힐리스 밀러와 공통되는 것이 더 많다. 거기에 있는 것은, 컨텍스트의 규제력이 그다지 강하지 않거나 극도로 애매하기 때문에, 허용되는 텍스트상의 자유를 모조리 이용한 실천의 묘기이다. 비평과 마찬가지로 번역도, 어느 정도 가면, <의미의 다양성> (혹은 다원적인 의미, 신비평적인 스타일)에 바탕을 둔 손쉬운 수사학을 버리고, 텍스트적인 산종 (dissemrination, 散種)에 바탕을 둔 <자유스런 놀이>를 받아들이지 않을 수 없게 되기 때문이다. 데리다의 최근 저작에서는 이 과정을 투사하고 *실연해 보이기* 위해서 모든 방법들을 다 써 왔는데, 그것은 『그라마톨로지에 관하여』나 『에크리튀르와 차이』에서 실시한 종류의 엄밀한 논의와는 다르다. 디컨스트럭션은 어느 의미에서는 엄밀한 읽음의 방법에 멈추는 것이 필요하다는 데리다의 주장을 가장 고수해 온 사람은, 예일의 비평가들 중에서는 폴 드 만이다. 데리다의 텍스트를 낡은 방법이나 스타일이 밀어다부치는 까다로운 제약을 내던지기 위한 힌트로 삼는다고 하는, 한층 전형적인 반응을 취한 사람은 하트만이었다. 그러나 여기서 데리다가 끼친 <영향>을 두 방향으로 분류한다는 것은, 이들이 텍스트의 상호 침투나 상호 교환을 의식적으로 이용한다는 것을 생각해 볼 때, 무익한 시도가 될 것이다. 하여튼, 오늘날 미국의 디컨스트럭션이 단일한 이론도 사상학파 (思想學派)도 아니요, 기교나 스타일의 많은 중심적인 문제들에 관해서 의견을 달리하는 비평가들의 집합 장소인 것만은 분명하다. 하트먼과 그의 동료들이 주도하고 있는 예일대학에서조차, 반발과 긴장이 높아가고 있다. <옛> 신비평의 쇠퇴기에도 같은 일이 있었다. 그 반대의 소리 가운데 가장 웅변적인 것은 헤럴드 블룸의 그것인데, 디컨스트럭션에 맞서는 그의 전략은 나름대로 기묘한 영웅적 스케일의 크기를 지니고 있다.

해럴드 블룸

이미 본 바와 같이 포멀리즘의 도그마에 대한 도전은, 낭만주의 시와 에토스에 대한 관심의 재생과 표리 일체를 이루고 있었다. 블룸의 최초의 책은, 오랫동안 비평가들 (이를테면 T. S. 엘리오트나 앨른 테이트)의 공격 목표가 되어 왔던 셸리를 논한 것이다 (『셸리의 신화 형성』(*Shelley's Mythmaking*, 1959). 이들은 암암리에, 우선 셸리의 낭만주의적인 정치학에 눈을 돌리고, 이어서 상상력의 결함, 도덕적인 미숙성에서 오는 결함을 논했다. 셸리는 책임있는 스타일의 한도

를 시종 넘어서서, 기법 그것을 애매한 범신론적인 고양 (高揚)이랄
까, 대용 종교 (代用宗敎)의 매력의 희생으로 삼고 마는 시인의 전형
적인 예로 되어 있는 것이다. T. E. 흄은 사실 낭만주의를 <분열된
종교>라고 비판하고, 시는 그 본래의 영역과 능력을 뛰어넘는 궁극
적인 문제에 관여해서는 안 된다고 강조했다. 이 정신적인 금령을
체계화하고 정당화하는 일이, 신비평가들에게 맡겨졌던 셈이다.

블룸은 셸리의 옹호를 수행한다. 그것은 역시 고전주의적인 시학
과 그것에 유래하는 모든 것을 원리적으로 거부하는 것이다. 그는
유태계 (系)의 신학자 마르틴 부버 (Martin Buber)의 발상, 즉 인간의
경험은 두 가지 종류랄까 성질로—<그것> (it)이라는 말을 사용하
는 태도와 <그대> (thou)라는 말을 사용하는 태도에 의해서 표현되
는 두 가지로—나눠져서, 인생에서의 커다란 도덕적 선택은, 이 두
가지 중 어느 것인가에 입각해서 행해진다고 하는 발상을 발전시킨
다. 셸리라는 시인은, 그 가장 훌륭한 시 속에서, 인간적인 관계가
지니는 가치를—바꿔 말하면, 사람과 사람이나 사람과 살아 있는 우
주 사이에 상호 확인과 공감의 세계를 만들어내는 <그대>라는 말
을 사용하는 태도가 지니는 가치를 되풀이해서 주장하려 했다고, 블
룸은 생각한다. 이것은 시는 하나의 비인격적인 대상 혹은 초연한
관조를 위한 <언어적 이콘>이라고 했던 포멀리즘의 생각과, 일일
이 대립하는 미의 철학에 도달하게 마련이다. 블룸의 사고 방식을
따르자면, 셸리가 그와 같은 비인격인 상태로 후퇴하지 않을 수 없
었던 것은 감정적인 패배를 맛보았거나 혹은 풍자의 독에 젖었거나
했을 때뿐이다. 셸리를 나쁘게 말하는 사람들에 대항해서 그가 의거
하는 바는, 워즈워드가 표현한 바와 같이, 시인이란 사실 <다른 사
람들에게 말을 거는 인간>이라고 하는 신낭만주의적인 신념이다.
포멀리즘의 교의에 묻혀서 그의 시를 비판하는 비평가들은, 세계를
<그것>이라는 말로 가리키는 판에 박은 지각에서 해방된 세계가

있는지도 모른다고 하는 어떤 가능성에 대해서, 단순히 마음을 닫아
버리고 있을 뿐이라는 것이다.

블룸의 최근의 저작에서는, 그 개성적인 이성이 더욱 추진되어서
완전한 의미에서의 낭만주의적인 창조 신화로 향하고 있다. 블룸의
고쳐 일기 시학 (revisionary poetics)의 기초를 다진 것은 『영향의 불
안』(*The Anxiety of Influence*, 1973)이었다. 그의 논의에 의하면, 어느
나라의 전통 속에서나 <강한> 시인—즉 자기 자신의 아이덴티티를
유지하려는 강력한 충동을 지닌 시인과 그에 선행하는 시인들 사이
에 복잡하고는 흥미진진한 영향 관계가 존재하는 법이며, <강한>
시인은 그 영향을 잘 제압해서 어떻게든지 해서 그것을 쓸모 있도
록 한다는 것이다. 시인은 프로이트가 가족 관계의 근본에서 간파한
바와 같이 죄의식에 눌린 부친 혐오 (父親嫌惡)에 통렬한 고통을 당
한다는 것이다. 그래서 그가 지니는 표현 의지는 교묘한 위치 변경
혹은 방위적인 성격을 띤 <비유 현상>을 통해서 추구되는데, 동시
에 거기에는 자력 탄생 (自力誕生)의 의지, 선행하는 권위나 영향은
인정하지 않겠다는 의지가 교묘하게 숨겨져 있다. 강한 시인이란 이
어받은 전통을 앞에 놓고서 자신의 후발성 (後發性)을 인정하는 용
기와 선행자를 <비유 형상으로 바꿈>으로써 그 전통을 뒤집는 힘
을 지니고 있다는 것이다. 사용되어 있는 용어들이 전적으로 외디푸
스 계통의 것인 만큼 어떻게 이 이론이 *여성*의 시인에게도 해당이
될 수 있는 것인지 크게 의문이 없을 수 없는데, 그 점에 관해서는
블룸은 대답하려 들지 않는다.

블룸이 꺼내 오는 전통—스펜서에서 밀턴을 경유해서 블레이크,
셸리, 로렌스, 예이츠 등 근대 시인들에 이르는 전통—은 엘리오트
와 신비평가들이 제창한 것과는 매우 다른 노선이다. 블룸이 생각하
고 있는 것은 말하자면 반제도 (反制度)의 전통이어서, 위로는 크게
잉글랜드 시민 전쟁기의 과격한 프로테스탄트의 움직임에까지 거슬

러 올라가고, 아래로는 젊은 낭만주의자들과 그들이 프랑스 혁명에
걸었던 좌절된 꿈에까지 뻗쳐 있다. 블룸 본인도 지적하고 있는 바
와 같이, 이것은 엘리오트와 그 추종자들이, 환언하면, 분명히 앵글
로 가톨릭의 보수적인 가치의 틀을 대변하는 문학사—단, 허버트,
포프, 존슨 박사, 홉킨즈, 엘리오트로 이어지는 문학사—를 제창한
사람들이 의도적으로 무시했던 노선이었다. 블룸은 자신의 기호 (嗜
好)를 감추려고는 하지 않는다. <하나의 선 (그것도 중심이 되는
선)은 프로테스탄트의 과격한 밀턴에서 낭만주의자로 뻗치는 선이
요, 또 하나는 가톨릭의 보수적인 자칭 고전주의 노선이다>. 후자
의 전통 속에는 분명한 경향이 있어서 시적인 자기 수양과 포멀리
즘 비평의 방법이 중시된다. 블룸은 블레이크와 셸리 같은 시인들에
대한 지금까지의 평가 전체를 고쳐 생각할 뿐 아니라 그 전통과 일
체화하고 있는 비평가들에 관해서는 그들이 필경 돌아가야 할 직분
을 고쳐 일러주려고 하는 것이다.

　블룸으로서는 비평이란 일종의 시적인 재연 행위 (再演行爲 poetic
re-enactment)이며, 그는 비평적인 담론의 얌전한 관습들은 참지 못한
다.『영향의 불안』은 상상적인 이성이 낳은 엉클어진 책략을 해독하
려고 하며, 희한한 용어며 <고쳐 읽기 비율(revisionary ratios)>이라는
것의 체계를 제시한다.『카발라와 비평』(*Kabbalah and Criticism*, 1975)
에서는 비밀종교 같은 가락이 한층 집요해지며 주장도 한결 도전적
인 피치를 띠게 된다. 그는 카발라에서의 창조의 비의 (秘儀)와 그것
에 부수하는 난해한 주석의 수속을 모두 밟고 나서, 엘리오트적인
정통파의 입장으로부터 그 이상 더 멀어질 도리 없는 비평의 프로그
램을 제시한다. 거기에서는 카발라의 지혜인 영감이 감도는 우회 사
고가, 블룸이 모든 위대한 시 안에서 작용하고 있다고 생각하는 창
조적인 <오독> ('misprision') 내지는 기원에서의 일탈 행위와 하나
로 묶여진다. 이런 억지스런 유비법 (類比法)이 정말로 의미가 있는

인지 여부는, 시적 상상력에는 구제의 힘이 있다고 하는 그의 거창한 주장을 받아들이느냐 마느냐에 달려 있다.

『시와 억압』(Poetry and Repression, 1976)이 되면 블룸은 다시 낭만주의와 포스트 낭만주의의 시를 고쳐 읽는 신성한 장 (場)으로 되돌아온다. 그가 말하는 <억압>이란 프로이트적인 의미에서의 승화된 동기에서 숭고한 것에까지 걸치는 폭 넓은 것이지만, 낭만주의의 정신과 자연의 철학으로 해서 한층 친숙한 것이 되어 있는 컨텍스트에서 기능을 발휘하는 말이다. 자연의 무구 (無垢)를 회복하려고 하는 테마는 블레이크에서 스티븐즈에 이르기까지 블룸이 그 <후발성>(後發性)을 해석하려고 하는 모든 시인들의 상상력에 붙어다니는 것이다. 낭만주의적인 숭고성이란 강한 시인이 스스로 늦게 온 상황에서, 정치 (精緻)를 다한 비유 현상과 위치 변동에 의지하지 않고서는 손이 미치지 않는다는 것을 의식하면서도 언제나 종사하는 바 잃어버린 기원의 탐구인 것이다. 억압은, 끝없이 되풀이되는 패배를 알면서도 동시에 승화된 영향력에 위험한 싸움을 걸어서 어떻게든 숭고한 것을 되찾으려고 하는 힘이 있는 곳에서 생기는 것이다.

블룸이 말하는 <고쳐 읽기 비율>과 디컨스트럭션의 실천 사이에는 어느 점까지는 공통되는 것이 많다. 양자가 다, 문학사는 (순수한 의미의 문학사가 존재한다고 치고서) 수사학의 용어들로밖에는 설명할 수 없는 무궁한 위치 변동의 과정을 통해서 서로 연관을 맺는 텍스트들을 다루지 않으면 안 된다고 하는 발상에서 출발한다. 양자가 다 시인은 의미의 침착한 창조자라고 하는 주체중심주의의 환상, 시인은 그 자신의 순정한 투시력이 붙잡은 진리를 표현하는 개별적인 주체라고 하는 환상을 물리친다. 텍스트를 해석하는 것은 그 텍스트가 선행하는 텍스트군 (群)과 대결할 즈음의 전략과 그것을 회피할 즈음의 방어적인 비유 현상을 찾아내는 일이라는 것이다. 텍스트의 기원은 시의 역사를 구성하는 일련의 격렬한 수사 차원의 조우전 (遭遇戰)에서 상기 (想起) 불가능한 과거에까지 반드시 다시 밀어다부치고 만다는 주장을 할 때에는, 블룸은 데리다와 일치하고 있다. 다른 것은, <강한> 시인은 자신의 상상력을 작동시키기 위해서 적어도 현재형의 작업 공간을 강조하는 노력을 반드시 하지 않으면 안 된다고, 블룸이 논의를 보충하는 점이다. 바꿔 말하면, 블룸은 시인의 강력한 표현 의지에 의거해서 아직 가능한 지점에서 디컨스트럭션이 과정을 멈추기를 원한다. 블룸이 낭만주의 시에 강하게 관여하고 있다는 점과 그 전통을 엘리오트며 그 추종자들의 고전주의 지향의 표준에서 구출하려고 하는 그의 노력과를 생각하면, 달리 될 수는 거의 없는 노릇이다.

따라서 최근의 책에서 블룸이 낭만주의적인 개인주의의 에토스에 단단히 달라붙는 시를 변호하려고 하는 한편, 거기에 보이는 테마군(群)을 비유 형상과 관계로 이루어진 추상적인 시스템에 가까운 것으로 해소해 버리려는 경향이 있는 해체적인 시학에도 이끌려서 분열을 일으키고 있는 것처럼 보이는 것은 별로 놀라운 일이 아니다. 그렇지만 결국 블룸은 <목소리>·<현전>·기원으로서의 주체니 하는 용어들—데리다가 은유에 지나지 않다고 단호하게 폭로해 보인 용어들을 매양 꺼내려 든다. 블룸의 논의는 『월레스 스티븐즈 : 우리 풍토의 시』(*Wallace Stevens : The Poems of Our Climate*, 1977)의 방법론적인 <끝맺음>에 집약되어 있다. 이 책은 스티븐즈의 시를 커다란 낭만주의의 계보에 넣어 두려고 한 것이다. 엘리오트가 이 전통과 깨끗이 손을 끊고 모더니즘에 기운 영국의 시인들에 접근한 이래, 이것이야말로 미국 시의 근거지가 되었던 것이라고 블룸은 주장하고 싶은 것이다. 이 되살아난 낭만주의의 배후에 있는 것이 에머슨의 모습이며, 이 콘코드에 살던 현인 철학자야말로 미국의 시 속에서 가장 생명력 있고, 가장 강한 모든 것의 위대한 선구자이었다고 블룸은 생각한다. 늦게 왔기 때문에 필사적으로 새로운 시발점

을 찾고 있는 풍토에 워즈워드와 셸리가 말하는 <숭고한 것>을 이
식하려고 하는 일종의 실리적인 관념론을 부르짖은 에머슨은 그러
기에 매개자적인 존재가 되었다는 것이다. 편안한 환상에는 실체가
없다는 것을 처음부터 받아들이고—즉 관념론의 파산을 받아들이고
—그 자리에 상상력으로 향하는 과격한 의지를 두고 있던 에머슨은
현명하게도 미리 현대의 해체파 편에 서 있었던 것이다. 스티브즈는
이 계도 (系圖) 속에서 강렬한 도덕적 비견과 <인간적 파토스>를
지닌 시인으로 등장한다. 그리고 미국적인 숭고성과의 관계에서 위
기를 표현하는 수사를, 필사적으로 구제를 구하기 위한 비유 형상이
나 오독 (誤讀)을 차례 차례 내놓게 된다.

　블룸은 여기서 복잡하고도 다충적인 논의를 전개한다. 그와 해체
파 동료의 관계는 스티브즈와 에머슨의 관계라고 할까, 언어가 지니
는 표현력을 수사학에서 본시 인정하고 있는 비유 형식에만 한정하
려고 했던 에머슨의 일면과의 관계와 아주 비슷하다. <에머슨을 해
체한다는 것은 물론 불가능하다. 그의 담론만큼 수사성으로서의 그
지위를 잘 알아차리고 있는 것은 없기 때문이다> (Bloom 1977, p.
12). 스티브즈는 이 막다른 골목에 직면해서, 유일하게 강한 적절한
반응을 취했다. 즉 에머슨류의 한정을 <비유 형상으로 바꿔 버리
는>, 고의로 변용시켜 버리는 힘을 지닌 수사법을 채용했던 것이다.
블룸 자신이 그것을 매우 간결하게 말하고 있다.

　　스티브즈에 있어서는 에머슨이 숙명이라고 보았던 것이—시발점
　　이 되는 관념으로 바꿔진다. 스티브즈에서의 초월적인 자유란 그
　　와 같은 비인간적인 한정에 견디어내는 것을 거절하는 모습으로
　　되어 간다. 그의 완성기에 시에 있어 힘이라든가 의지는 시발점
　　이 되는 관념을 재상상함을 의미하고 있다 (ibid., p. 27).

블룸은, 스티븐즈가 미국의 시를 위해서 이룩한 바를, 자신이 오늘의 비평을 위해서 하고 있는 것이라고 분명히 의식하고 있다. 그는 맺는 장 (章)에서, 의심 깊은 디컨스트럭션의 인식론을 **통하고 넘어서**, 시인이란 스스로의 강력한 상상력이 낳는 진리를 추구하는 인간이라고 하는 생각을 재확립하는 수사관 (修辭觀)에 도달하는 것은 어떤 것인지를 설명하고, 그것을 가지고 디컨스트럭션과 대항한다. 확실히 블룸은 디컨스트럭션의 힘, <이 앞선 비평 의식, 비평의 분야에서 오늘날 가장 엄밀하고도 면밀한 것>이라고 그 자신이 부르는 것의 힘을 인정하고는 있다. 그러나 그와 같은 한정된 견지를 넘어서고자 하면 시인의 비유 형상을 활성화할 뿐만 아니라 그것을 해석하려고 하는 비평가 측의 수사적 관점도 활성화하는 표현 의지를 다시 인정하지 않을 수 없다고 생각한다. 모든 해석은 텍스트 위에 세워진 비유 형상의 망 (網)에 지나지 않다고 하는 인식에서, 현대의 상상력에 공간을 주기 위해서 그래도 무엇인지를 할 수 있을는지도 모른다고 하는 신앙을 향해서 뛰지 않을 수 없다는 것이다.

그가 드 만이며 그 밖의 순수파 해체주의자들과 결별하는 것도 여기서이다. 그들은 회의 정신 (懷疑精神)이 스스로의 책임을 분간하는 구제력을 지닌 재구축적인 <비유 형상화>에 자리를 양보해야 할 지점에까지 도달해 버렸다고, 블룸은 생각한다.

> 디컨스트럭션의 한계를 넘어서기 위해서는 우리 쪽에서 해체파가 인정하는 것보다도 훨씬 포괄적인 수사관을 가질 수밖에 없다. 즉 비유 형상은 인식의 방편이라고 하는 발상을 넘어서서, 수사란 설득에의 의지에 다시금 관여해 가는 것이라는 방향으로 가야 한다 (ibid., p. 387).

이 의도적인 역전이야말로 블룸 시학의 포인트일 뿐 아니라, 하트먼

이며 밀러와의 차이의 핵심이기도 하다. 그들이 펼치는 논의는 강한
설득력을 지니고 있지만, 거기에 있는 부정적인 자세를 비평 사고
(批評思考)의 이중의 움직임 중의 한 단계에 지나지 않는 것으로 봄
으로써, 거꾸로 그 논의를 <비유 형상화하는> 것도 가능하게 된다.
블룸은 이와 같은 니체적인 가치의 전환을 시도하는 강력한 비유
형상화에, 혹은 <오독> (誤讀)이라는 생각에, 그의 읽음을 걸고 있
다. <강한> 시인이란 선행자를 창조적으로 오독하고 오해하는 인
물이라 한다면, 읽음의 전략에 대해서 의미를 붙잡기가 곤란함을 느
끼는 힘을 부여하는 일이야말로 비평이 지니는 힘이 되는 심이다.
『카발라와 비평』의 위기 의식을 적재한 수사는 거기에서 오는 것이
며, 거기서의 논의는 스티븐즈론의 맺음 부분에서도 되풀이되고 있
다. 디컨스트럭션이 생각하는 한정적인 비유 형상에 대항할 만큼 강
력하고 참신한 비유의 술책의 원천으로서, 카발라의 전통이 활용되
는 것이다.

　스티븐즈의 시와 격투하려고 해서 블룸이 꺼내 놓은 <엇갈리기>
(crossings)니 방어적인 조우전이니 하는 수사보다 더 난폭하고 이상
한 언어는 거의 생각할 수 없을 것이다. 그것은 포스트 구조주의에
특유한 추상적인 어휘와 블룸이 뽐내는 (때로는) 코미컬할 만큼 그
를 휘두르는 드높은 예언조 (予言調) 사이에서 찢기고 있는 언어이
다. 그는 사색과 비전, 개념과 비유, 철학과 시의 중간 영역을 밟으
려고 해서 최대한의 고투를 떠맡는다. 그와 같은 색다른 스타일을
위한 변명은 그것이야말로 시의 이형성 (異形性)과 난삽한 수사에
대응하는 길이라는 것이다. 그에 의하면 시인이란 무엇보다도 먼저
<오독의 명수>이며, 해체파의 생각처럼 <개념의 수사가>인 경우
는 아주 드물다 (그들은 이론과는 별로 인연이 없는 곳에 있는 경우
도 있다). 그러한 시인을 <더욱 올바르게, 더욱 이형 (異形)의 것으
로서> 읽기 위해서는 결국 작금의 해체파가 제출하고 있는 것보다

도 <거치른 비유 형상의 정의>가 필요하다.

블룸이 예일대학의 동료들을 비판해서 말하는 것은, <늦게 온> 시인이 전통과 만났을 즈음에 생기는 갈등이며 대립을 그들은 이해 하지 못한다는 것이다. 신비평가들은 의미와 구조가 서로 엉클어져 서 만들어내는 무시간적 (無時間的)이고도 자족적 (自足的)인 공간에 시를 가둬 버리는 여러 가지 방법들을 발명했다. 그리고 아이러니며 패러독스가 자아내는 작품 내부의 <긴장>이 정합적 (整合的)이고 자립적인 지식의 형식으로서의 비평의 기법에 정당한 근거를 주는 것이라고 했다. 디컨스트럭션은 이와 같이 해서 갇힌 비평의 영토를 버리고, 에크리튀르의 역사를 만들어내는 <간텍스트성>에 관해서, 끝없이 왔다갔다 하는 언급의 수사학에 관해서 말하기 시작했다. 그 러나 블룸은 이 생각은 시인끼리의 복잡한 대항 관계를 전하기에는 지나치게 일반적이요 중성적이라는 것이다. 신비평가들이 그러한 긴장 관계를 대상으로서의 시라고 하는 인위적인 한계 속에 밀어 넣으려고 한데 반해서, 디컨스트럭션은 순수한 비유 형상이 올 짜는 끝없는 수사의 운동을 가지고 나와서, 그런 한계를 모조리 파기해 버리려 든다.

블룸이 카발라의 교설 (敎說)에 눈을 돌린 것은, 그것이 이 두 가 지 방식에 대항하는 수단이 된다고 생각했기 때문이다. 그의 시학의 핵이 되는 확실한 생각은 <카발라 혹은 그노시스주의의 수사 이론 에서는 언어 안에 *개개 특정* (個個特定)의 의미론적인 긴장이 있다 고는 생각하지 않는다. 카발라의 발상에 있어서는 모든 언어는 의미 론적인 긴장이 묵시론적인 레벨에까지 높여진 것에 지나지 않기 때 문이라는 것이다> (ibid., p. 394). 그가 말하는 <개개 특정의 긴장> 이란 <옛> 신비평가들이 짜낸 시에 고유한 수법과 같은 것을 가리 킨다고 생각해서 좋을 것이다. 그와 동시에 그의 논의는, 텍스트와 텍스트의 만남의 배후에 숨어 있는 표현 의지의 충돌을 강하게 내세움으로써 교묘하게 해체파의 입장을 무너뜨린다. 데리다적인 디컨스트럭션이 구상하는 <자유스런 놀이>라든가, 구별없는 혼합 속에서 이 격투를 간과해서는 안 된다고 그는 주장한다.

데리다와 블룸의 프로이트론

프로이트가 제창한 모티브며 유비 (類比)를 이용함에 있어서, 블룸은 역시 데리다와는 다르다. 데리다에 의한 프로이트 해독 「프로이트와 에크리튀르의 무대」 (Derrida 1978, pp. 196-231)는, 디컨스트럭션의 또 하나의 범례로, 프로이트가 설명의 결정적인 요점으로 의지하는 글쓰기라는 은유와 심리적인 <각인> (刻印, inscription)이라는 은유를 끌어내려고 겨냥한 읽음이다. 결론으로서는, 이 <은유들>이 사실은 마음먹은대로 은유가 되어 있지 못하다는 것이다. 프로이트는 그것들을 언제나 유비나 기술상의 편법으로서 사용하지만, 그것들은 텍스트에 아주 달싹 얽혀 있어서, 무의식의 작용을 가장 설득력 있게 설명하는 일에 마침내는 그 *불가피한* 설명법이 되어 있다는 것이다. <육체에 관한 내용이 철저히 그래픽한 것을 그 본질로 하는 텍스트에 의해서 나타내어져 있다> (ibid., pp. 199). 프로이트가 무의식은 어느 의미에서는 언어와 마찬가지로 구조화되어 있다고 할 때에는, 기술을 위한 용어가 발화보다는 오히려 에크리튀르 쪽에서 차용되어 있다. 데리다가 증명해 보이는 바와 같이, 무의식의 의미를 포착하려고 하는 프로이트의 시점 전체가, <흔적> · <사이 형성> · <차이> 같은 생각이나 그래픽한 표상 체계의 안쪽에서만 그 위치를 찾는 그런 생각에 뒷받침되어 있다. 이런 것들은 단지 은유에 지나지 않는 것으로, 신경을 연구하는 학문이 완성되면 마침내 이런 비유의 뒷받침은 필요 없게 될 것이라고, 프로이트는 믿고 있었다. 반면 데리다는, 그가 사용한 에크리튀르 관계의 잊기 어려운 비유군이야말로, 무의식과 그 작용을 알기 위해서 그가 한 제일의 공헌이며, 그것과 비교한다면, <신경학의 우화> 같은 것은 미화된 은유의 일종에 지나지 않다고 했다. 그리하여 프로이트는 그 텍스트에 의해서 서구 형이상학의 전통을 떠받들고 서 있으면서도, 해체적인 읽음을 하면, 그 전통과 대립하는 비판적인 모티브를 낳는 텍스트를 제시한 사상가로서, 훗설이나 소쉬르와 나란히 서게 되는 것이다. 에크리튀르는, 비록 그가 그것을 이의적 (二義的)인 비유로 서의 지위로 밀어 넣으려고 해도, 저절로 머리를 쳐든다. 데리다는 예고한다, <정신 분석학의 운명적인 협력자가 되는 것은 고래의 음 성 로고스주의 (phonologism)에 지배된 언어학이 아니라, 오히려 닥 쳐올 그라픽의 학이다>라고 (ibid., p. 220).

데리다에 의한 프로이트 해독을 보면, 블룸이 디컨스트럭션의 실 천 중에서 가장 강하게 반발하는 것이 무엇인지를 일부 알게 된다. 즉 그것은 심리의 드라머를, 의지와 욕동 (欲動)의 갈등을 전적으로 무시해 버리는 읽음이며, 거꾸로 블룸은 이 무시당한 것을 시인이 지니는 <영향의 불안>과의 유비 관계를 이용해서 파악하려고 하는 것이다. 블룸으로서는, 프로이트 그 사람은 현대에 있어 해석의 달인 이어서 무의식의 의미에 <강한 힘으로> 맞붙어서, 거기에 있는 패 턴을 바탕으로 해서 설명을 위한 강력한 새로운 신화를 만들어낸 인 물이라는 것이다. 블룸은 프로이트 이론의 <과학적인> 측면에는 거의 아무런 매력도 느끼지 않았던 모양인데 (이 점은 데리다도 같 지만), 정신 분석을 텍스트의 의미의 무차별적인 놀이로 해소해 버리 는 해체적인 읽음에도 마찬가지로 반대한다. <디컨스트럭션의 이론 가들은, 요컨대 <처음에는 비유 형상을 만드는 사람이 있었다>가 아니라, <처음에 비유 형상이 있었다>라고 말하고 있는 것이다> (Bloom 1977, p. 393). 만약 비유 형상이라는 개념 그 자체가 은유의

일종이며 <문채 (文彩) 중의 문채>라면, 의미 없는 것처럼 보이는
연쇄 속에도 의미가 있을 수 있다고 주장하는 일이야말로 강한 의지
를 지닌 해석자 (시인 또는 비평가)의 할 일일 것이다. 데리다의 읽
음을 따르면, 프로이트가 낳은 텍스트들을 보면 그것들은 비유 형상
으로 자기 해체해 가는 동시에, 다시 또 에크리튀르에 관계하는 비
유 형상은 낳아 가는 수사법에 부지중 반드시 의존하고 있다는 것을
알게 된다는 것이다. 그에 반해서 블룸이 읽은 프로이트는, 비유 형
상을 자신의 상상적인 목적에 봉사하는 힘을 구사해서, 그러한 읽음
에 저항하는 강한 선배가 되는 셈이다.

블룸의 동료들도, 그가 지적하는 위험이며 유혹을 결코 알아차리
지 않는 것은 아니다. 하트먼조차, 비유 형상과 간텍스트성에 뒷받
침된 순수한 수사법으로 해서 열린 어지러운 광경을 앞에 놓고서,
때때로 신중한 말투가 되기도 한다. 그는 해석에 부여된 자유에 홍
분하는 동시에, 데리다의 철학이 가져다준 <텍스트>와 <주석>의
구별의 애매화에는 혹종의 불신감을 품고 있다. 이 문제는 <포멀리
즘을 넘어서> 나아가려고 하는 움직임과도, <책>의 권위를 해체
해 버리려 드는 움직임과도 연결되어 있다.

> 문학의 언어에서의 책중심주의 (冊中心主義)를 약화해 가면, 그
> 담론은 철학의 담론에 더욱 가까운 것이 되며, 그것과 일체화되
> 는 위험이 나온다. 확실히 <책>은 사라지더라도, <텍스트>는
> 남을는지 모르지만—그러나 무엇이 그 텍스트를 구성하는지는
> 좀체로 정의하기 힘들어서…… (Hartman 1975, p. 13).

데리다가 <반복성이 강한 단편적인 텍스트>을 사용한다는 것을,
그에게는 텍스트와 인용을 섞는 버릇이 있어서, 그것이 최후에는
<매우 안달하는 빛과 그림자>을 낳는다는 것을, 하트먼은 간과하

진 않는다.

　그와 같은 의문을 지닌다고는 해도, 그가 니체적인 자신과 기운을 단단히 일으켜서 데리다의 도전에 대치하는 일을 그만두지는 않는다. 그것이 블룸이나 드 만이 되면, 저마다 그 방식은 다르지만, 디컨스트럭션이 지니는 원심적인 에너지에 더욱 강력한 내적인 쐐기를 박으려 든다. 특히 블룸은, 끝없는 환원 작전 (還元作戰)을 계속하려고 하는 <차분한 언어적 니힐리즘>의 운동처럼 보이는 것을 잡아 두고, 그것을 역전시키려고 해서, 숨김없이 수사적인 호소를 한다. 그의 문체는 전투적인 것이 되고, 그 논의는 때로는 필사적으로 호소하는 듯한 절박감을 띤다. 드 만은 디컨스트럭션의 엄밀성을 어디까지나 지키려고 하는 비평가로서, 그것과는 반대의 입장에서 쓴다. 드 만이야말로 <개념의 수사가> 중에서도 발군의 강인한 비평가인데, 블룸이 필사적으로 그 사고법이며 영향력과 싸우려 하고 있는 한 사람이다. 그렇지만 그 드 만의 읽음은, 이미 본 바와 마찬가지로, 디컨스트럭션이 아무리 정밀한 노력을 하더라도 그것을 빠져나가는 <수행적>인 요소 혹은 의지가 있다는 것을 인정하지 않을 수 없는 지점에 왕왕 부딪힌다. 즉 블룸과 드 만은 아주 다른 전제에서 출발해서 같은 결론에 도달한다고 말할 수 있는 셈이다. 두 사람 다 같이, 지금 횡행하고 있는 것은 디컨스트럭션의 경박한 오용 (誤用)이라고 해서—블룸은 아주 분명히, 드 만은 은연중—그것과는 거리를 두려 하고 있는 것이다.

결 론 :
이의의 목소리

7
결 론 :
이의의 목소리

블룸은 디컨스트럭션의 실천자들과, 안쪽에서, 그들 자신이 선택한
수사법의 장에서 일일이 대항한다. 철저한 회의론에 대해서 대응하
자면, 두려움없이 그 방법을 붙들어 가지고서, 설득하고자 하는 같
은 강도의 대항 의지로써 응해야 하며, 그 이외에는 불가능하다고
그는 생각한다. 다른 사람이 보면, 블룸의 전술은 전적으로 오해를
한 것으로, 곧바로 대항하는 공격이 적절한 반응임에도 불구하고,
요구도 받기 전에 인질을 내놓는 격이라고 여겨질 것이다. 혹은 또,
머리 크리거 (Murry Krieger)처럼 디컨스트럭션의 <방법>은 옛 신비
평의 방법과 결국 그다지 다르지 않다고 논하면서, 그것을 달래어
가지고 넘기려 드는 사람들도 있다 (Krieger 1979 참조). 이런 논의들
은 대부분 터무니없고 결실이 없는 것으로, 미국에 구조주의적 사고
가 최초로 밀려들어 왔을 때 그것을 에워싼 논쟁들의 실질적인 반
복에 지나지 않다.

한편, 철학적인 장 (場)에서도, 디컨스트럭션을 포착하고자 하는
진지한 시도들이 있어 왔다. 이런 시도들은 대부분, (블룸만 하더라
도 이 점은 인정하지 않을 수 없을 것 같다) 회의론은 그 자체의 논
의의 용어들에 입각해서 반론 **못할 것도 없다**는 견해에서 출발한다.
회의론자에게, 어떤 특권이 있어서 그대의 논의는 의심이나 불신으
로부터 벗어나 있느냐 라고 물어 본다면, 미상불 회의론은 자기 부정
에 빠지지 않을 수 없다는 것을 알 것이다 (Abrams 1978 참조). 디컨

스트럭션의 실천가들만 하더라도, 그 텍스트가 주의 깊게 읽히고 그
들의 논의가 평가되고, 그 결론이 올바르게 책임있는 태도로 논의되
기를 분명히 기대한다. 그러나 이 기대가 어떻게 의미·논리·진리,
그리고 커뮤니케이션의 가능성 바로 그것에 대해서 행해지는 그들의
노골적인 회의와 들어맞을까? 그들의 주장은, 철학자 하버마스가 조
금 다른 문맥에서 <초월적 *꼬리잡음*> ('transendental *tu quoque*')이라
불렀던 것에 직면해 있는 것처럼 보인다. 즉 그들도 스스로의 텍스트
가 올바로 이해되기를—적어도 지적으로 읽히기를 요구하고 있는 것
이다 (그러한 목적을 달성할 수 있는 언어의 힘을 표면상은 부정하고
있으면서도 말이다).

　이런 반대 의견들은 드 만과 같은 비평가에게는 간에 기별도 안
간다. 그의 극단적인 회의주의는, 역설적으로, 해석 대상이 되는 텍
스트에 대한 용의 주도한 고려를 낳기 때문이다. 그 어프로치는 비
뚤어져 있다—사고에 대한 장해를 낳기 위한 기술에 지나지 않다—
라고 비난 당할는지도 모르지만, 논의 그 자체는 치밀하고, 상대주의
적인 의미의 방자에 결코 굴복하지는 않는다. 데리다 역시 너무나도
노련한 회의론자이어서, 자신의 텍스트의 방위벽을 무너뜨리고 있는
순간을 포착할 수가 없다. 그는 설의 의도를 <엉망으로 만드는> 한
편, 논적 설이 자신 (데리다)의 본래 텍스트의 *문자*를 무시하고, 그리
하여 골치아플 만큼 반론을 불러내게 된 것이라고 논한다. 데리다는
해결에 즈음해서 요구되는 관습적인 경건함을 무시하지만, 그와 아
울러 세부에 대한 세심한 주의가 있으며, 텍스트의 문자에 집요하게
고집하고, 그것은 편의적인 수단에 의해서 설명이 다 될 수 있는 것
은 아니라고 주장한다. 데리다의 회의적 태도는, 그의 해석자 몇 사
람이 생각하고 있는 바와는 달라서, 제마음대로 하는 끝없는 해석
게임을 위한 패스포드 같은 것은 아니다. 이것은, 자유스런 놀이와
간텍스트성 (intertextuality)이라고 하는 개념이 너무나도 극단적인 데

까지 추진되어 있는, 번역된 최근의 텍스트들에 대해서도 해당된다. 요컨대 데리다는, 그의 제자 몇 사람과는 달라서, 길고 엄격한 디컨스트럭션의 과정을 거쳐서 이 입장에 이르른 것이다. 이렇게 말하면 묘하게 교훈적으로 들릴지 모르지만, 데리다가 이 권리를 <획득>한 것은, 추종자들이라면 말하자면 기성품으로서 추켜드는 그런 문제를, 실천적으로로 *생각해 나감으로 해서* 얻은 것이다. 그러나 이것은 이미 『그라마톨로지에 관하여』에서 한 데리다의 논점이었다. 즉 사고가 그 허망한 전사 (前史)와 결별하기 위해서는, 끊임없이 실천적으로 그 결별의 리허설을 하는 것 이외에 달리 길이 없다는 것이다. 그렇지 않으면, 디컨스트럭션은 효과없는 몸짓이 되어, 그것이 전복을 시도하는 대립 관계 그것에 의해서 제한받는 이론이 계속된다는 것이다. 여기서 데리다는, <디컨스트럭션의 개념은, 유난히 그 작용, 그 <스타일>은, 그 성격상 오해와 무인식 (nonrecognition)에 직면하게 되어 있다>라고 경고하고 있는 것이다 (Derrida 1977a, p. 28).

데리다의 회의적 태도는, 바꿔 말하면, 단순한 <*꼬리잡음*>에 의해서 쉽게 도달할 수 있는, 그리고 쉽게 반박할 수 있는 그런 형편없는 것은 아니다. 그것은 노력해서 획득한 입장이어서, 데리다가 자신의 최고의 읽음에 즈음해서 내보이는 것과 동일한, 엄밀한 **텍스트** 정독에 값할 만한 논의의 뒷받침이 있는 것이다. 다른 한편으로는, 언어·진리·의미에 관한 반대 의견도 있지만, 그런 것들이라 하더라도 단지 지나치게 소박하고 철학적으로 파탄 (破綻)에 이르고 있다고 치워 버릴 수는 없는 것들이다. 데리다는 은연중에, 그 견해들이 지니는 힘을 오스틴에 관한 텍스트 속에서 인정하고 있다. 언어는 의미 전달을 위해서 존재하고 있다는 상식적인 견해를 디컨스트럭션은 부정하지 않으며, 실제로 그것에 영향을 주는 일도 없다. 공식적인 관습이 효력을 잃었을 때 무엇이 일어나는지를 알기 위해서, 디컨스트럭션은 그러한 견해를 *일시 중지하는* 것이다.

철학에서의 회의론은, 이른바 <자연스런> 태도 혹은 상식적인 태도와 언제나 이런 애매한 관계를 맺어 왔다. 모든 사람들이 회의적인 여러 전제들에 바탕을 두고서 행동을 시종여일하게 했을 경우, 실제로 생활이 이루어질 수 있다고는, 회의론의 제안자들도 생각하지는 않았다. 사실, 이성과 논리적 일관성이라고 하는 기초 그것을 부정한다면, 그와 같은 <시종여일성>은 도대체 무엇을 낳을 것인가? 이렇게 말했다고 해서, 회의론적인 물음은 사소한 것 혹은 전적으로 오해에서 나온 것이라는 말은 아니다. 지금까지 데리다와 더불어 내가 제시하려 해 온 바와 마찬가지로, 그런 물음들은, 사람이 상식적인 입장을 버리자마자 *어쩔 수 없이* 나타나게 되는 물음들인 것이다. 그러나 회의주의자가 어떠한 물음들을 던지든 간에, 삶이 있는 한, 언어는 전달을 계속하게 마련이다.

리처드 로티는 논문 「에크리튀르로서의 철학」(Rorty 1978)에서, 이 문제를 예민하고도 명료하게 설명한 바 있다. 그에 의하면, 철학에는 두 가지 <전통>이 있으며, 그 두 가지는 부단히 적대 상태에 있는데, 그 목적과 용어가 워낙 멀리 떨어져 있기 때문에 서로 적절하게 *대결할* 수는 결코 없다는 것이다. 한편의 사상가들은, 철학이란 전달 가능한 진리를 찾아 내려 오는, 합리적 정신의 대화라고 확신하고 있다. 회의론은 이 철학 안에서도 장소를 얻고는 있다. 그러나 신비화를 해소하고, 진리의 의심할 여지없는 기초를 더욱 굳건히 확립하는 데 유용한 한 그러하다. 이 전통에 대립하고 있는 것은, 더욱 본질적으로 다른 정신들을 가진 사람들인데, 그들은 철학의 <주류>에 대해서 정기적인 침략과 난입을 거듭한다. 이런 사상가들은 합리적인 합의를 보는 것을 거절하고, 패러독스와 스타일에서 오는 에너지를 이용해서 성장해 간다. 로티적인 의미에서의 <에크리튀르>의 철학은, 언어를 합리적인 주고 받음의 나름대로 충분한 수단으로 사용하는 것이 아니라, 커다란 싸움을 걸기 위한 전쟁터로서 사용하는 것이다. 철학적 *스타일*의 의식적인 실천은 궁극적인 진리와 방법에 관한 뿌리깊은 회의적 태도와 표리 일체를 이루고 있는 것이다. 이 두 가지 전통은, 다양한 역사적 형태와 위장을 통해서 자라 왔다. 현재 영미에서 이해되고 있는 바에 의하면, 그 경계선은, 상식적인 이성과, 헤겔에서 니체를 경유, 현대 프랑스의 <과잉파>에 이르는 <대륙의> 계보 사이에 그어질 것 같다. 그러나 대륙측으로부터 바라다본다면, 데리다가 오스틴과 설을 어딘지 의아스럽게 다루고 있는 것으로 미루어 보더라도, 사태는 매우 다르게 보일는지 모른다.

　이런 철학자들이 함께 논의에 관여하고 있다든가, 양쪽 다 동일한 목표를 바라고서 서로 다투고 있다고 보는 것은, 로티를 따르자면 오해라는 것이다. 그들의 돌발적인 사소한 다툼은 실제로는 우연한 만남의 결과 이외의 아무것도 아니다. 그들 사이에 있는 거리는, 설과의 응수에 관한 데리다의 성찰 마지막 대목에 표현되어 있다.

　　나는 자문해 본다. 도대체 이 대결에 결말을 낼 수 있을 것인가 하고.
　　이번에는 그것이 일어날까?
　　정말로? (Derrida 1977c, p. 251).

이런 의미에서의 비조우 (非遭遇)란, 상식적-합리주의적 철학과 솔직한 이성의 한계를 넘어서 돌진하는 철학 사이의 틈새라고 로티는 생각한다. <에크리튀르>는, 이런 의미에서는, 언어에 관한 근원적인 회의를 나타내는 증후인 동시에 그 공범자이기도 하다.

비트겐슈타인 : 언어와 회의론

따라서, 디컨스트럭션에 대한 반대론은, 종래 상식 혹은 <일상 언어>를 기반으로 해서 대체로 자리해 왔다. 지금까지 보아 온 바와 같은 언어에 관한 회의적 철학은, 근저에 있어 그릇된 인식론에 바탕을 두고 있다, 즉 언어와 세계 사이에 어떠한 **논리적 일치**를 발견하려고 해서 (반드시 실패하는) 인식론에 바탕을 두고 있다, 라는 견해에는 철학자 루드비히 비트겐슈타인 (Ludwig Wittgenstein 1889-1951) 이라는 지지자가 있다. 비트겐슈타인 자신 그와 같은 입장에서 출발했지만, 생각을 바꾸어서, 언어에는 많은 사용법과 그것을 정당화하는 <문법>이 있으며, 그 어느 것이나 명료한 논리를 지니는 설명 개념으로 환원할 수는 없다고 믿게 되었다. 의미는 단어와 지시 대상 사이에, 어떤 일대일 대응의 연결이나 <전사적인> (picturing) 관계를 수반하지 않으면 안 된다고 하는 생각을, 그의 후기 철학은 거절한다. 언어는 이제, 그 본질에 있어서나 해야 될 임무에 있어서나, 마찬가지로 다양한 <게임> 혹은 그것을 가능케 하는 관습의 총체라고 여겨지게 된다 (Wittgenstein, 1953). 철학상의 난문 (難問)은, 언어 게임이 지니는 이 다양성을 인식할 수 없는 데 기인하는 수가 매우 많다고, 비트겐슈타인은 생각했다. 철학자들은 무엇보다도 먼저 협의의, 자멸적인 논리 개념에 의해서 만들어진 것에 지나지 않는 문제들을 논리적으로 풀려고 해 왔다는 것이다. 논리적 설명에 저항하는 의미와 해석의 영역에서 확실성을 탐구한다고 하는 잘못된 프로젝트의 결말이 회의론이었다고, 그는 논했다.

비트겐슈타인의 언어 철학은, 분명히 디컨스트럭션을 반대하기 위해서 사용할 수 있다. 우리가 세계에 관해서 말할 때, 거기에는 암묵의 관습이 있다고 한다면, 회의론은 단지 과녁을 벗어난 것이 되고, 그릇된 인식론으로 해서 생겨난 불필요한 양심의 가책이 되는 셈이다. 철학적 사고의 역사는, 이와 같이 스스로 만들어낸 문제에 애를 먹고, 또 거의 그것에 의해서 유지되어 온 것이라고, 비트겐슈타인은 생각한다. 디컨스트럭션을 거절하고 그 대신 의미의 철학을 추구하고자 하는 사람에게는, 그가 취한 노선에서 나온 응답이 매력적임은 수긍할 수 있는 일이다. 비트겐슈타인의 견지를 따르자면, 소쉬르 이후의 텍스트 이론, 즉 <의미하는 것>과 <의미되는 것> 사이에 보이는 괴리를 놀라운 현상으로 만들어낸 이론에는, 기본적이고도 집요한 오류가 있다는 것이다. 이것을 하나의 문제로 본다든가 혹은 패러독스로 보는 것은, 종래부터 있던 오해를 반복할 따름인, 언어가 직접으로 대상이나 관념과 관계하는 것을 기대하는 자세에서 생긴 오해에 지나지 않다. 비트겐슈타인이나 그의 제자들에 의하면, 그와 같은 것이 모든 회의적 철학의 근원에 있다는 것이다. 그러한 철학은, 언어와 논리와 현실 사이에 성립될 수 있는 <적합성>을 알아채지 못하기 때문에, 곤혹과 패러독스에 빠지게 된다는 것이다.

이 논의는, 포스트 구조주의의 텍스트 이론에 대한 대안을 (그것에 대한 전면적인 대답은 되지 않는다 하더라도) 제공하는 것처럼도 보인다. 암묵의 구속력과 관습을 지닌 <일상 언어>에 호소하는 것이야말로, 기호의 자의성과 절충을 하는 우선 온당한 방법이라고 여겨지는 것이다. 구조주의는 어떠한 모습으로든지 간에 항시 철학을 구속해 온 옛부터의 착각에 매어 있다고 말할 수 있을 것이다. 그것 때문에, 작자와 독자는 서사적인 환상과 순수한 르포르타쥬를 구별할 수가 없다고 가정한, <리얼리즘> 소설에 대한 공격이 (특히 바르트에 의해서) 생겨났다. 기호와 지시 대상 사이의 균열이 과격한 이론의 핵심이 되었다. 픽션은 이를테면 몇몇 포스트모더니즘의 텍스트에서처럼, 그 증후가 반드시 표층 (表層) 거기에 보이지 않는다 하더라도, 나름대로 스스로의 픽션성을 알아차리고 있었다는 것은 잊고 말았다. 언어가 서사의 유연한 관습에 구체적으로 어떻게 적합하느냐 하는 것을 왜곡시켜, 근시안적으로 포착하고 나서, 그것을 밟고서 패러독스에 넘치는 <읽음> (이를테면 바르트의 *S/Z*)을 전개하는 방식을, 비트겐슈타인 식의 어프로치는 거절할 것이다.

그 밖에, 노골적으로 모럴 (moral)을 밀어부치며 나오는 반대자도 있다. 이를테면 제럴드 그래프는, 디컨스트럭션은 현대 사회가 안고 있는 여러 문제들로부터 부정적으로 후퇴한 것으로서, 로마가 불타고 있는 판에 텍스트를 가지고 놀이를 하고 있는 것과 같다고 비난한다 (Graff 1979 참조). 그의 생각으로는, 이 새로운 수사가들은, 자기네들이 믿고 있는 이상으로, <옛> 신비평과 공통점을 가지고 있다는 것이다. 두 운동이 다 같이 결국은 약사 빠른 현실도피의 꼴이어서, 문학이 <현실의> 경험과 맞붙는 힘을 지니는 것을 부정하는 것이라고, 그는 논하고 있다. 모더니즘은 (엘리오트, 조이스, 그리고 그들의 동시대 사람들의 손에 의해서) 독점권을 휘두르는 구식 현실주의적인 관습에 대한 반항으로서 시작했으나, 이제와서는 체제화된 도피의 길로서 정착해 버리고, 사회 참여의 의식으로부터 전적으로 분리되어 버렸다는 것이다.

토머스 핀천 (Thomas Pynchon), 도널드 바텔미 (Donald Barthelme)같은 작가들이 실천하고 있는 <포스트모더니즘>의 소설 스타일 속에, 그래프는 동일한 쇠약을 불러일으키는 영향력이 작용하고 있음을 본다. 만약 리얼리즘이 한낱 지배적인 관습의 문제에 지나지 않고, 다른 더욱 자의식이 강한 에크리튀르의 양식과 마찬가지로, 그것만이 올바르다는 주장은 하지 않는다고 한다면, 텍스트에 각인 (刻印)된 것의 무한한 놀이밖에는 인정하지 않는다는 전면적인 회의주의가 나타날 여지가 있음은 분명하다. 그래프의 강인한 자세에 문제가 있다고 하면, 그것은 논적과 진정한 의미의 논의를 교환하는 일이 없다는 점이다. 그는 비평가도 소설가도 한 또래로 치부해서

이성의 저주받은 적으로 다루고, 그들의 주장의 힘을 보지 않는다고
할까, 스스로 보는 것을 허락하지 않는다. 그리하여 이를테면 프랭
크 커모드 (Frank Kermode)가, 우리는 의미라고 하는 것이 잠정적인
가정의 것이어서, 현실의 진실과 혼동되어서는 안 된다는 것을 알고
있음에도 불구하고, 인간에게 만족이 갈만큼 텍스트를 해석한다고
논했다고 해서 (『끝의 의식』 (*The sense of an Ending*) 에서), 그래프의
비판을 받는다. 이 입장은 비평의 필사적인 수법의 또 하나의 예에
지나지 않다, 본시 명도 (明渡)할 일이 아닌 중대한 장 (場)을 필사적
으로 되돌리려고 하는 시도에 지나지 않다, 라고 그래프는 생각한
다. 그러나 그가 비트겐슈타인에 호소해서, 언어와 픽션 속에 있는
관습이 사람들에게 공통의 의미를 만들어내는 것이라고 할 때, 그
자신 커모드와 같은 내용의 것을 논하고 있을 따름이다. 그의 논의
는 커모드의 그것보다도 한층 독단적이지만—커모드만큼 한정 조건
을 붙이는 일이 없지만—비슷한 방위 전술을 취하고 있는 꼴이다.

철저하게 회의론을 반대하는 강력한 논의를 비트겐슈타인은 항상
준비하고 있다. 즉 <모든 것을 의심하려고 하면 의심한다고 하는
것 이상으로는 나아갈 수 없을 것이다. 의심한다고 하는 게임 자체
가 확실성을 전제로 하고 있는 것이다> (Graff 1979, p. 195의 인용).
그러나 이것으로는 디컨스트럭션의 도전에 대해서 대답할 수는 거
의 없다. 수수한 상식적인 주장의 암반 위에 논의 전체를 또 다시
되던질 따름이다. 그래프가 취한 논의의 방향에는 막다른 골목이 있
을 뿐, 그는 디컨스트럭션이 제시한 문제점을 철저하게 끝까지 생각
하는 것이 아니라, 단지 무시하고 있을 따름인 것이다. 그는, 이러한
문제는 그 출처를 더터 가면, 즉 그것들이 역사적으로 어디에서 유
래하며 어째서 그토록 영향력을 미치게 되었는지를 설명하면, 객관
적 현실과의 관계에 관해서 사고를 거듭했던 칸트와, 그의 낭만파
후예들까지 더터 올라갈 수 있다고 한다. 그러나 이 난문은 남겨 놓

은 채, 실제로는 드 만 같은 비평가에 대해서 디컨스트럭션에 바탕을 둔 논의를 위한 풍부한 전사 (前史)를 마련해 주고 있는 것이다.

핀천, 바텔미 등 포스트모더니즘의 소설가들에 대한 그래프의 약간 구체적인 읽음에 관해서도 이야기는 마찬가지이다. 한편으로 그래프는 그들을 비난해서, 현대 사회가 안고 있는 절망적 상황, <무질서> (anomie), 패배적인 회의론을 (어쩌면) 시인해 버리고서, 그것들과 지적으로 싸울 의욕이 없다는 것이다. 다른 한편으로는, 대신해서 <적대적인> 읽음을 시사함으로 해서, 그들을 이 집단적인 절망 상태에서 떼어 놓으려 한다. 이를테면 바텔미의 이야기에 관해서 이렇게 말하고 있다. 그의 이야기는, <언어의 구조와 의식의 유아론 (唯我論) 속에 갇혀 있어서, 그것을 넘어설 수 없다는 점에 주의를 돌리게 한다. 다만 이 전략 그 자체가 하나의 진술을 이루고 있다는 것도 잊어서는 안 되는 것이지만> (Graff 1979, p. 236-7). 아무튼 어느 쪽이건 한쪽으로 하고 싶지, 양쪽은 곤란하다는 이야기다—텍스트의 의미가 모든 종류의 전략적인 <오>해석을 받아들이는 것이 아닌 한 (하기야 그래프는 그러한 것을 인정하고 싶지 않겠지만). 여기까지 오면, 그는 반-해체의 공격의 경우와 마찬가지로, 단련된 비판이 아니라 일종의 필사적인 도덕적 명령을 하고 있을 따름인 것처럼 보이게 된다. 그 명령은, 용감하게 말해져 있기는 하지만, 상식적 가정 이상의 것은 어디에도 논의되어 있지 않은 것이다.

최근의 판에 박은 디컨스트럭션 이론의 어느 것에 적용해 보면, 비트겐슈타인의 논의는 한결 강력한 것임을 안다. 지금의 미국의 잡지를 일별해 보면, 『글리프』 (Glyph)나 『다이어크리틱』 (Diacritic) 같은 새로운 간행물 뿐 아니라, 『PMLA』의 위엄있는 지면에까지, 디컨스트럭션이 뿌리를 내리고 있다는 것을 알 것이다. 생산 페이스의 속도로 미루어, 얼마 안 가면 모든 정통적 (正統的)인 시와 소설이, 디컨스트럭션의 <읽음>을 받게 되고, 신비평·마르크스주의, 그 밖의

서로 겨누는 어프로치들과 머지 않아 어깨를 나란히 하게 될 것이
다. 이와 같이 증식해가는 산출은—이유 없는 것은 아니지만—디컨
스트럭션이 단순한 교묘함과 학문적인 선진주의 (先陣主義)의 희생
이 되고 있다는 증후라고, 에이브람즈는 보고 있다.

　진실은 이렇다. 즉 디컨스트럭션의 이론은, 그것을 작용시키고 있
는 정신에 따라서 그 유용성과 계발성 (啓發性)이 결정될 뿐이라는
것이다. 최근의 적용례 몇 가지에는, 혹종의 판에 박은 듯한 교묘함
이 엿보인다. 특히 서사 분석의 분야에서 그러하다. 그러한 예는 대
개 패러독스를 포함하고 있는 <이중의 읽음>의 모습을 취하고 있으
며, 소설이 리얼리즘의 양식을 이용하고 있을 때에도, 실은 스스로의
인공성을 노정하고 있음을 드러내려 한다. 서사 고유의 논리 탓으로,
직선적으로 전개해 가는 사건들의 연쇄 속에서, 이미 <결과>와
<원인>이 깨끗한 관계를 지니는 일은 없게 된다. 오히려 논리의 반
전을 일으키는 것이, 즉 상식적인 이성을 거꾸로 하는 것이 픽션 형
식의 본질이요, 플로트와 구조가 요청하는 바인 것이다. 복잡한 플로
트를 설명하고 해명하는 어떠한 해결이나 (표면상은) 선행하는 사실
이 필요하기 때문에, <원인>이라는 것이 작용하게 되는 것이다. 그
러나 이런 의미에서의 원인은, 실은 결과에 지나지 않는다. 왜냐하면
그것은, 말하자면 스스로의 일관성을 추구하는 과정에서, 결과가 원
인으로 변형되는 수도 있기 때문이다 (Culler 1981, pp. 169-187. 「소
설 분석에서의 스토리와 담론」 참조).

　조지 엘리오트의 『다니엘 데론다』 (*Daniel Deronda*)는 좋아라고 사
용되는 예인데, 몇 가지 이유에서 그러한 취급을 유발한다. 첫째로,
이 소설은 「그웬돌렌 할레스」 (Gwendolen Harleth)의 각 장에 보이는
리얼리즘 양식과, 데론다의 유태인 피와 사명감을 둘러싼 수수께끼
가 지니는 환시적 (幻視的)인 색체를 효과적으로 대치시키고 있다는
점이다. 이 관점에서 보면, 이 작품은 19세기 리얼리즘의 이데올로

기와, F. R. 리비스 같은 현대의 보수적 비평가의 평가를 이어 주는 갖가지 상식적인 가정들을 <디컨스트럭션한다>고 말할 수 있을 것이다. 더구나 이 작품은, 디컨스트럭션이 폭로하려고 하는 원인과 결과에 관한 패러독스를 두드러지게 드러낸다. 이 소설에서 데론다는, 어떤 신비스런 의미가 선재 (先在)하고 있다는 것을 암시하고 있는 것처럼 보이는 삽화군 (群)이나 <우연한> 해후를 통해서, 스스로의 인종적 기원에 관한 진실을 발견한다. 그러나 부재 (不在)의 <원인> 그것이, 이야기 속에서는, 그것이 마지막에 해명해 주는 사건이나 복선으로 해서 생겨나게 되어 있는 것이다. 신티아 체이스는 이 소설 속에 나오는 한 통의 편지에 주목한다. 그것은 한스 메이리크가 데론다에게 보낸 편지인데, 그것이 방금 말한 패러독스를 깨끗이 강조하고 있는 것이다. <이 나라에서는> 하고 한스는 쓰고 있다.

> 현재의 원인이 일으키는 결과에 관해서 말하는 것 중에서 가장 사려깊은 의견은, <시간이 밝힐 것이다>라는 생각입니다. 과거의 결과에 대한 현재의 원인에 관해서 말하면, 늦게 배달된 엉터리 전보가, 지난해 일어난 가축의 유행병에 대한 설명이 되기도 합니다—이것이 잘못되어서 철학이라고 일컬어지고 있는 것을 반박하고, 농민에의 보상을 정당화해 버리는 것입니다 (Chase의 인용에 의함, 1978, p. 225).

이 구절은, 표면은 장남삼아서 하는 메이리크의 유머의 일례이지만, 분명히 스스로를 해체적 읽음에 내맡기고 있다. 결과가 원인의 <원인>이 되고, 원인은 결과의 <결과>로서 구성된다는 것은, 용케도 관습의 논리에 거역하는 니체 류의 패러독스인 것이다.

그러나 이러한 서사에 관한 생각들은, 인상적으로 정식화되어 있기는 하지만, 결국 그다지 눈부신 것은 아니다. 소설이 일정한 양식에 의해서 **구성되어** 있으며, 그런 의미에서는 우발적인 사건들의 <논리>에 다시 질서를 부여한다는 것은, 잠시만 반성해 보면, 모든 독자들에게 알 만한 일이다. 두 가지 서사의 <논리>가 본질적으로 서로 반목하고 있다는 것은 결코 명백한 일은 아니어서, 그것만으로 자립하고 있는 것처럼 보이는 문제의 대목이나 패러독스를 찾아낸다는 것은, 약간 힘이 드는 일일는지도 모른다. 구조주의의 이론은 <스토리> (story)와 <플로트> (plot)의 기본적 차이를 확실히 구별하고 있어서, 전자는 암시되는 (그리고 현실의 것이라고 상상할 수 있는) 사건들의 연쇄이며, 후자는 이야기 형식의 여러 요청들에 의해서 부과된 패턴을 말한다. 이 두 가지는 이질적인 읽음을 요구한다. 즉 전자는 불신을 자발적으로 (반드시 소박하다는 것은 아니지만) 정지하는 것에 바탕을 두고 있는 반면, 후자는 구조와 장치에 주목하는 것이다. 이 두 가지 읽음이 대립하거나 패러독스를 이루고 있다고 본다면, 이야기의 관습과 논리적 담론에 요구되는 엄밀함을 뒤바꿔서 잘못 생각하고 있는 셈이다. <이중의 읽음>이라고 하는 전술은, 그것이 발견하고자 하는 패러독스를 포함하고 있는 궁지를 자동적으로 생성하는 것이다. 구조주의는 <고전적인 리얼리즘의 텍스트>라는 망상을 공격해 마지 않았으나, 그와 마찬가지로, 그러한 전략들은 언어·텍스트·현실이라는 삼자 사이의 가능한 다양한 관계들을 무시하고 있다고도 말할 수 있는 것이다.

그러나 이것은 손쉬운 위장의 디컨스트럭션이어서, 데리다나 드만의 최고의 예가 지니는 박력, 순수한 논리의 힘에서는 멀리 떨어져 있다. 디컨스트럭션이 장래 비평 및 철학의 광범한 실천에 어떠한 영향을 끼쳐 주게 될 것인지, 당연한 이야기로 그 예측은 시기상조다. 디컨스트럭션이 개척한 것은 무시할 수 없다. 만약 이 새로운 엄밀한 텍스트 의식과 비교해서 자기의 힘을 평가하고 싶다고 한다

면, 비평은 당분간 할 일을 할당받게 된 셈이라고 드 만은 말하고
있다. 그러한 주장을 물리치는, 또는 그것에 솔직히 놀라는 사람도
있을 것이다. 그러나 대개 디컨스트럭션에 반대하고 있는 비평가라
할지라도, 그 충격을 마음에 깊이 새기고, 스스로의 주장을 세심한
주의를 곁들여서 논할 필요성을 통감하고 있다는 것은, 부정의 여지
가 없다. 이를테면 데니스 더나휴 (Denis Donoghue)는, 『지상의 망령』
(*The Sovereign Ghost*, 1976)에서 데리다에 의의를 제창했다. 더나휴는
예상대로, 시적 현전─혹은 <상상력>─이 지니는 구제력을 긍정하
고, 데리다에 의한 그러한 개념에의 결연한 공격을 반대한다. 마찬
가지로 머리 크리거는, 옛 신비평가의 후위적 (後衛的)인 변호자로
서, 적어도 시는, 비유가 지니는 밑빠진 텍스트성을 빠져나갈 생생
한 현전의 힘을 얼마간은 띠고 있다는 것을 근거로 해서, 데리다에
도전하고 있다 (Krieger 1979).

어느 것이든, 디컨스트럭션이 시동시킨 사고 활동과 위치 이동의
과정에 대해서, 하나의 장애를 설정한다는 의미에서는, 데리다에 대
한 <응답>은 되지 않는다. 그러기는커녕, 두 사람은, 데리다의 텍
스트가 지니는 문란력 (紊亂力, unsetting power)을 증언하는 결과가
되어 있다. <문학>과 <철학>의 영원한 항쟁에 대해서, 디컨스트
럭션은 논의의 신영역 (新領域)을 마련해 냈다. 분석에 대한 요구가
드 만과 같은 개념의 수사성을 묻는 인물에 의해서, 일찍이 없을 만
큼 강하게 추진되기에 이르렀다. 그리고 비평이 그러한 용기를 (지
적인 의미에서, 그리고 스타일에 관해서) 보여서, 스스로 훌륭한 사
고의 분야라고 주장하는 일은 일찍이 없었다. 이 주장을 무시하는
것은, 비평적 패션의 단명한 유행과는 다른 무엇인가에 대해서, 그
리고 그것을 넘어서는 무엇인가에 대해서 마음을 닫아 버리는 것이
된다.

참고 문헌

참 고 문 헌

Abrams, M. H. (1978) 'How To Do Things With Texts'. *Partisan Review*, XLIV, 566–88.

Austin, J. L. (1963) *How To Do Things With Words*. London: Oxford University Press.

Barthes, Roland (1967) *Elements of Semiology*. Trans. Annette Lavers and Colin Smith. London: Jonathan Cape.

Barthes, Roland (1975) *S/Z*. Trans. Richard Miller. London: Jonathan Cape.

Barthes, Roland (1977) *Roland Barthes by Roland Barthes*. Trans. Richard Howard. London: Macmillan.

Barthes, Roland (1979) *A Lover's Discourse*. Trans. Richard Howard. London: Jonathan Cape.

Baudrillard, Jean (1975) *The Mirror of Production*. Trans. Mark Poster. St Louis: Telos Press.

Baudrillard, Jean (1988) *Selected Writings*. Ed. Mark Poster. Cambridge: Polity Press.

Belsey, Catherine (1980) *Critical Practice*. London: Methuen.

Blackmur, R. P. (1967) *A Primer of Ignorance*. New York: Harcourt Brace.

Bloom, Harold (1959) *Shelley's Mythmaking*. New Haven, Conn.: Yale University Press.

Bloom, Harold (1973) *The Anxiety of Influence: A Theory of Poetry*. New York and London: Oxford University Press.

Bloom, Harold (1975) *Kabbalah and Criticism*. New York: Seabury Press.

Bloom, Harold (1976) *Poetry and Repression*. New Haven, Conn.: Yale University Press.

Bloom, Harold (1977) *Wallace Stevens: The Poems of Our Climate*. Ithaca, NY, and London: Cornell University Press.

Chase, Cynthia (1978) 'The Decomposition of the Elephants: Double-Reading *Daniel Deronda*'. *PMLA* XCIII, 215–27.

Cornford, F. M. (1932) *Before and After Socrates*. Cambridge: Cambridge University Press.

Culler, Jonathan (1972) 'Frontiers of Criticism' (review of Paul de Man's *Blindness and Insight*). *The Yale Review* (Winter 1972), 259–71.

Culler, Jonathan (1975) *Structuralist Poetics*. London: Routledge & Kegan Paul.

Culler, Jonathan (1981) *The Pursuit of Signs: Semiotics, Literature, Deconstruction*. London: Routledge & Kegan Paul.

de Man, Paul (1969) 'The Rhetoric of Temporality'. In Charles S. Singleton (ed.), *Interpretation: Theory and Practice*. Baltimore, Md: Johns Hopkins University Press.

de Man, Paul (1971) *Blindness and Insight: Essays in the Rhetoric of Contemporary Criticism*. London and New York: Oxford University Press.

de Man, Paul (1979) *Allegories of Reading: Figural Language in Rousseau, Nietzsche, Rilke, and Proust*. New Haven, Conn.: Yale University Press.

de Man, Paul (1986) *The Resistance to Theory*. Minneapolis, Minn.: University of Minnesota Press.

Derrida, Jacques (1972a) *La Dissémination*. Paris: Seuil.

Derrida, Jacques (1972b) *Marges de la philosophie*. Paris: Minuit.

Derrida, Jacques (1973) *Speech and Phenomena, and Other Essays on Husserl's Theory of Signs*. Trans. David B. Allison. Evanston Ill.: Northwestern University Press.

Derrida, Jacques (1974a) *Glas*. Paris: Galilée.

Derrida, Jacques (1974b) 'The White Mythology: Metaphor in the Text of Philosophy'. *New Literary History*, VI, 1, 7–74.

Derrida, Jacques (1977a) *Of Grammatology*. Trans. Gayatri Chakravorty Spivak. Baltimore, Md: Johns Hopkins University Press.

Derrida, Jacques (1977b) 'Signature Event Context'. *Glyph*, I, 172–97.

Derrida, Jacques (1977c) 'Limited Inc. abc'. *Glyph*, II, 162–254.

Derrida, Jacques (1978) *Writing and Difference*. Trans. Alan Bass. London: Routledge & Kegan Paul.

Derrida, Jacques (1979) *Spurs: Nietzsche's Styles*. Trans. Barbara Harlow. Chicago, Ill.: Chicago University Press.

Derrida, Jacques (1981) *Positions*. Trans. Alan Bass. London: Athlone Press.

Derrida, Jacques (1982) *Margins of Philosophy*. Trans. Alan Bass. Chicago, Ill.: University of Chicago Press.

Derrida, Jacques (1989) *Limited Inc.* 2nd edition. Ed. Gerald Graff, with Derrida's 'Afterword: Toward an Ethic of Discussion'. Evanston, Ill.: Northwestern University Press.

Donoghue, Denis (1976) *The Sovereign Ghost: Studies in Imagination*.

Berkeley, Calif.: University of California Press.

Eagleton, Terry (1976) *Criticism and Ideology*. London: New Left Books.

Ellis, John M. (1989) *Against Deconstruction*. Princeton, NJ: Princeton University Press.

Empson, William (1961) *Seven Types of Ambiguity*. 2nd edn. Harmondsworth: Penguin.

Felman, Shoshana (1983) *The Literary Speech-Act: Don Juan with J. L. Austin, or Seduction in Two Languages*. Trans. Catherine Porter. Ithaca, NY: Cornell University Press.

Fish, Stanley (1989) *Doing What Comes Naturally: Change, Rhetoric, and the Practice of Theory in Literary and Legal Studies*. New York and London: Oxford University Press.

Foucault, Michel (1977) *Language, Counter-Memory, Practice*. Trans. Donald F. Bouchard and Sherry Simon. Oxford: Blackwell.

Graff, Gerald (1979) *Literature Against Itself: Literary Ideas in Modern Society*. Chicago, Ill., and London: University of Chicago Press.

Habermas, Jürgen (1987) *The Philosophical Discourse of Modernity: Twelve Lectures*. Trans. Frederick Lawrence. Cambridge: Polity Press.

Hartman, Geoffrey (1970) *Beyond Formalism*. New Haven, Conn., and London: Yale University Press.

Hartman, Geoffrey (1975) *The Fate of Reading and Other Essays*. Chicago, Ill., and London: University of Chicago Press.

Hartman, Geoffrey (1978) 'The Recognition Scene of Criticism'. *Critical Inquiry*, IV, 407–16.

Hartman, Geoffrey et al. (1979) *Deconstruction and Criticism*. London: Routledge & Kegan Paul.

Hartman, Geoffrey (1980) *Criticism in the Wilderness*. New Haven, Conn., and London: Yale University Press.

Hawkes, Terence (1977) *Structuralism and Semiotics*. London: Methuen.

Husserl, Edmund (1964) *The Phenomenology of Internal Time-Consciousness*. Trans. James S. Churchill. Bloomington, Ind.: Indiana University Press.

Husserl, Edmund (1970) *The Crisis of the European Sciences and Transcendental Phenomenology*. Trans. David Carr. Evanston, Ill.: Northwestern University Press.

Jacobs, Carol (1978) *The Dissimulating Harmony: Images of Interpretation in Nietzsche, Rilke and Benjamin*. Baltimore, Md: Johns Hopkins University Press.

Jameson, Fredric (1971) *Marxism and Form*. Princeton, NJ: Princeton University Press.

Jameson, Fredric (1972) *The Prison-House of Language*. Princeton, NJ: Princeton University Press.

Krieger, Murray (1979) *Poetic Presence and Illusion*. Baltimore, Md, and London: Johns Hopkins University Press.

Leavis, F. R. (1937) 'Literary Criticism and Philosophy' (reply to René Wellek). *Scrutiny*, VI, 59–70.

Lentricchia, Frank (1980) *After the New Criticism*. London: Athlone Press.

Lévi-Strauss, Claude (1961) *Tristes Tropiques*. Trans. John Russell. London: Hutchinson.

Lévi-Strauss, Claude (1966) *The Savage Mind*. London: Weidenfeld & Nicolson.

Lodge, David (1977) *The Modes of Modern Writing: Metaphor, Metonymy, and the Typology of Modern Literature*. London: Edward Arnold.

Macherey, Pierre (1978) *A Theory of Literary Production*. Trans. Geoffrey Wall. London: Routledge & Kegan Paul.

Marx, Karl (1968) 'The Eighteenth Brumaire of Louis Bonaparte'. In *Marx and Engels: Selected Works*, 96–179. London: Lawrence & Wishart.

Mehlman, Jeffrey (1979) *Revolution and Repetition*. Berkeley & Los Angeles, Calif.: University of California Press.

Merleau-Ponty, Maurice (1962) *The Phenomenology of Perception*. London: Routledge & Kegan Paul.

Merleau-Ponty, Maurice (1964) *Signs*. Trans. McCleary. Evanston, Ill.: Northwestern University Press.

Miller, J. Hillis (1966) 'The Geneva School'. *The Critical Quarterly*, VII, 305–21.

Miller, J. Hillis (1970) *Thomas Hardy: Distance and Desire*. Cambridge, Mass.: Harvard University Press.

Miller, J. Hillis (1977) 'The Limits of Pluralism, II: The Critic as Host'. *Critical Inquiry*, III, 439–47.

Nietzsche, Friedrich (1954) *The Portable Nietzsche*. Trans. and ed. Walter Kaufmann. New York: Viking.

Nietzsche, Friedrich (1977) *A Nietzsche Reader*. Selected and trans. R. J. Hollingdale. Harmondsworth: Penguin.

Norris, Christopher (1988) *Paul de Man: Deconstruction and the Critique of Aesthetic Ideology*. New York and London: Routledge.

Norris, Christopher (1989a) 'Deconstruction, Postmodernism and Philosophy: Habermas on Derrida'. *Praxis International*, VIII: 4 (January), 426–46.

Norris, Christopher (1989b) 'Deconstruction as *Not* just a "Kind of Writing": Derrida and the Claim of Reason'. In R. W. Dasenbrock (ed.) *Re-Drawing the Lines: Analytic Philosophy, Deconstruction, and Literary Theory*. Minneapolis, Minn.: University of Minnesota Press, 189–203.

Ong, Walter J. (1962) *The Barbarian Within*. New York: Macmillan.

Plato (1960) *The Gorgias*. Intro. and trans. Walter Hamilton. Harmondsworth: Penguin.

Plato (1973) *The Phaedrus and Letters VII and VIII*. Intro. and trans. Walter Hamilton. Harmondsworth: Penguin.

Pirsig, Robert M. (1974) *Zen and the Art of Motorcycle Maintenance*. London: The Bodley Head.

Richards, I. A. (1924) *Principles of Literary Criticism*. London: Paul Trench Trubner.

Richards, I. A. (1936) *The Philosophy of Rhetoric*. London and New York: Oxford University Press.

Rorty, Richard (1978) 'Philosophy as a Kind of Writing'. *New Literary History*, X, 141–60.

Rorty, Richard (1989a) *Contingency, Irony, and Solidarity*. Cambridge: Cambridge University Press.

Rorty, Richard (1989b) 'Two Meanings of "Logocentrism": a Reply to Norris'. In R. W. Dasenbrock (ed.) *Re-Drawing the Lines: Analytic Philosophy, Deconstruction, and Literary Theory*. Minneapolis, Minn.: University of Minnesota Press, 204–16.

Russell, Bertrand (1954) *A History of Western Philosophy*. London: Allen & Unwin.

Said, Edward (1978) *Orientalism*. New York: Pantheon.

Said, Edward (1979) 'The Text, the World, the Critic'. In Josué V. Harari (ed.), *Textual Strategies: Perspectives in Post-Structuralist Criticism*, 161–88. London: Methuen.

Saussure, Ferdinand de (1974) *Course in General Linguistics*. Trans. Wade Baskin. London: Fontana.

Searle, John R. (1972) *Speech Acts: An Essay in the Philosophy of Language*. Cambridge: Cambridge University Press.

Searle, John R. (1977) 'Reiterating the Differences' (reply to Derrida). *Glyph*, I, 198–208.

Sloterdijk, Peter (1988) *Critique of Cynical Reason*. Trans. Michael Eldred. London: Verso and Minneapolis, Minn.: University of Minnesota Press.

Staten, Henry (1984) *Wittgenstein and Derrida*. Lincoln, Neb. and London: University of Nebraska Press.

Tate, Allen (1953) *The Forlorn Demon*. Chicago, Ill.: Regnery.

Thody, Philip (1977) *Roland Barthes: A Conservative Estimate*. London: Macmillan.

Wimsatt, William K. (1954) *The Verbal Icon: Studies in the Meaning of Poetry*. Lexington, Ky: University of Kentucky Press.

Wimsatt, William K. (1970) 'Battering the Object: The Ontological Approach'. In Bradbury and Palmer (eds), *Contemporary Criticism*. London: Edward Arnold.

Wittgenstein, Ludwig (1953) *Philosophical Investigations*. Trans. G. E. M. Anscombe. Oxford: Blackwell.

추 가 문 헌

Altizer, Thomas J. *et al. Deconstruction and Theology*. New York: Crossroads, 1982.

Arac, Jonathan *et al. The Yale Critics: Deconstruction in America*. Minneapolis: University of Minnesota Press, 1983.

Atkins, G. Douglas. *Quests of Difference: Reading Pope's Poems*. Lexington, Kentucky: University Press of Kentucky, 1986.

Atkins, G. Douglas. *Reading Deconstruction/Deconstructive Reading*. Lexington: University of Kentucky Press, 1984.

Atkins, G. Douglas and Johnson, Michael L. (eds). *Writing and Reading Differently: Deconstruction and the Teaching of Composition and Literature*. Lawrence, Kansas: University Press of Kansas, 1985.

Bennington, Geoff. 'Reading Allegory' (on de Man's *Allegories of Reading*). *The Oxford Literary Review*, IV (1981), 83–93.

Bloom, Harold. *Agon: Towards a Theory of Revisionism*. London and New York: Oxford University Press, 1982.

Bloom, Harold. *The Breaking of the Vessels*. Chicago, Ill., and London: University of Chicago Press, 1982.

Bruss, Elizabeth. *Beautiful Theories: The Spectacle of Discourse in Contemporary Criticism*. Baltimore; Md: Johns Hopkins University Press, 1982.

Butler, Christopher. *Interpretation, Deconstruction and Ideology*. London: Oxford University Press, 1984.

Carroll, David. *The Subject in Question: The Languages of Theory and the Strategies of Fiction*. Chicago, Ill.: University of Chicago Press, 1982.

Cascardi, A. J. 'Skepticism and Deconstruction'. *Philosophy and Literature*, VIII (1984), 1–14.

Chase, Cynthia. 'Getting Versed: Reading Hegel with Baudelaire'. *Studies in Romanticism*, XXII (1983), 241–66.

Corngold, Stanley. *The Fate of the Self: German Writers and French Theory*. New York: Columbia University Press, 1986.

Culler, Jonathan. 'Convention and Meaning: Derrida and Austin'. *New Literary History*, XIII (1981), 15–30.

Culler, Jonathan. *On Deconstruction: Theory and Criticism after Structuralism*. London: Routledge & Kegan Paul, 1983.

Deleuze, Gilles. *Nietzsche and Philosophy* (trans. Hugh Tomlinson). London: Athlone Press, 1983.

de Man, Paul. 'Pascal's Allegory of Persuasion'. In Stephen Greenblatt (ed.), *Allegory and Representation*. Baltimore, Md: Johns Hopkins University Press, 1981, 1–25.

de Man, Paul. 'The Resistance to Theory'. *Yale French Studies*, 63 (1982), 3–20.

de Man, Paul. 'Hypogram and Inscription: Michael Riffaterre's Poetics'. *Diacritics*, XI (1981), 17–35.

de Man, Paul. Introduction to Hans Robert Jauss, *Toward an Aesthetics of Reception* (trans. Timothy Bahti). Minneapolis: University of Minnesota Press, 1982, vii–xxv.

de Man, Paul. 'Sign and Symbol in Hegel's *Aesthetics*'. *Critical Inquiry*, VIII (1982), 761–75.

de Man, Paul. 'Dialogue and Dialogism'. *Poetics Today*, IV (1983), 99–107.

de Man, Paul. 'Hegel on the Sublime'. In Mark Krupnick (ed.), *Displacement: Derrida and After*. Bloomington, Ind.: Indiana University Press, 1983, 139–53.

de Man, Paul. 'Phenomenality and Materiality in Kant'. In Gary Shapiro and Alan Sica (eds), *Hermeneutics: Questions and Prospects*. Amherst, Ma.: University of Massachusetts Press, 1984, 121–44.

de Man, Paul. *The Rhetoric of Romanticism*. New York: Columbia University Press, 1984.

de Man, Paul. *Blindness and Insight: Essays in the Rhetoric of Contemporary Criticism* (2nd edn, expanded and revised). London: Methuen, 1983.

Derrida, Jacques. 'The Law of Genre'. *Glyph*, VII (1980), 202–29.

Derrida, Jacques. 'Economimesis'. *Diacritics*, XI (1981), 3–25.

Derrida, Jacques. *Dissemination* (trans. Barbara Johnson). London: Athlone Press, 1981.

Derrida, Jacques. 'Title (to be specified)'. *Substance*, 31 (1981), 5–22.

Derrida, Jacques. 'Les Morts de Roland Barthes'. *Poetique*, 47 (1981), 269–92.

Derrida, Jacques. *Margins of Philosophy* (trans. Alan Bass). Chicago, Ill.: University of Chicago Press, 1982.

Derrida, Jacques. Interview with Christie V. MacDonald in *Diacritics*, XII (1982), 66–76.

Derrida, Jacques. *L'Oreille de l'autre: otobiographies, transferts, traductions: textes et débats avec Jacques Derrida* (ed. Claude Lévesque and Christie V. MacDonald). Paris: VLB, 1982.

Derrida, Jacques. 'The Time of a Thesis'. In Alan Montefiore (ed.), *Philosophy in France Today*. Cambridge: Cambridge University Press, 1982.

Derrida, Jacques. 'Mes Chances: Au Rendez-Vous de Quelques Stéréophonies Épicuriennes'. *Tijdschrift Voor Filosofie*, XLV (1983), 3–40.

Derrida, Jacques. 'Devant La Loi'. In A. Phillips Griffiths (ed.), *Philosophy and Literature*. Cambridge: Cambridge University Press, 1984.

Derrida, Jacques. *Signéponge/Signsponge* (trans. Richard Rand). New York: Columbia University Press, 1984.

Derrida, Jacques. 'Of an Apocalyptic Tone Recently Adopted in Philosophy' (trans. John P. Leavey). *The Oxford Literary Review*, VI (1984), 3–37.

Derrida, Jacques. 'An Idea of Flaubert: "Plato's Letter"' (trans. Peter Starr). *Modern Language Notes*, XCIX (1984), 748–68.

Derrida, Jacques. *Feu La Cendre* (French text with Italian translation by Stefano Agosti). Firenze: Sansoni, 1984.

Derrida, Jacques. 'No Apocalypse, Not Now (Seven Missiles, Seven Missives)' (trans. Catherine Porter and Philip Lewis). *Diacritics*, XIV (1984), 20–31.

Detweiler, Robert (ed.). *Derrida and Biblical Studies*. Chico, Cal.: Scholar's Press, 1982.

Eagleton, Terry. *Literary Theory: An Introduction*. Oxford: Blackwell, 1983.

Evans, Malcolm. *Signifying Nothing: Truth's True Contents in Shakespeare's Text*. Brighton: Harvester Press, 1986.

Fekete, John. *The Structural Allegory: Reconstructive Encounters with the New French Thought*. Manchester: Manchester University Press, 1984.

Felman, Shoshana (ed.). *Literature and Psychoanalysis: The Question of Reading: Otherwise*. Baltimore, Md: Johns Hopkins University Press, 1982.

Felman, Shoshana. *The Literary Speech-Act: Don Juan with J. L. Austin, or Seduction in Two Languages* (trans. Catherine Porter). Ithaca, NY: Cornell University Press, 1983.

Felperin, Howard. *Beyond Deconstruction: The Uses and Abuses of Literary Theory*. Oxford: Clarendon Press, 1985.

Fischer, Michael. *Does Deconstruction Make Any Difference? Post-structuralism and the Defence of Poetry in Modern Criticism*. Bloomington, Ind.: Indiana University Press, 1985.

Fish, Stanley E. 'With the Compliments of the Author: Reflections on Austin and Derrida'. *Critical Inquiry*, VIII (1982), 693–72.

Flores, Ralph. *The Rhetoric of Doubtful Authority: Deconstructive Readings of Self-Questioning Narratives: St Augustine to Faulkner*. Ithaca, NY: Cornell University Press, 1984.

Flynn, Bernard C. 'Textuality and the Flesh: Derrida and Merleau-Ponty'. *Journal of the British Society for Phenomenology*, XV (1984), 164–79.

Gasché, Rodolphe. *The Tain of the Mirror* (on Derrida's philosophical background: demanding but immensely valuable). Cambridge, Mass.: Harvard University Press, 1986.

Gearhart, Suzanne. 'Philosophy *Before* Literature: Deconstruction, Historicity and the Work of Paul de Man'. *Diacritics*, XIII (winter 1983), 63–81.

Gloversmith, Frank (ed.). *The Theory of Reading*. Brighton: Harvester Press, 1984.

Goodheart, Eugene. *The Skeptic Disposition in Contemporary Criticism*. Princeton, NJ: Princeton University Press, 1985.

Graham, Joseph F. (ed.). *Difference in Translation*. Ithaca, NY: Cornell University Press, 1985.

Halliburton, David. *Poetic Thinking: An Approach to Heidegger*. Chicago, Ill.: University of Chicago Press, 1982.

Handelman, Susan. *The Slayers of Moses: The Emergence of Rabbinic Interpretation in Modern Literary Theory*. Albany, NY: State University of New York Press, 1982.

Hartman, Geoffrey. 'How Creative Should Literary Criticism Be?'. *New York Times Book Review*, 5 April 1981, 11, 24–5.

Hartman, Geoffrey. '"Timely Utterance" Once More'. *Genre*, XVII (1984), 37–49.

Hartman, Geoffrey. *Easy Pieces* (recent essays and review-articles). New York: Columbia University Press, 1985.

Hartman, Geoffrey and Budick, Sanford (eds). *Midrash and Literature*. New Haven, Conn.: Yale University Press, 1986.

Harvey, Irene. *Derrida and the Economy of Différance*. Bloomington, Ind.: Indiana University Press, 1986.

Hertz, Neil. *The End of the Line: Essays on Psychoanalysis and the Sublime*. New York: Columbia University Press, 1985.

Hobson, Marian. 'Scroll-Work' (on Derrida's *La Verité en Peinture*). *Oxford Literary Review*, IV (1981), 94–102.
Hughes, Daniel. 'Geoffrey Hartman, Geoffrey Hartman'. *Modern Language Notes*, XCVI (1981), 1134–48.
Johnson, Barbara. *The Critical Difference: Essays in the Contemporary Rhetoric of Reading*. Baltimore, Md: Johns Hopkins University Press, 1981.
Johnson, Barbara (ed.). *The Pedagogical Imperative (Yale French Studies*, 63). New Haven, Conn.: Yale University Press, 1981.
Kermode, Frank. *Essays on Fiction, 1971–82*. London: Routledge & Kegan Paul, 1983.
Kofman, Sarah. *Lectures de Derrida*. Paris: Galilée, 1984.
Krupnick, Mark (ed.). *Displacement: Derrida and After*. Bloomington, Ind.: Indiana University Press, 1983.
Lacoue-Labarthe, Philippe and Nancy, Jean-Luc (eds). *Les Fins de l'homme*. Paris: Galilée, 1981.
Leavey, John P. 'Jacques Derrida's *Glas*: A Translated Selection and Some Comments on an Absent Colossus'. *Clio*, XI (1982), 327–37.
Lecercle, Jean-Jacques. *Philosophy through the Looking-Glass: Language, Nonsense, Desire*. London: Hutchinson, 1985.
Leitch, Vincent. *Deconstructive Criticism: An Advanced Introduction*. New York: Columbia University Press, 1983.
Lentricchia, Frank. *Criticism and Social Change*. Chicago, Ill.: University of Chicago Press, 1983.
Llewelyn, John. *Derrida on the Threshold of Sense* (offers some acute philosophical commentary). London: Macmillan, 1985.
MacCannell, Juliet Flower. 'Portrait: de Man'. *Genre*, XVII (1984), 51–74.
Machin, Richard. *Paul de Man*. London: Croom Helm, forthcoming 1986.
Machin, Richard and Norris, Christopher (eds). *Post-Structuralist Readings of English Poetry*. Cambridge: Cambridge University Press, forthcoming.
Magliola, Robert. *Derrida on the Mend*. West Lafayette, Ind.: Purdue University Press, 1984.
Megill, Alan. *Prophets of Extremity: Nietzsche, Heidegger, Foucault, Derrida*. Berkeley and Los Angeles: University of California Press, 1985.
Melville, Stephen. *Philosophy Beside Itself: On Deconstruction and Modernism*. Minneapolis: University of Minnesota Press, 1986.
Merrell, Floyd. *Deconstruction Reframed*. West Lafayette, Ind.: Purdue University Press, 1985.
Michaels, Walter Benn and Knapp, Steven. 'Against Theory'. *Critical Inquiry*, VIII (1982), 723–42.
Miller, J. Hillis. 'Remembering and Disremembering in Nietzsche's "On Truths and Lies in a Non-Moral Sense"'. *Boundary 2*, IX (1981), 41–54.
Miller, J. Hillis. *Fiction and Repetition: Seven English Novels*. Oxford: Blackwell, 1982.
Miller, J. Hillis. 'The Search for Grounds in Literary Study'. *Genre*, XVII (1984), 19–36.
Miller, J. Hillis. *The Linguistic Moment: Wordsworth to Stevens*. Princeton, NJ: Princeton University Press, 1985.
Miller, J. Hillis. *The Ethics of Reading*. New York: Columbia University Press, 1986.

Middleton, Peter. 'The Revolutionary Poetics of William Blake: Silence, Syntax and Spectres'. *Oxford Literary Review*, VI (1983), 35–51.

Mitchell, Sollace. 'Post-Structuralism, Empiricism and Interpretation'. In Sollace Mitchell and Michael Rosen (eds). *The Need for Interpretation*. London: Athlone Press, 1983, 54–89.

Moi, Toril. *Sexual/Textual Politics: Feminist Literary Theory*. London: Methuen, 1985.

Norris, Christopher. *The Deconstructive Turn: Essays in the Rhetoric of Philosophy*. London: Methuen, 1983.

Norris, Christopher. *The Contest of Faculties: Deconstruction, Philosophy and Theory*. London: Methuen, 1985.

Norris, Christopher. *Jacques Derrida*. London: Fontana, 1987.

O'Hara, Daniel T. (ed.). *Why Nietzsche Now?* Bloomington, Ind.: Indiana University Press, 1985.

Parker, Andrew. 'Taking Sides (on History): Derrida re-Marx'. *Diacritics*, XI (1981), 57–73 (review of Lentricchia, *After the New Criticism*).

Pêcheux, Michel. *Language, Semantics and Ideology*. London: Macmillan, 1982.

Rapaport, Herman. 'Geoffrey Hartman and the Spell of Sounds'. *Genre*, XVII (1984), 159–77.

Raval, Suresh. *Metacriticism*. Athens, Georgia: University of Georgia Press, 1981.

Ray, William. *Literary Meaning: From Phenomenology to Deconstruction*. Oxford: Blackwell, 1984.

Reed, Arden (ed.). *Romanticism and Language*. London: Methuen, 1984.

Rorty, Richard. *Consequences of Pragmatism*. Minneapolis: University of Minnesota Press, 1982.

Rorty, Richard. 'Deconstruction and Circumvention'. *Critical Inquiry*, XI (1984), 1–23.

Rose, Gillian. *Dialectic of Nihilism: Post-Structuralism and Law*. Oxford: Blackwell, 1984.

Ryan, Michael. *Marxism and Deconstruction: A Critical Articulation*. Baltimore, Md: Johns Hopkins University Press, 1982.

Said, Edward. *The World, the Text and the Critic*. London: Faber & Faber, 1984.

Schleifer, Ronald. 'The Anxiety of Allegory: de Man, Greimas, and the Problem of Referentiality'. *Genre*, XVII (1984), 215–37.

Scholes, Robert. *Textual Power: Literary Theory and the Teaching of English*. New Haven, Conn.: Yale University Press, 1985.

Selden, Raman. *Criticism and Objectivity*. London: Allen & Unwin, 1984.

Selden, Raman. *A Guide to Modern Literary Theory*. Brighton: Harvester Press, 1985.

Seung, T. K. *Structuralism and Hermeneutics*. New York: Columbia University Press, 1982.

Silverman, Hugh J. and Ihde, Don (eds). *Hermeneutics and Deconstruction*. Albany: State University of New York Press, 1985.

Smith, Joseph H. and Kerrigan, William (eds). *Taking Chances: Derrida, Psychoanalysis and Literature*. Baltimore: Johns Hopkins University Press, 1984.

Spanos, William V. *et al* (eds). *The Question of Textuality: Strategies of Reading in Contemporary Criticism*. Bloomington, Ind.: Indiana University Press, 1982.

Spivak, Gayatri Chakravorty. 'Revolutions that as yet have no Model: Derrida's *Limited Inc.*'. *Diacritics*, X (1980), 29–49.

Spivak, Gayatri Chakravorty. 'Reading the World: Literary Studies in the 1980s'. *College English*, LXIII (1981), 671–9.

Spivak, Gayatri Chakravorty. 'Sex and History in *The Prelude* (1805): Books Nine to Thirteen'. *Texas Studies in Language and Literature*, XXIII (1981), 324–60.

Staten, Henry. *Wittgenstein and Derrida*. Lincoln, Neb. and London: University of Nebraska Press, 1984.

Sussman, Henry. *The Hegelian Aftermath: Readings in Hegel, Kierkegaard, Freud, Proust, and James*. Baltimore, Md: Johns Hopkins University Press, 1982.

Taylor, Mark C. *Erring: A Postmodern A/theology*. Chicago, Ill.: University of Chicago Press, 1984.

Todorov, Tzvetan (ed.). *French Literary Theory Today: A Reader* (trans. R. Carter). Cambridge: Cambridge University Press, 1982.

Tomlinson, Hugh. 'Derrida's Différance (sic)'. *Radical Philosophy*, 25 (1980), 30–3.

Ulmer, Gregory L. *Applied Grammatology: Post(e) Pedagogy from Jacques Derrida to Joseph Beuys*. Baltimore, Md: Johns Hopkins University Press, 1984.

Valdés, Mario J. and Miller, Owen (eds). *The Identity of the Literary Text*. Toronto: University of Toronto Press, 1985.

Weber, Samuel. *The Legend of Freud*. Minneapolis: University of Minnesota Press, 1982.

Wordsworth, Ann. 'Household Words: Alterity, the Unconscious and the Text'. *Oxford Literary Review*, V (1982), 80–95.

Wright, Edmond. 'Derrida, Searle, Contexts, Games, Riddles'. *New Literary History*, XIII (1982), 463–77.

Wright, Elizabeth. *Psychoanalytic Criticism: Theory in Practice*. London: Methuen, 1984.

Wyschogrod, Edith. 'Time and Non-Being in Derrida and Quine'. *Journal of the British Society for Phenomenology*, XIV (1983), 112–26.

Young, Robert (ed.). *Untying the Text: A Post-Structuralist Reader*. London: Routledge & Kegan Paul, 1981.

Young, Robert. 'Post-Structuralism: The End of Theory'. *Oxford Literary Review*, V (1982), 3–20.

보 충 문 헌

다음은 지난 4년 동안 (1986재판 이후) 발표된 단행본과 논문들을 선별한 것이다. 이 자료는 세 가지 주요 카테고리로 나눠진다. (1) <디컨스트럭션>을 논의의 주요 초점이나 화제로 삼은 것, (2) 비평이나 철학의 작업이 널리 해체적으로 접근되어 있는 것, (3) 다양한 관련 분야, 즉 포스트 구조주의·해석학·수사학·언어 철학 등의 여러 문저들의 이해를 확대할 것을 원하는 독자들을 위한 관련 자료. 프랑스 어로 된 저작들은 영역이 있는 것은 그것을 인용한다. 나는 특히 Albert Leventure 에게 감사한다. *Textual Practice* (1991)에 발표될, 놀랍게 상세한 데리다 문헌의 복사물을 발표 전에 나에게 제공해 주었기 때문이다. 수많은 암시며 도움이 되는 시사들을 해 준 Simon Critchley, Kathy Kerr, Nigel Mapp 그리고 Peter Sedgwick에게도 감사한다.

Adams, Hazard and Searle, Leroy (eds). *Critical Theory Since 1965*. Tallahassee, Fla.: Florida State University Press, 1986.

Agacinski, Sylviane. *Aparté: Conceptions and Deaths of Soren Kierkegaard* (trans. Kevin Newmark). Tallahassee, Fla.: Florida State University Press, 1988.

Allison, David (ed.). *The New Nietzsche*. Cambridge, Mass.: MIT Press, 1985.

Appignanesi, Lisa (ed.). *Ideas From France: The Legacy of French Theory*. London: ICA Publications, Documents 3, 1985.

Arac, Jonathan. *Critical Genealogies: Historical Situations for Postmodern Literary Studies*. New York: Columbia University Press, 1987.

Arac, Jonathan (ed.). *Postmodernism and Politics*. Minneapolis, Minn.: University of Minnesota Press, 1986.

Arac, Jonathan and Johnson, Barbara (eds). *Consequences of Theory*. Baltimore, Md and London: Johns Hopkins University Press, 1990.

Atkins, G. Douglas. *Geoffrey Hartman: Criticism as Answerable Style*. London: Routledge, 1990.

Atkins, G. Douglas and Morrow, Laura (eds). *Contemporary Literary Theory*. London: Macmillan, 1989.

Attridge, Derek. *Peculiar Language: Literature as Difference from the Renaissance to James Joyce*. Ithaca, NY: Cornell University Press, 1988.

Attridge, Derek, Bennington, Geoff, and Young, Robert (eds). *Post-Structuralism and the Question of History*. Cambridge: Cambridge University Press, 1987.

Baudrillard, Jean. *Selected Writings* (ed. Mark Poster). Cambridge: Polity Press, 1988.

Bauman, Zygmunt. *Legislators and Interpreters: On Modernity, Postmodernity, and Intellectuals*. Cambridge: Polity Press, 1987.

Beiser, Frederick C. *The Fate of Reason: German Philosophy from Kant to Fichte*. Cambridge, Mass.: Harvard University Press, 1987.

Belsey, Catherine and Moore, Jane (eds). *The Feminist Reader*. London: Macmillan, 1989.

Benjamin, Andrew. *Translation and the Nature of Philosophy: A New Theory of Words*. London: Routledge, 1989.

Benjamin, Andrew (ed.). *Post-Structuralist Classics*. London: Routledge, 1989.

Berman, Art. *From the New Criticism to Deconstruction: The Reception of Structuralism and Post-Structuralism*. Urbana–Champaign, Ill.: University of Illinois Press, 1988.

Bloom, Harold. *Ruin the Sacred Truths: Poetry and Belief from the Bible to the Present*. Cambridge, Mass.: Harvard University Press, 1989.

Bloom, Harold (ed.). *Modern Critical Views: Sigmund Freud*. New York: Chelsea House, 1985.

Bové, Paul A. *Intellectuals In Power: A Genealogy of Critical Humanism*. New York: Columbia University Press, 1986.

Bowie, Malcolm. *Freud, Proust, and Lacan: Theory as Fiction*. Cambridge: Cambridge University Press, 1988.

Boyne, Roy. *Foucault and Derrida: The Other Side of Reason*. London: Unwin Hyman, 1990.

Brodsky, Claudia J. *The Imposition of Form: Studies in Narrative Representation and Knowledge*. Princeton, NJ: Princeton University Press, 1987.

Brunette, Peter and Wills, David. *Screen/Play: Derrida and Film Theory*. Princeton, NJ: Princeton University Press, 1990.

Bruns, Gerald L. *Heidegger's Estrangements: Language, Truth and Poetry in the Later Writings*. New Haven, Conn.: Yale University Press, 1989.

Budick, Sanford and Iser, Wolfgang (eds). *Languages of the Unsayable: The Play of Negativity in Literature and Literary Theory*. New York: Columbia University Press, 1990.

Cain, William. *The Crisis in Criticism: Theory, Literature and Reform in English Studies*. Baltimore, Md and London: Johns Hopkins University Press, 1985.

Callinicos, Alex. *Against Post-Modernism: A Marxist Critique*. Cambridge: Polity Press, 1990.

Cameron, Deborah (ed.). *The Feminist Critique of Language: A Reader*. London: Routledge, 1990.

Campbell, Colin. 'The Tyranny of the Yale Critics'. *The New York Times Magazine*, 9 February 1986, 20–8 and 43–8.

Cantor, Norman F. *Twentieth-Century Culture: Modernism to Deconstruction*. New York: Peter Lang, 1988.

Caputo, John D. *Radical Hermeneutics: Repetition, Deconstruction and the Hermeneutic Project*. Bloomington, Ind.: Indiana University Press, 1987.

Carroll, David. *Paraesthetics: Foucault, Lyotard, Derrida.* London: Methuen, 1987.

Carroll, David (ed.). *The States of 'Theory': History, Art and Critical Discourse.* New York: Columbia University Press, 1990.

Caruth, Cathy. *Empirical Truths and Critical Fictions: Locke, Wordsworth, Kant, Freud.* Baltimore, Md and London: Johns Hopkins University Press, 1990.

Cascardi, Anthony J. *Literature and the Question of Philosophy.* Baltimore, Md and London: Johns Hopkins University Press, 1987.

Cavell, Stanley. 'The Division of Talent'. *Critical Inquiry,* XI (1985), 519–38.

Chase, Cynthia. *Decomposing Figures: Rhetorical Readings in the Romantic Tradition.* Baltimore, Md and London: Johns Hopkins University Press, 1986.

Cohen, Ralph (ed.). *The Future of Literary Theory.* London: Routledge, 1989.

Collier, Peter and Geyer-Ryan, Helga (eds). *Literary Theory Today.* Cambridge: Polity Press, 1990.

Corlett, William. *Community Without Unity: A Politics of Derridian Extravagance.* Durham, NC and London: Duke University Press, 1989.

Corngold, Stanley. *The Fate of the Self: German Writers and French Theory.* New York: Columbia University Press, 1986.

Coward, Harold. *Derrida and Indian Philosophy.* Albany, NY: State University of New York Press, 1990.

Critchley, Simon. 'A Commentary upon Derrida's Reading of Hegel in *Glas*'. *Bulletin of the Hegel Society of Great Britain,* No. 18 (Autumn/Winter 1988), 6–32.

Culler, Jonathan. *Framing the Sign: Criticism and its Institutions.* Oxford: Basil Blackwell, 1989.

Culler, Jonathan (ed.). *On Puns: The Foundation of Letters.* Oxford: Basil Blackwell, 1988.

Cunningham, Valentine. *In the Reading Gaol.* Oxford: Basil Blackwell, 1990.

Dasenbrock, Reed Way (ed.). *Re-Drawing the Lines: Analytic Philosophy, Deconstruction and Literary Theory.* Minneapolis, Minn.: University of Minnesota Press, 1989.

Davis, R. C. (ed.). *Contemporary Literary Theory: Modernism through Post-Modernism.* London: Longman, 1986.

Davis, R. C. and Schleifer, R. (eds). *Rhetoric and Form: Deconstruction at Yale.* Norman, Okl.: University of Oklahoma Press, 1985.

de Bolla, Peter. *Harold Bloom: Towards Historical Rhetorics.* London: Routledge, 1988.

de Bolla, Peter. *The Discourse of the Sublime: History, Aesthetics and the Subject.* Oxford: Basil Blackwell, 1989.

de Man, Paul. *The Resistance to Theory.* Minneapolis, Minn.: University of Minnesota Press, 1986.

de Man, Paul. *Critical Writings, 1953–1978* (ed. Lindsay Waters). Minneapolis, Minn.: University of Minnesota Press, 1989.

de Man, Paul. *Wartime Journalism* (ed. Werner Hamacher, Neil Hertz and Thomas Keenan). Lincoln, Nebr.: University of Nebraska Press, 1989.

Derrida, Jacques. *La Faculté de juger.* Paris: Minuit, 1985.

Derrida, Jacques. *The Ear of the Other: Otobiography, Transference, Translation* (trans. Peggy Kamuf and Avital Ronell). New York: Schocken Books, 1985.

Derrida, Jacques. 'Deconstruction in America' (interview with J. Creech, P. Kamuf and J. Todd). *Critical Exchange*, No. 17 (Winter 1985), 1–32.

Derrida, Jacques. 'Racism's Last Word' (trans. Peggy Kamuf). *Critical Inquiry*, XII (1985), 290–9. See also 'But, beyond . . . (Open Letter to Anne McClintock and Rob Nixon)'. *Critical Inquiry*, XIII (1986), 155–70.

Derrida, Jacques. *Memoires: For Paul de Man* (trans. Cecile Lindsay, Jonathan Culler and Eduardo Cadava). New York: Columbia University Press, 1986.

Derrida, Jacques. *Parages*. Paris: Galilée, 1986.

Derrida, Jacques. *Schibboleth, pour Paul Celan*. Paris: Galilée, 1986. Translation: 'Shibboleth' (trans. Joshua Wilner). In Geoffrey Hartman and Sanford Budick (eds). *Midrash And Literature*. New Haven, Conn.: Yale University Press, 1986, 307–47.

Derrida, Jacques. *Glas* (trans. John P. Leavey and Richard Rand). Lincoln, Nebr.: University of Nebraska Press, 1986.

Derrida, Jacques. 'The Age of Hegel' (trans. Susan Winnett). *Glyph*, I (new series, 1986), 3–43.

Derrida, Jacques. 'Admiration de Nelson Mandela: où les lois de la réflexion'. In Derrida and Mustapha Tlili (eds). *Pour Nelson Mandela*. Paris: Gallimard, 1986. Translation: 'The Laws of Reflection: Nelson Mandela, in Admiration' (trans. Mary Ann Caws and Isabelle Lorenz). In *For Nelson Mandela*. New York: Seaver Books, 1987, 13–42.

Derrida, Jacques. *Psyché: inventions de l'autre*. Paris: Galilée, 1987.

Derrida, Jacques. *Ulysse gramophone: deux mots pour Joyce*. Paris: Galilée, 1987. Translation: 'Two Words for Joyce' (trans. Geoff Bennington). In Derek Attridge and Daniel Ferrer (eds). *Post-Structuralist Joyce: Essays from the French*. Cambridge: Cambridge University Press, 1984, 145–58.

Derrida, Jacques. *The Post-Card: From Socrates to Freud* (trans. Alan Bass). Chicago, Ill.: University of Chicago Press, 1987.

Derrida, Jacques. *The Truth in Painting* (trans. Geoff Bennington and Ian McLeod). Chicago, Ill.: University of Chicago Press, 1987.

Derrida, Jacques. 'Women in the Beehive: A Seminar'. In Alice Jardine and Paul Smith (eds). *Men In Feminism*. London: Methuen, 1987, 189–203.

Derrida, Jacques. *Limited Inc* (2nd edition, ed. Gerald Graff, with Derrida's 'Afterword: Toward an Ethic of Discussion'). Evanston, Ill.: Northwestern University Press, 1989.

Derrida, Jacques. 'Letter to a Japanese Friend' (trans. David Wood and Andrew Benjamin). In David Wood and Robert Bernasconi (eds). *Derrida and Différance*. Evanston, Ill.: Northwestern University Press, 1988, 1–5.

Derrida, Jacques. 'Like the Sound of the Sea Deep Within a Shell: Paul de Man's War' (trans. Peggy Kamuf). *Critical Inquiry*, XIV (1988), 590–652.

Derrida, Jacques. 'The Politics of Friendship' (trans. Gabriel Motzkin). *The Journal of Philosophy*, LXXXV (November 1988), 632–45.

'Jacques Derrida in Conversation with Christopher Norris'. *Architectural Design*, LVIII, Nos. 1 and 2 (1989), 6–11. Reprinted in Andreas Papadakis, Catherine Cooke and Andrew Benjamin (eds). *Deconstruction: Omnibus Volume*. London: Academy Editions, 1989, 71–5.

Derrida, Jacques. *Of Spirit: Heidegger and the Question* (trans. Geoff Bennington and Rachel Bowlby). Chicago, Ill.: University of Chicago Press, 1989.

Derrida, Jacques. 'Interpreting Signatures (Nietzsche/Derrida): Two Questions' (trans. Diane P. Michelfelder and Richard E. Palmer). In Michelfelder and Palmer (eds). *Dialogue and Deconstruction: The Gadamer/Derrida Encounter.* New York: State University of New York Press, 1989, 58–71.

Derrida, Jacques. 'Biodegradables: Seven Diary Fragments' (trans. Peggy Kamuf). *Critical Inquiry,* XV (1989), 812–73.

Derrida, Jacques. *Du droit à la philosophie.* Paris: Galilée, 1990.

Derrida, Jacques. *Le Problème de la genèse dans la philosophie de Husserl.* Paris: Presses Universitaires de France, 1990. (Written 1952–3; hitherto unpublished.)

Descombes, Vincent. *Objects of All Sorts: A Philosophical Grammar* (trans. Lorna Scott-Fox and Jeremy Harding). Oxford: Basil Blackwell, 1986.

Dews, Peter. *Logics of Disintegration: Post-Structuralist Thought and the Claims of Critical Theory.* London: Verso, 1987.

Docherty, Thomas. *After Theory.* London: Routledge, 1990.

Eagleton, Terry. 'Frère Jacques: the Politics of Deconstruction' and 'The Critic as Clown'. In *Against the Grain: Selected Essays.* London: Verso, 1986, 79–87 and 149–65.

Eagleton, Terry. *The Ideology of the Aesthetic.* Oxford: Basil Blackwell, 1989.

Eagleton, Terry. *The Significance of Theory.* Oxford: Basil Blackwell, 1989.

Easthope, Antony. *British Post-Structuralism.* London: Routledge, 1988.

Eaves, Morris and Fischer, Michael. *Romanticism and Contemporary Criticism.* Ithaca, NY and London: Cornell University Press, 1986.

Eldritch, R. 'Deconstruction and its Alternatives'. *Man and World,* XVIII (1985), 147–70.

Ellis, John M. *Against Deconstruction.* Princeton, NJ: Princeton University Press, 1989.

Engell, James and Perkins, David (eds). *Teaching Literature: What Is Needed Now.* Cambridge, Mass.: Harvard University Press, 1988.

Evans, Malcolm. *Signifying Nothing: Truth's True Contents in Shakespeare's Texts.* London: Harvester, 1986.

Fekete, John (ed.). *Life After Postmodernism: Essays on Value and Culture.* Manchester: Manchester University Press, 1987.

Felman, Shoshana. *Writing and Madness* (trans. Martha Evans *et al.*). Ithaca, NY and London: Cornell University Press, 1985.

Fineman, Joel. *Shakespeare's Perjured Eye: The Invention of Poetic Subjectivity in the Sonnets.* Berkeley and Los Angeles, Cal.: University of California Press, 1986.

Fischer, Michael. *Stanley Cavell and Literary Skepticism.* Chicago, Ill.: University of Chicago Press, 1989.

Fish, Stanley. *Doing What Comes Naturally: Change, Rhetoric, and the Practice of Theory in Literary and Legal Studies.* New York and London: Oxford University Press, 1989.

Forrester, John. *The Seductions of Psychoanalysis: Freud, Lacan and Derrida.* Cambridge: Cambridge University Press, 1990.

Frank, Manfred. *What Is Neostructuralism?* (trans. Sabine Wilke and Richard Gray). Minneapolis, Minn.: University of Minnesota Press, 1989.

Frow, John. 'Foucault and Derrida'. *Raritan,* V: 1 (Summer 1985), 31–42.

Frow, John. *Marxism and Literary History.* Oxford: Basil Blackwell, 1986.

Fynsk, Christopher. *Heidegger: Thought and Historicity.* Ithaca, NY and London: Cornell University Press, 1986.

Gates, Henry Louis (ed.). *'Race', Writing and Difference.* Chicago, Ill.: University of Chicago Press, 1986.

Goux, Jean-Joseph. *Symbolic Economies: After Marx and Freud* (trans. Jennifer Curtiss Gage). Ithaca, NY and London: Cornell University Press, 1990.

Graff, Gerald. *Professing Literature: An Institutional History.* Chicago, Ill.: University of Chicago Press, 1987.

Griffiths, A. Phillips (ed.). *Contemporary French Philosophy.* Cambridge: Cambridge University Press, 1987.

Griswold, Charles L. *Platonic Writings/Platonic Readings.* New York and London: Routledge, 1988.

Habermas, Jürgen. *The Philosophical Discourse of Modernity: Twelve Lectures* (trans. Frederick Lawrence). Cambridge: Polity Press, 1987.

Hamacher, W., Hertz, N., and Keenan, T. (eds). *Responses: on Paul de Man's Wartime Journalism.* Lincoln, Nebr.: University of Nebraska Press, 1989.

Harland, Richard. *Superstructuralism: The Philosophy of Structuralism and Post-Structuralism.* London: Methuen, 1987.

Harpham, Geoffrey Galt. *The Ascetic Imperative in Culture and Criticism.* Chicago, Ill.: University of Chicago Press, 1987.

Harris, Wendell V. *Interpretive Acts: in Search of Meaning.* Oxford: Oxford University Press, 1988.

Hart, Kevin. *The Trespass of the Sign: Deconstruction, Theology and Philosophy.* Cambridge: Cambridge University Press, 1990.

Hartman, Geoffrey H. *The Unremarkable Wordsworth.* London: Routledge, 1987.

Hartman, Geoffrey H. and Budick, Sanford (eds). *Midrash and Literature.* New Haven, Conn.: Yale University Press, 1986.

Havelock, Eric. *The Muse Learns to Write: Reflections on Orality and Literacy from Antiquity to the Present.* New Haven, Conn.: Yale University Press, 1986.

Hawthorn, Jeremy. *Unlocking the Text: Fundamental Issues in Literary Theory.* London: Edward Arnold, 1987.

Herman, L., Humbeeck, K., and Lernout, G. (eds). *Discontinuities: Essays on Paul de Man.* Amsterdam: Rodopi, 1989.

Jacobs, Carol. *Uncontainable Romanticism: Shelley, Brontë, Kleist.* Baltimore, Md and London: Johns Hopkins University Press, 1989.

Jacobus, Mary. *Reading Woman: Essays in Feminist Criticism.* London: Methuen, 1986.

Jacobus, Mary. *Romanticism, Writing and Sexual Difference: Essays on The Prelude.* Oxford: Clarendon Press, 1989.

Jameson, Fredric. *The Ideologies of Theory* (Vol. 1, *Situations of Theory* and Vol. 2, *Syntax of History*). London: Routledge, 1988.

Jameson, Fredric. *Postmodernism, or the Cultural Logic of Late Capitalism.* Durham, NC: Duke University Press, 1990.

Johnson, Barbara. *A World of Difference.* Baltimore, Md and London: Johns Hopkins University Press, 1987.

Judowitz, Dalia. *Subjectivity and Representation in Descartes: The Origins of Modernity.* Cambridge: Cambridge University Press, 1988.

Kamuf, Peggy. *Signature Pieces: On the Institution of Authorship.* Ithaca, NY and London: Cornell University Press, 1988.

Kamuf, Peggy (ed.). *A Derrida Reader: Between the Blinds.* New York: Columbia University Press and London: Harvester Wheatsheaf, 1991.

Kaplan, Alice Jaeger. *Reproductions of Banality: Fascism, Literature and French Intellectual Life.* Minneapolis, Minn.: University of Minnesota Press, 1986.

Kauffman, Linda (ed.). *Gender and Theory:. Dialogues on Feminist Criticism.* Oxford: Basil Blackwell, 1989.

Kauffman, Linda (ed.). *Feminism and Institutions: Dialogues on Feminist Theory.* Oxford: Basil Blackwell, 1989.

Kennedy, Alan. *Reading Resistance Value: Deconstructive Practice and the Politics of Literary Critical Encounters.* London: Macmillan, 1990.

Kirwan, James. *Literature, Rhetoric, Metaphysics: Literary Theory and Literary Aesthetics.* London: Routledge, 1990.

Koelb, Clayton. *Inventions of Reading: Rhetoric and the Literary Imagination.* Ithaca, NY and London: Cornell University Press, 1988.

Koelb, Clayton and Lokke, Virgil (eds). *The Current in Criticism: Essays on the Present and Future of Literary Theory.* West Lafayette, Ind.: Purdue University Press, 1987.

Kofman, Sarah. *The Enigma of Woman: Woman in Freud's Writing* (trans. Catherine Porter). Ithaca, NY and London: Cornell University Press, 1985.

Kreiswirth, Martin and Cheetham, Mark (eds). *Theory Between the Disciplines: Authority/Vision/Politics.* Ann Arbor, Mich.: University of Michigan Press, 1990.

Krell, David Farrell and Wood, David (eds). *Exceedingly Nietzsche: Aspects of Contemporary Nietzsche Interpretation.* London: Routledge, 1988.

Krieger, Murray (ed.). *The Aims of Interpretation: Subject/Text/History.* New York: Columbia University Press, 1987.

Krieger, Murray. *Words about Words about Words: Theory, Criticism and the Literary Text.* Baltimore, Md and London: Johns Hopkins University Press, 1988.

Kristeva, Julia. *Language, the Unknown: An Initiation into Linguistics* (trans. Anne M. Menke). London: Harvester-Wheatsheaf, 1989.

LaCapra, Dominick. *History and Criticism.* Ithaca, NY and London: Cornell University Press, 1985.

Lacoue-Labarthe, Philippe and Nancy, Jean-Luc. *The Literary Absolute: The Theory of Literature in German Romanticism* (trans. Philip Barnard and Cheryl Lester). Ithaca, NY: State University of New York Press, 1988.

Lacoue-Labarthe, Philippe. *Typography: Mimesis, Philosophy, Politics* (ed. Christopher Fynsk). Cambridge, Mass.: Harvard University Press, 1989.

Lang, Berel. *The Anatomy of Philosophical Style: Literary Philosophy and the Philosophy of Literature.* Oxford: Basil Blackwell, 1990.

Latimer, Dan (ed.). *Contemporary Critical Theory.* New York: Harcourt, Brace Jovanovich, 1989.

Leavey, John P. (ed.). *Glassary* (commentary on Derrida's *Glas*). Lincoln, Nebr.: Univeristy of Nebraska Press, 1986.

Lecercle, Jean-Jacques. *Philosophy Through the Looking-Glass: Language, Nonsense, Desire.* La Salle, Ind.: Open Court Publishers, 1985.

Le Doeuff, Michèle. *The Philosophical Imaginary* (trans. Colin Gordon). London: Athlone Press, 1989.

Leitch, Vincent. *American Literary Criticism from the Thirties to the Eighties.* New York: Columbia University Press, 1987.

Lentricchia, Frank and McLaughlin, Thomas (eds). *Critical Terms for Literary Study.* Chicago, Ill.: University of Chicago Press, 1990.

Llewelyn, John. 'Glasnostalgia'. *Bulletin of the Hegel Society of Great Britain*, No. 18 (Autumn/Winter 1988), 33–42.

Lodge, David (ed.). *Modern Criticism and Theory: A Reader*. London: Longman, 1988.

Lukacher, Ned. *Primal Scenes: Literature, Psychoanalysis, Philosophy*. Ithaca, NY and London: Cornell University Press, 1987.

MacCabe, Colin. *Theoretical Essays: Film, Linguistics, Literature*. Manchester: Manchester University Press, 1985.

Macey, David. *Lacan In Contexts*. London: Verso, 1988.

Malachowski, Alan (ed.). *Reading Rorty: Critical Responses to* Philosophy and the Mirror of Nature *and Beyond*. Oxford: Basil Blackwell, 1990.

Mapp, Nigel. On Paul de Man's *The Resistance to Theory* (review-article). *Textual Practice*, IV: 1 (Spring 1990), 122–37.

Mapp, Nigel. 'Deconstruction'. In Martin Coyle, Malcolm Kelsall and John Peck (eds) *Encyclopedia of Literature and Criticism*. London: Routledge, 1990, 777–90.

Margolis, Joseph. *Texts Without Referents: Reconciling Science and Narrative*. Oxford: Basil Blackwell, 1989.

McGann, Jerome J. *Social Values and Poetic Acts*. Cambridge, Mass.: Harvard University Press, 1988.

Meese, Elizabeth and Parker, Alice (eds). *The Difference Within: Feminism and Critical Theory*. Amsterdam: John Benjamins Publishing Company, 1989.

Merod, Jim. *The Political Responsibility of the Critic*. Ithaca, NY and London: Cornell University Press, 1986.

Merquior, J. G. *From Prague to Paris: A Critique of Structuralist and Post-Structuralist Thought*. London: Verso, 1986.

Mileur, Jean-Pierre. *The Critical Romance: The Critic as Reader, Writer, Hero*. Madison, Wisc.: University of Wisconsin Press, 1990.

Miller, J. Hillis. *Parables, Tropes, Performatives: Essays on Twentieth-Century Literature*. London: Harvester-Wheatsheaf, 1991.

Miller, J. Hillis. *Victorian Subjects*. London: Harvester-Wheatsheaf, 1991.

Miller, J. Hillis. *Hawthorne and History*. Oxford: Basil Blackwell, 1991.

Miller, J. Hillis. *Theory Then and Now*. London: Harvester-Wheatsheaf, forthcoming.

Mitchell, W. J. T. (ed.). *Against Theory: Literary Studies and the New Pragmatism*. Chicago, Ill.: University of Chicago Press, 1985.

Mohanty, J. N. *Transcendental Phenomenology*. Oxford: Basil Blackwell, 1989.

Mohanty, S. P. *Literary Theory and the Claims of History*. Oxford: Basil Blackwell, 1990.

Moynihan, Robert. *A Recent Imagining: Interviews with Harold Bloom, Geoffrey Hartman, J. Hillis Miller, Paul de Man*. Hamden, Conn.: Shoe String Press, 1986.

Mueller-Volmer, Kurt (ed.). *The Hermeneutics Reader: Texts of the German Tradition from the Enlightenment to the Present*. Oxford: Basil Blackwell, 1986.

Muller, John P. and Richardson, William J. (eds). *The Purloined Poe: Lacan, Derrida and Psychoanalytic Reading*. Baltimore, Md and London: Johns Hopkins University Press, 1987.

Nägele, Rainer. *Reading After Freud: Essays on Goethe, Hölderlin, Habermas,*

Nietzsche, Brecht, Celan and Freud. New York: Columbia University Press, 1987.

Nägele, Rainer. *Benjamin's Ground: New Readings of Walter Benjamin.* Detroit, Mich.: Wayne State University Press, 1989.

Natoli, Joseph (ed.). *Tracing Literary Theory.* Urbana–Champaign, Ill.: University of Illinois Press, 1987.

Natoli, Joseph (ed.). *Literary Theory's Future(s).* Urbana–Champaign, Ill.: University of Illinois Press, 1989.

Neel, Jasper. *Plato, Derrida and Writing.* Carbondale, Ill.: Southern Illinois University Press, 1988.

Nelson, Cary (ed.). *Theory in the Classroom.* Urbana–Champaign, Ill.: University of Illinois Press, 1988.

Nelson, Cary and Grossberg, Lawrence (eds). *Marxism and the Interpretation of Culture.* Urbana–Champaign, Ill.: University of Illinois Press, 1988.

Newton, K. M. *Interpreting the Text: A Critical Introduction to the Theory and Practice of Literary Interpretation.* London: Harvester-Wheatsheaf, 1990.

Newton, K. M. (ed.). *Twentieth-Century Literary Theory: A Reader.* London: Macmillan, 1987.

Nietzsche, Friedrich. *Human, All Too Human: A Book for Free Spirits* (trans. R. J. Hollingdale). Cambridge: Cambridge University Press, 1986.

Nietzsche, Friedrich. *Unmodern Observations (Unzeitgemässe Betrachtungen*, trans. and ed. William Arrowsmith). New Haven, Conn.: Yale University Press, 1990.

Norris, Christopher. *Paul de Man: Deconstruction and the Critique of Aesthetic Ideology.* New York and London: Routledge, 1988.

Norris, Christopher. *Deconstruction and the Interests of Theory.* London: Pinter, and Norman, Okl.: University of Oklahoma Press, 1988.

Norris, Christopher. *Spinoza and the Origins of Modern Critical Theory.* Oxford: Basil Blackwell, 1990.

Norris, Christopher. *What's Wrong With Postmodernism? Critical Theory and the Ends of Philosophy.* London: Harvester-Wheatsheaf, and Baltimore, Md: Johns Hopkins University Press, 1990.

Norris, Christopher and Benjamin, Andrew. *What Is Deconstruction?* London: Academy Editions, 1988.

Norris, Christopher. 'Reason, Rhetoric, Theory: Empson and de Man'. *Raritan*, V. 1 (Summer 1985), 89–106.

Norris, Christopher. 'Paul de Man's Past'. *The London Review of Books*, X: 3 (February 1988), 7–11.

Norris, Christopher. 'Deconstruction, Postmodernism and Philosophy: Habermas on Derrida'. *Praxis International*, VIII: 4 (January 1989), 426–46.

Norris, Christopher. 'Derrida's "Vérité"'. In Elinor Shaffer (ed.). *Comparative Criticism*, XI. Cambridge: Cambridge University Press, 1989, 235–51.

Norris, Christopher. 'Deconstruction as *Not* just a "Kind of Writing": Derrida and the Claim of Reason'. In R. W. Dasenbrock (ed.). *Re-Drawing the Lines: Analytic Philosophy, Deconstruction, and Literary Theory.* Minneapolis, Minn.: University of Minnesota Press, 1989, 189–203.

Novitz, David. 'Metaphor, Derrida, and Davidson'. *Journal of Aesthetics and Art Criticism*, XLIV: 2 (Winter 1985), 101–14.

Olsen, Stein Haugom. *The End of Literary Theory*. Cambridge: Cambridge University Press, 1987.

Parker, Ian and Shotter, John (eds). *Deconstructing Social Psychology*. London: Routledge, 1990.

Parker, Patricia. *Literary Fat Ladies: Rhetoric, Gender, Property*. New York and London: Routledge, 1987.

Parker, Patricia and Hartman, Geoffrey (eds). *Shakespeare and the Question of Theory*. London and New York: Methuen, 1985.

Pavel, Thomas G. *The Feud of Language: A History of Structuralist Thought*. Oxford: Basil Blackwell, 1989.

Petrey, Sandy. *Speech Acts and Literary Theory*. New York and London: Routledge, 1990.

Petterson, Torsten. *Literary Interpretation: Current Models and a New Departure*. Abo (Finland): Abo Academic Press, 1988.

Pradhan, S. 'Minimalist Semantics: Davidson and Derrida on Meaning, Use and Convention'. *Diacritics*, XVI: 1 (Spring 1986), 66–77.

Putnam, Hilary. 'A Comparison of Something with Something Else'. *New Literary History*, XVII: 1 (Autumn 1985), 61–79.

Rajnath (ed.). *Deconstruction: A Critique*. London: Macmillan, 1989.

Rajan, Tilottama. *The Supplement of Reality: Figures of Understanding in Romantic Theory and Practice*. Ithaca, NY: Cornell University Press.

Rée, Jonathan. *Philosophical Tales: An Essay on Philosophy and Literature*. London: Methuen, 1987.

Reising, Russell. *The Unusable Past: Theory and the Study of American Literature*. New York and London: Methuen, 1986.

Reiss, Timothy J. *The Uncertainty of Analysis: Problems in Truth, Meaning and Culture*. Ithaca, NY and London: Cornell University Press, 1988.

Rice, Philip and Waugh, Patricia (eds). *Modern Literary Theory: A Reader*. London: Edward Arnold, 1989.

Ronell, Avital. *Dictations: On Haunted Writing*. Bloomington, Ind.: Indiana University Press, 1986.

Rorty, Richard. *Contingency, Irony, and Solidarity*. Cambridge: Cambridge University Press, 1989.

Rorty, Richard. 'Texts and Lumps'. *New Literary History*, XVII (1985), 1–15.

Rorty, Richard. 'The Higher Nominalism in a Nutshell: A Reply to Henry Staten'. *Critical Inquiry*, XII (1986), 461–6.

Rorty, Richard. 'Is Derrida a Transcendental Philosopher?' *Yale Journal of Criticism*, II: 2 (Spring 1989), 207–17.

Rorty, Richard. 'Two Meanings of "Logocentrism": A Reply to Norris'. In Reed Way Dasenbrock (ed.), *Re-Drawing the Lines: Analytic Philosophy, Deconstruction and Literary Theory*. Minneapolis, Minn.: University of Minnesota Press, 1989, 204–16.

Rosen, Stanley. *Hermeneutics as Politics*. New York and Oxford: Oxford University Press, 1987.

Rosen, Stanley. *The Quarrel Between Philosophy and Poetry: Studies in Ancient Thought*. New York and London: Routledge, 1988.

Ryan, Michael. *Politics and Culture: Working Hypotheses for a Post-Revolutionary Society*. Baltimore, Md. and London: Johns Hopkins University Press, 1989.

Rylance, Rick (ed.). *Debating Texts: A Reader in Twentieth-Century Literary Theory and Method*. Milton Keynes: Open University Press, 1987.

Sallis, John (ed.). *Deconstruction and Philosophy: The Texts of Jacques Derrida*. Chicago, Ill.: University of Chicago Press, 1988.

Salusinszky, Imre. *Criticism In Society: Interviews with Jacques Derrida, Northrop Frye, Harold Bloom, Barbara Johnson, Frank Lentricchia, J. Hillis Miller, Geoffrey Hartman, Frank Kermode and Edward Said*. London: Methuen, 1987.

Schauber, Ellen and Spolsky, Ellen. *The Bounds of Interpretation: Linguistic Theory and Literary Text*. Stanford, Cal.: Stanford University Press, 1986.

Scholes, Robert C. *Protocols of Reading*. New Haven, Conn.: Yale University Press, 1990.

Shusterman, Richard. 'Analytic Aesthetics, Deconstruction, and Literary Theory'. *Monist*, LXIX: 1 (January 1986), 22–38.

Shusterman, Richard. 'Deconstruction and Analysis: Confrontation or Convergence'. *British Journal of Aesthetics*, XXVI: 4 (Autumn 1986), 311–27.

Siebers, Tobin. *The Ethics of Criticism*. Ithaca, NY and London: Cornell University Press, 1988.

Silverman, Hugh J. *Inscriptions: Between Phenomenology and Structuralism*. New York and London: Routledge, 1987.

Silverman, Hugh J. (ed.). *Philosophy and Non-Philosophy since Merleau-Ponty*. London: Routledge, 1988.

Silverman, Hugh and Welton, Donn (eds). *Postmodernism and Continental Philosophy*. Albany, NY: State University of New York Press, 1988.

Silverman, Hugh (ed.). *Derrida and Deconstruction*. London: Routledge, 1989.

Silverman, Hugh (ed.). *Postmodernism – Philosophy and the Arts*. London: Routledge, 1990.

Simpson, David (ed.). *The Origins of Modern Critical Thought: German Aesthetics and Literary Criticism from Lessing to Hegel*. Cambridge: Cambridge University Press, 1988.

Siskin, Clifford. *The Historicity of Romantic Discourse*. New York and Oxford: Oxford University Press, 1988.

Skinner, Q. (ed.). *The Return of Grand Theory in the Human Sciences*. Cambridge: Cambridge University Press, 1985.

Sloterdijk, Peter. *Critique of Cynical Reason* (trans. Michael Eldred). London: Verso, 1988/Minneapolis, Minn.: University of Minnesota Press, 1987.

Smith, Barbara Herrnstein. *Contingencies Of Value: Alternative Perspectives for Critical Theory*. Cambridge, Mass.: Harvard University Press, 1988.

Smith, John H. *The Spirit and its Letter: Traces of Rhetoric in Hegel's Philosophy of Bildung*. Ithaca, NY and London: Cornell University Press, 1987.

Smith, Paul. *Discerning the Subject*. Minneapolis, Minn.: University of Minnesota Press, 1988.

Solomon, J. Fisher. *Discourse and Reference in the Nuclear Age*. Norman, Okl.: University of Oklahoma Press, 1988.

Solomon, Robert C. *Continental Philosophy Since 1750: The Rise and Fall of the Self*. Oxford: Oxford University Press, 1988.

Spivak, Gayatri C. *In Other Worlds: Essays in Cultural Politics*. New York and London: Methuen, 1987.

Spivak, Gayatri C. *The Post-Colonial Critic: Interviews, Strategies, Dialogues* (ed. Sarah Harasym). London: Routledge, 1990.

Sprinker, Michael. *Imaginary Relations: Aesthetics and Ideology in the Theory of Historical Materialism*. London: Verso, 1987.

Starobinski, Jean. *Jean-Jacques Rousseau: Transparency and Obstruction* (trans. Arthur Goldhammer). Chicago, Ill.: University of Chicago Press, 1988.

Staten, Henry. 'Rorty's Circumvention of Derrida', *Critical Inquiry*, XII (1986), 453–61.

Staten, Henry. 'Wittgenstein and the Intricate Evasions of "Is"'. *New Literary History*, XVIII: 2 (Winter 1988), 281–300.

Staten, Henry. *Nietzsche's Voice*. Ithaca, NY and London: Cornell University Press, 1990.

Steiner, George. *Real Presences*. Chicago, Ill.: University of Chicago Press, 1989.

Sussman, Henry S. *High Resolution: Critical Theory and the Problem of Literacy*. New York: Oxford University Press, 1989.

Sychrava, Juliet. *Schiller to Derrida: Idealism in Aesthetics*. Cambridge: Cambridge University Press, 1989.

Taylor, Mark C. *Altarity*. Chicago, Ill.: University of Chicago Press, 1987.

Taylor, Mark C. (ed.). *Deconstruction in Context: Literature and Philosophy*. Chicago, Ill.: University of Chicago Press, 1986.

Todorov, Tzvetan. *Literature and its Theorists: A Personal View of Twentieth-Century Criticism* (trans. Catherine Porter). Ithaca, NY and London: Cornell University Press, 1988.

Ulmer, Gregory L. *Teletheory: Grammatology in the Age of Video*. London: Routledge, 1990.

Vattimo, Gianni. *The End of Modernity: Nihilism and Hermeneutics in Postmodern Culture* (trans. Jon R. Snyder). Oxford: Basil Blackwell, 1988.

Vattimo, Gianni. *The Adventure of Difference: Philosophy After Nietzsche and Heidegger* (trans. Cyprian Blamires). Oxford: Basil Blackwell, 1990.

Vickers, Brian. *In Defence of Rhetoric*. Oxford: Oxford University Press, 1989.

Warminski, Andrzej. *Readings in Interpretation: Hölderlin, Hegel, Heidegger*. Minneapolis, Minn.: University of Minnesota Press, 1987.

Warner, William Beattie. *Chance and the Text of Experience: Freud, Nietzsche and Shakespeare's 'Hamlet'*. Ithaca, NY and London: Cornell University Press, 1986.

Waters, Lindsay and Godzich, Wlad (eds). *Reading de Man Reading*. Minneapolis, Minn.: University of Minnesota Press, 1989.

Weber, Samuel. *Institution and Interpretation*. Minneapolis, Minn.: University of Minnesota Press, 1987.

Webster, Roger. *Studying Literary Theory: An Introduction*. London: Edward Arnold, 1990.

Weedon, Chris. *Feminist Practice and Post-Structuralist Theory*. Oxford: Basil Blackwell, 1987.

Wellek, René. *A History of Modern Criticism*, Vols 5 and 6 (*English Criticism, 1900–1950* and *American Criticism, 1900–1950*). New Haven, Conn.: Yale University Press, 1986.

Wheeler, Samuel C. 'The Extension of Deconstruction'. *Monist*, LXIX: 1 (January 1986), 3–21.

Wheeler, Samuel C. 'Wittgenstein as Conservative Deconstructor'. *New Literary History*, XVIII: 2 (Winter 1988), 239–58.

White, Hayden. *The Content of the Form: Narrative Discourse and Historical Representation*. Baltimore, Md and London: Johns Hopkins University Press, 1987.

Wood, David. *The Deconstruction of Time*. Atlantic Highlands, NJ: Humanities Press International, 1989.

Wood, David and Bernasconi, Robert (eds). *Derrida and Différance*. Evanston, Ill.: Northwestern University Press, 1988.

Wood, David (ed.) *Philosophers' Poets*. London: Routledge, 1990.

Wood, David (ed.). *Writing the Future*. London: Routledge, 1990.

Worton, Michael and Still, Judith (eds). *Intertextuality: Theories and Practices*. Manchester: Manchester University Press, 1990.

Young, Robert. *White Mythologies: Writing, History and the West*. London: Routledge, 1990.

독 서 안 내

　본문 안에서 언급한 것에 관해서는 <참고 문헌>에 들어 두었으므로, 이하의 노트는 그것을 보충하기 위한 것이다. 지면 관계도 있고 해서, 앞에 든 것들과의 중복은 피했으나, 데리다와 다른 주요한 사람들 (드 만, 하트먼 등)의 경우에는, 깎아 버리면 기묘하게 균형이 맞지 않을 것 같아 그대로 두었다. 두말 할 것 없이 이하의 안내는 한정된 것이어서, 독자가 저마다 전문적인 관심이 있는 분야로 갈라져 가지 전의 단계까지의 길잡이가 되는 도표에 지나지 않다. 전체를 (1) 데리다 (2) 미국의 해체 비평이라는 큰 표제하에 나누었다. 후자는 포스트 구조주의에 관한 갖가지 논의들을 한층 넓게 포괄하도록 했다.

데리다

영역이 있는 텍스트

Speech and Phenomena, and Other Essays on Husserl's Theory of Signs. Trans. David B. Allison. Evanston, Ill.: Northwestern University Press, 1973. First published in French 1967. (See above, Chapter 3.)

'The White Mythology: Metaphor in the Text of Philosophy'. *New Literary History*, VI, 1 (1974), 7-74.

Of Grammatology. Trans. Gayatri Chakravorty Spivak. Baltimore, Md: Johns Hopkins University Press, 1977. First published in French 1967. 루소, 소쉬르, 레비-스트로스, 그리고 서구의 전통에서 문제를 지니고 있는 에크리튀르의 지위 등에 관한, 길지만 이해할 수 있는 논의를 포함. 역자의 상세한 서문과 더불어, 데리다의 사상에 대한 가장 좋은 입문이다.

'Signature Event Context'. *Glyph*, I (1977), 172-97. 발화 행위 철학을 해체한 이 논문에 이어 바로 John Searle의 반론 'Reiterating the Differences', *Glyph*, I (1977), 198-208. 이 나왔다. 다시 그것에 답한 것이 Derrida, 'Limited Inc abc', *Glyph*, II (1977), 162-254.

Edmund Husserl's Origin of Geometry. Trans. Edward Leavey. Stony—brook: Hays, 1978. First published in French 1962. 수학의 <이념적인> 진리조차, 에크리튀르와 *차연*의 구조를 언제나 이미 전제로 하고 있다는 것이다. 『목소리와 현상』과 밀접한 관계가 있으나, 난해한 전문적인 논문.

Writing and Difference. Trans. Alan Bass. London: Routledge & Kegan Paul, 1978. First published in French 1967. 헤겔, 프로이트, 푸코, 레비-스트로스 등에 관한 주요 논문들을 포함. 구조주의와 그 약점에 관한 데리다의 고찰 중에서 가장 명쾌한 것. 『그라마톨로지에 관하여』와 같은 시기에 쓰여졌으며, 많은 테마들을 공유하고 있으나 그 속편으로 읽어 마땅한 것.

'Speculations — on Freud'. Trans. Ian McLeod. *The Oxford Literary review,* III, 2 (1978), 78-97. 「프로이트와 에크리튀르의 무대」(『에크리튀르와 차이』)에서도 거론된 정신 분석의 해체를 포함.

Spurs: Nietzsche's Styles. Trans. Barbara Harlow. Chicago, Ill.: Chicago University Press, 1979, Parallel texts in French and English. 가장 과격하고 붙잡기 힘드는 데리다. 하이데거에서 니체의 우산, 철학에서의 「여성의 문제」로 화제가 옮겨간다. 『에크리튀르와 차이』에서 니체를 경유해서 접근하는 것이 상책.

'Living On'. In Geoffrey Hartman (ed.), *Deconstruction and Criticism.* London: Routledge & Kegan Paul, 1979. 예일학파 비평가들의 심포지엄에 기고한 것, 명목상은 (다른 사람들과 마찬가지로) 셸리의 시 「삶의 승리」를 논하는 척하면서, 바로 독자적인 고찰을 시작한다. <야생파>의 해체를 잘 알게 해 주는 일례.

'The Supplement of Copula: Philosophy *before* Linguistics'. In Josué V. Harari (ed.), *Textual Strategies: Perspectives in Post-Structuralist Criticism.* London: Methuen, 1979. 언어의 술어 구조에 규정된 서구 철학 (아리스토텔레스에서 하이데거까지)를 해체한다. 난해하지만 중요한 논문.

Positions. Trans. Alan Bass. London: Athlone Press, 1981. First published in French 1972. 앙리 롱스, 줄리아 크리스테바, 장-루이 우드비느, 기 스카르페타와의 인터뷰집 (集). 데리다의 사상에 대한 간편한 입문서라고는 말하기 어려우나, 그 함의하는 바에 관한 흥미진진한 주석은 된다. 최초의 인터뷰 (롱스와)가 가장 명쾌해서 접근하기 쉽고, 제3의 것 (우드비느/스카르페타와)은, 마르크스주의의 텍스트 이론에 대한 골치 아픈 문제와 관계가 있다.

프랑스 어의 텍스트

La Dissémination. Paris: Seuil, 1972. 플라톤, 말라르메, 솔레르스에 관한 중요한 에
세이를 포함. 「플라톤의 파르마케이아」는 그리스 철학과 에크리튀르에
대한 어딘지 적대적인 자세에 관한 데리다의 해석으로서 특히 중요.

Marges de la philosophie. Paris: Minuit, 1972. 언어·철학·에크리튀르에 관한 논집.
'The White Mythology'와 'The Supplement of Copula'를 포함.

Glas. Paris: Galilée, 1974. 이종 (異種)의 텍스트가 서로의 공간에 침입해서 의미
의 논리를 교란할 수 있다는 것을 활자 짜기를 조작해서 논증해 보인 것.
헤겔과 즈네를 일종 이상한 상호 주석 (相互註釋)이라는 모습으로 연결
시켜서, 철학자의 이성에 호모 작가-도둑의 유혹력과 편집성 (偏執性)을
폭로한다. 말맞춤과 활자의 고안의 중첩을 통해서, 헤겔의 언어는 컨텍스
트에서 뽑히게 되고, 착란적인 자기 패러디로 바뀐다. 끝없는 매력을 지
닌 텍스트이지만, 그 교묘한 말놀이도, 데리다의 저작에 익숙치 못한 독
자에게는, 단순한 말놀이 이상의 것으로는 보이지 않을는지 모른다.

La Vérité peinture. Paris: Flammarion, 1978. 대개의 예술 비평과 미학이 전제로 하
고 있는 표현성·진실·진정성 등의 개념을 해체한다. 데리다의 사상과
독일의 유태인 비평가 벤야민의 사상의 어느 부분 (특히, 예술이 대량
생산되는 현대에서는 문화의 <아우라>가 소실되어 버린다는 테마)과의
유연성을 밝힌다.

La Carte postale de Socrate à Freud et au-delà. Paris: Aubier-Flammarion, 1980. 프로이
트와 라캉에 관한 논집. 서두에 놓인 <우편엽서>는, 특정한 누구에게
보내는 것이 아니며, <진리>란 메시지의 쉬지 않는 왕복을 말하며, 기
원도 목표도 빼앗긴 에크리튀르라고 하는 일반적 명제를 제출한다. 정신
분석학이야말로 언어의 궁극적인 진리를 밝히는 것이라고 하는 라캉의
주장에 성가시게 싸움을 건다. 이것은, 데리다가 포의 「도적 맞은 편지」
(라캉의 이론을 입증하는 것으로서 곧잘 문제가 되는 것)를 재독해 보일
즈음에 나오는 논점이기도 하다. 진짜가 아닐는지도 모르는 플라톤의
「편지」를 발판으로 해서, 에크리튀르의 <위조>, 무한히 의심과 기만을
낳을 수 있는 능력에 관해서 생각한다.

데리다론

다음에 드는 것들은 1981년까지 나온 단행본과 논문들 가운데서 중요한
것만을 모은 리스트이다. 흔히 양 극단으로 나누어지는 논의의 되도록
많은 측면을 대변하는 것으로 하고자 했으므로, 데리다에 단호히 반대하
는 것이나 갖가지 중간적인 태도의 것도 포함되어 있다. 더욱 상세한 정
보를 필요로 하는 사람은, John Leavey and David B. Allison, 'A Derrida
Bibliography', *Research in Phenomenology*, VIII (1978), 145-60.을 참조하기 바
란다. 이것은 1978년까지의 데리다의 저작 (영역도 포함) 외에, 200점을
넘는 논문들을 모았다. 그중 많은 것들은 부착적인 것이지만, 데리다가
끼친 충격의 엄청난 범위와 반향을 보여 준다.

Allison, David B. 'Derrida and Wittgenstein: Playing the Game'. *Research in Phenomenology*. VIII (1978), 93-109.

Altieri, Charles. 'Wittgenstein on Consciousness and Language: A Challenge to Derridean Theory'. *Modern Language Notes*, XCI (1976), 1397-423. (See above, Chapter 7.)

Bass, Alan. '"Literature"/Literature'. In Richard Macksey (ed.), *Velocities of Change*. Baltimore, Md, and London: Johns Hopkins University Press, 1974, 341-53.

Berezdivin, Ruben. 'Gloves Inside-Out'. *Research in Phenomenology*, VIII (1978), III-26. 주로 *Glas*에 관해서.

Brown, P. L. 'Epistemology and Method: Althusser, Foucault, Derrida'. *Research in Phenomenology*, VIII (1978), 147-62.

Cousins, Mark. 'The Logic of Deconstruction'. *The Oxford Literary Review*, III (1978), 70-7.

Culler, Jonathan. 'Jacques Derrida'. In *Structuralism and Since: From Lévi-Strauss to Derrida*, 154-80. London: Oxford University Press, 1979.

Culler, Jonathan. *On Deconstruction*. London: Routledge & Kegan Paul.

Cumming, Robert Denoon. 'The Odd Couple: Heidegger and Derrida'. *Review of Metaphysics*, XXXIV (1981), 487-521.

de Man, Paul. *Blindness and Insight: Essays in the Rhetoric of Contemporary Criticism*. New York and London: Oxford University Press, 1971. 해체의 충격을 받아들인

미국측 텍스트의 빠른 예의 하나. 데리다의 루소론에 대한 드 만의 복잡한 비평을 포함.

Ellman, Maud. 'Spacing Out: A Double Entendre on Mallarmé'. *The Oxford Literary Review*, III (1978), 22-31.

Garver, Newton. Preface to the English translation of Derrida's *Speech and Phenomena*, IX-XXIX. Evanston, Ill.: Northwestern University Press, 1973. 데리다와 비트겐슈타인의 언어 철학의 관계에 관한 흥미 깊은 지적을 포함.

Garver, Newton. 'Derrida on Rousseau on Writing'. *Journal of Philosophy*, LXXIV (1977), 663-73.

Grene, Marjorie. 'Life, Death and Language: Some Thoughts on Derrida and Wittgenstein'. In *Philosophy In and Out of Europe*, 142-54. Berkeley and Los Angeles, Calif.: University of California Press, 1976.

Hartman, Geoffrey. 'Monsieur Texte: On Jacques Derrida, His *Glas*' and 'Monsieur Texte II: Epiphany in Echoland'. *Georgia Review*, XXIX, 4, and XXX, 1 (1975-6).

Hartman, Geoffrey. 'Crossing Over: Literary Commentary as Literature'. *Comparative Literature*, XXVIII (1976), 257-76. 데리다의 *Glas*를 구실로 해서, 비평의 해방을 호소.

Hartman, Geoffrey. *Saving the Text: Literature/Derrida/Philosophy*. Baltimore, Md: Johns Hopkins University Press, 1981.

Hoy, David Couzens. *The Critical Circle: Literature and History in Contemporary Hermeneutics*. Berkeley and Los Angeles, Calif.: University of California Press, 1978. 하이데거, 가다머, 현대 해석학과 데리다와의 차이에 관한 유익한 장을 포함.

Johnson, Barbara. 'The Frame of Reference: Poe, Lacan, Derrida'. *Literature and Psychoanalysis, Yale French Studies*, 55-6 (1977), 457-505.

LaCapra, Dominick. 'Habermas and the Grounding of Critical Theory'. *History and Theory*, XVI (1977), 237-64. 데리다, 푸코, 프랑크푸르트 학파의 텍스트 이론과 역사적 이해의 관계를 비교.

McDonald, C. V. 'Jacques Derrida's Reading of Rousseau'. *The Eighteenth Century* (Texas), XX (1979), 82-95.

Mulligan, Kevin. 'Inscriptions and Speaking's Place: Derrida and Wittgenstein'. *The*

Oxford Literary Review, VIII (1978), 62-7.

Norris, Christopher. 'Jacques Derrida's Grammatology'. *Poetry Nation Review*, VI, 2 (1978), 38-40.

Norris, Christopher. 'The Margins of Meaning: Derrida's Spurs'. *The Cambridge Quarterly*, IX, 3 (1980), 280-4.

Norris, Christopher. 'The Polymetaphorical Mailman' (review of Derrida's *La Carte postale de Socrate à Freud*). *The Times Literary Supplement*, 4 July 1980, 761.

Ricœur, Paul. *The Rule of Metaphor*. London: Routledge & Kegan Paul, 1978. 해체에 전적으로 공감하는 것도 아닌 널리 <해석학>의 입장에서 한 논의. 그러나 데리다의 'The White Mythology'에 관한 흥미 깊은 지적을 포함.

Rorty, Richard. 'Derrida on Language, Being and Abnormal Philosophy'. *Journal of Philosophy*, LXXIV (1977), 673-81.

Rorty, Richard. 'Philosophy as a Kind of Writing'. New *Literary History*, X (1978), 141-60. <보통의> (즉 상식적·합리적인) 철학의 양식과 데리다의 그것의 차이를 생생하게 설명.

Said, Edward. 'The Problem of Textuality: Two Exemplary Poisitions'. *Critical Inquiry*, IV (1978), 673-714. 데리다의 텍스트주의 ('텍스트의 외부에는 아무것도 없다')와, <세속적인> 담론이 지니는 활동적인 수사성에 거는 푸코를 대비.

Silverman, Hugh J. 'Self-Decentering: Derrida Incorporated'. *Research in Phenomenology*, VIII (1978), 45-65. 데리다에 의한 초월론적인 주관이나 전통적인 심리학에서의 명석한 주체의 해체에 관해서.

Ulmer, J. L. 'Jacques Derrida and Paul de Man on/in Rousseau's Faults'. *The Eighteenth Century* (Texas), XX (1979), 164-81.

Woods D. C. 'An Introduction to Derrida'. *Radical Philosophy*, 21 (1979), 18-28. 행동적인 마르크스주의 시점에서 한 명석한 설명과 비판.

Wordsworth, Ann. 'Derrida and Criticism'. *The Oxford Literary Review*, III (1978), 47-52.

미국의 해체 비평

여기서는 주로, 블룸, 드 만, 하트먼, 밀러 및 그 비판자들, 논전에 참가해서 중요한 의견들을 말한 사람들을 들어 둔다. 예일 비평가들의 <해체 이전>의 텍스트에 관해서는, (하트먼의 경우처럼) <옛> 신비평을 넘어서는 길의 전형이 되어 있는 경우를 제외하고는, 상세한 설명은 하지 않기로 했다.

Abrams, M. H. 'How To Do Things With Texts'. *Partisan Review,* XLIV (1978), 566-88. 해체파는 이중의 속임수 작전을 쓴다고 비판. 즉 언어가 전달 가능한 특정 의미를 지닌다는 것을 부정하면서, 자기네들의 텍스트들은 주의깊게 그리고 적절하게 해석되기를 기대하고 있다는 것이다. 결정적인 논의는 아니지만—데리다와 설의 논전에서 목격되듯이 조심성이 부족한 디컨스트럭션에 대한 적절한 비판. 다음 논문도 참조.

Abrams, M. H. 'The Limits of Pluralism: The Deconstructive Angel'. *Critical Inquiry,* III (1977), 425-38.

Altieri, Charles. 'Presence and Reference in a Literary Text: The Example of Williams' "This Is Just To Say"'. *Critical Inquiry,* V (1979), 489-510. 시는, 에크리튀르의 순수한 **차연**을 순간적으로 피할 수 있는 독자적인 <현전>을 만들어 낸다고 논함. 데리다의 이론을 반박한다기보다 저자의 신념의 표명.

Bloom, Harold. *The Anxiety of Influence: A Theory of Poetry.* New York and London: Oxford University Press, 1973. (See above, Chapter 6, on Bloom.)

Bloom, Harold. *A Map of Misreading.* New York and London: Oxford University Press, 1975.

Bloom, Harold. *Poetry and Repression.* New Haven, Conn.: Yale University Press, 1976.

Bloom, Harold. *Wallace Stevens: The Poems of Our Climate.* Ithaca, NY: Cornell University Press, 1977. 극단적으로 텍스트에 구애되는 해체에 대한 블룸의 가장 명쾌하고 엄격한 논의를 포함.

Chase, Cynthia. 'Oedipal Textuality: Reading Freud's Reading of Oedipus'. *Diacritics,* IX (1979), 54-71.

Culler, Jonathan. *Structuralist Poetics.* London: Routledge & Kegan Paul, 1975. 기본적으로는, 구조주의의 이론을 해체 이전의 입장에서 다룬 것. 고개를 들기

시작한 데리다의 영향에 관해서는 분명한 보류를 해 둔 채 마지막 장이
되어 있음.

Culler, Jonathan. *The Pursuit of Signs*. London: Routledge & Kegan Paul, 1981. 해체
에 대해서는 훨씬 호의적이 되어 있으나, 그것을, 『구조주의 시학』에서
예고한 프로그램이 많은 점에서 고속화된 것이라고 한다. 서사·은유·
장르 이론 등을 논하고, 사고는 끊임없이 패러독스의 <생각할 수 없
는> 비꼬임에 직면하게 된다는 것.

Culler, Jonathan. *On Deconstruction*. London: Routledge & Kegan Paul.

de Man, Paul. 'The Rhetoric of Temporality'. In Charles S. Singleton (ed.),
Interpretation: Theory and Practic, 173-209. Baltimore, Md: Johns Hopkins
University Press, 1969. 낭만주의의 심볼론을 해체하고, 그 의미가 알레고
리의 연속 구조로 해체되는 짓임을 보여 준다. 훌륭한 논문. 드 만의 것
중에서 가장 설득력이 있음.

de Man, Paul. 'The Epistemology of Metaphor'. *Critical Inquiry*, V (1978), 13-30. 로
크와 칸트를 중심으로 철학 텍스트의 은유를 다룬다. 데리다의 'White
Mythology'와 아울러서 읽어야 할 것.

de Man, Paul. *Allegories of Reading: Figural Language in Rousseau, Nietzsche, Rilke, and
Proust*. New Haven, Conn.: Yale University Press, 1979. (이 야심적인 문제
의 책에 관해서는 이 책의 6장에서 한 자상한 논의 참조).

de Man, Paul. 'Autobiography as Defacement'. *Modern Language Notes*, XCIV (1979),
918-38.

Felman, Shoshana. 'Turning the Screw of Interpretation'. *Yale French Studies*, 55-6
(1977), 94-207.

Graff, Gerald. *Literature Against Itself: Literary Ideas in Modern Society*. Chicago, III., and
London: University of Chicago Press, 1979. 해체뿐 아니라, 포스트모던의
문학 등, 텍스트와 <현실> 사이에 쐐기를 박으려 드는 모든 사고법에
대한 비판, 도덕적인 분노와 수수한 상식적 주장이 뒤섞여 있음.

Hartman, Geoffrey. *Beyond Formalism*. New Haven, Conn., and London: Yale
University Press, 1970. (1장과 4장에서 깊게 논했음).

Hartman, Geoffrey. *The Fate of Reading and Other Essays*. Chicago, III., and London:
University of Chicago Press, 1975.

Hartman, Geoffrey. 'The Recognition Scene of Criticism'. *Critical Inquiry*, IV (178),

407-16.

Hartman, Geoffrey (ed.). *Deconstruction and Criticism.* London: Routledge & Kegan Paul, 1979.

Hartman, Geoffrey. *Criticism in the Widerness.* New Haven, Conn., and London: Yale University Press, 1980. 자신의 문체의 힘을 의식하고, 데리다, 하이데거, 벤야민 등 사상가들의 해방적인 영향을 거절하지 않는, 모험성이 풍부한, 새로운 <해석학적 비평>을 논함.

Jacobs, Carol. *The Dissimulating Harmony: Images of Interpretation in Nietzsche, Rilke and Benjamin.* Baltimore, Md: Johns Hopkins University Press, 1978. 드 만에 따라서 단순히 읽기 쉽다는 환상을 낳는 텍스트의 은유, 그 밖의 비유를 해체. 시사적이긴 하지만 빗나간 논의도 있음.

Jacobs, Carol. 'The (Too) Good Soldier: "A Real Story"'. *Glyph*, III (1978), 32-51. 포드 매독스 포드의 『좋은 병사』에서의 텍스트와 역사의 놀이에 관해서.

Jameson, Fredric. *The Political Unconscious.* London: Methuen, 1980. 텍스트의 간극과 모순은 언어와 형식과 이데올로기의 충돌에 의해서 생겨나는 <무의식>이라고 하고, 그것을 해체하는 데는 한층 정치적인 어프로치를 취해야 한다는 것이다. 곳에 따라서는 읽기 힘들지만, 마르크스주의와 데리다 이론을 화해시키려고 한 노력은 상당히 설득력이 있음.

Johnson, Barbara. *Défigurations du langage poétique.* Paris: Flammarion, 1979.

Krieger, Murray. 'Poetry Reconstructed'. In his *Theory of Criticism,* 207-45. Baltimore, Md, and London: Johns Hopkins University Press, 1976.

Krieger, Murray. *Poetic Presence and Illusion.* Baltimore, Md, and London: Johns Hopkins University Press, 1979. 텍스트에서의 <현전>과 <부재>에 관한 해체의 논의에 평행하는 것을, 르네상스의 문학 이론 및 시드니 같은 시인 속에서 본다. 시는 설령 손에 들어오지 않는 것이 통감되는 경우라도, 상상의 존재 (이를테면 동경하는 여성의 존재)를 환기하는 수가 있다고 시사한다. 크리거의 논의의 근저에는, 자립된 의미의 구조로서의 시를 믿으려고 하는 <옛> 신비평에 대한 끊임없는 노스탈쟈가 있음.

Leitch, Vincent B. 'The Deconstructive Criticism of J. Hillis Miller'. *Critical Inquiry,* VI (1980), 593-607. (밀러의 반론, 'Theory and Practice', *Critical Inquiry*, VI (1980), 609-14.도 참조).

Lentricchia, Frank. *After the New Criticism.* London: Athlone Press, 1980. 미국의 포스

트 구조주의의 비평과 그 유럽에서의 주된 기원을 설명한 야심적인 시
도. 데리다의 제자들의 이른바 참가를 거부하는 <순수한> 텍스트 중시
보다도, 오히려 그것에 대항하는 <세속적인> 행동파의 수사 중시 (푸
코, 사이드)를 전반적으로 좋다고 한다. 도발적이긴 하지만, 논의는 자세
하다 — 가치있는 입문서.

Michaels, Walter Benn. 'Saving the Text: Reference and Belief'. *Modern Language Notes*, XCIII (1978), 771-93.

Miller, J. Hillis. *Thomas Hardy: Distance and Desire*. Cambridge, Mass.: Harvard University Press, 1970.

Miller, J. Hillis. 'The Fiction of Realism: *Sketches by Boz, Oliver Twist*, and Cruikshank's Illustrations'. In Ada Nisbet and Blake Nevius (eds), *Dickens Centennial Essays*. Berkeley, Calif.: University of California, 1971.

Miller, J. Hillis. "Critical Introduction to Thomas Hardy," *The Well-Beloved*. London: Macmillan, 1976. 하디의 모든 소설 중에서 가장 기묘하고 <진실성>이 없는 자기 해체적인 요소를 붙잡는다.

Miller, J. Hillis. 'Ariadne's Thread: Repetition and the Narrative Line'. *Critical Inquiry*, III (1976), 57-77.

Miller, J. Hillis. 'The Limits of Pluralism, II: The Critic as Host'. *Critical Inquiry*, III (1977), 439-47,

Norris, Christopher. 'Wrestling With Deconstructors'. *Critical Quarterly*, XXII (1980), 57-62.

Norris, Christopher. 'Derrida at Yale: The "Deconstructive Moment" in Modernist Poetics'. *Philosophy and Literature*, IV (1980), 242-56.

Reed, Arden. 'The Debt of Disinterest: Kant's Critique of Music'. *Modern Language Notes*, XCV (1980), 562-84. 『그라마톨로지에 관하여』의 루소론과 음악에 있어 멜로디의 우위성에 관한 발언을 단서로 해서 칸트의 미학을 해체. 에크리튀르가 특권화된 파롤에 침입하듯이, 차이적인 <하모니>가 방해되는 배음 (倍音)을 언제나 몰아내는 것을 보여 줌.

Ryan, Michael. 'The Act'. *Glyph*, II (1977), 64-87. 니체의 『이 사람을 보라』에 있어서의 해체의 수사학에 관해서.

Said, Edward. 'The Text as Practice and as Idea'. *Modern Language Notes*, LXXXVIII (1973), 1071-101.

Said, Edward. *Beginnings: Intention and Method*. Baltimore, Md, and London: Johns Hopkins University Press, 1975. 프랑스의 포스트 구조주의가 미국의 비평에 준 충격을 웅변으로 증언한다 (너무 장황한 편이지만). 사이드는 데리다 속에서 <니힐한 과격함>을 캐내서 비판, 오히려 푸코에 많은 것을 힘입고 있다. 그럼에도 불구하고 해체에 대한 미국측의 반응을 이해하는 데는 필수의 텍스트.

Sussman, Henry. 'The Deconstructionist as Politician: Melvill's *The Confidence-Man*'. *Glyph*, IV (1978), 33-56.

Weber, Samuel. 'Saussure and the Apparition of Language: The Critical Perspective'. *Modern Language Notes*, XCI (1976), 912-38.

White, Hayden. *Tropics of Discourse*. Baltimore, Md, and London: Johns Hopkins University Press, 1978. 주로 역사에서의 서사와, 역사를 이해하기 위해서 쓰이는 갖가지 비유며 패턴을 다룬다. 특히 푸코와 데리다에 관한 장을 참조 (화이트로서는, 후자는 회의적인 철학의 <부조리파>의 극을 대변한다는 것이다).

역 자 후 기

이 책은 Christopher Norris, *Deconstruction, Theory and Practice* (London, Methuen, 1982, 1986)를 번역한 것이다. 저자 노리스는 현재 영국의 University of Wales, College of Cardiff에서 영문학을 가르치고 있으며, 현대 영국의 주목할 만한 연구자의 한 사람으로 꼽히고 있는 사람이 다. 그의 저서로는 이 책 이외에도, *The Deconstructive Turn; Essays in the Rhetoric of Philosophy*, London, Methuen, 1983이라는 논집이 있거니와, 거 기서는 J. L. 오스틴, 비트겐슈타인, 데리다의 비교 연구가 깊이있게 다뤄져 있는가하면, 키엘케고르며 벤야민에 관한 글들도 있다. 그 밖 에도 *The Contest of Fauculties* (1985), *Jacques Derrida* (1987), *Paul de Man (1988), Deconstruction and the Interest of Theory* (1988), *Spinoza and the Origins of Modern Critical Theory* (1990), *What's Wrong with Postmordern?* (1991). *Uncritical Theory: Postmodernism, Intellectuals and the Gulf War* (1992), *The Truth about Postmodernism* (1993) 등 엄청나다. 아뭏튼 신예 연구가 로서 크게 주목을 받아 마땅한 사람임에는 틀림이 없다.

<디컨스트럭션>이니 <해체>니 하는 용어로 표기·번역되는 decon-struction이, 작금 의외로 큰 각광을 받고 있으며, 그것에 관한 해설서 같은 것들이 차츰 출판되기에 이르른 것은, 영국이나 미국의 경우에 도 사실상 요즈음의 일이라 할 수 있다—물론 우리 나라에서는 드문 일이지만. 다시 말하면, 자크 데리다의 저작들이 특히 미국의 문학 비평에 커다란 충격을 주고, 그 영향을 입어서 여러 논문들이 발표되 고, 거기에 대한 논의들이 쏟아져 나오게 되면서부터인 것이다.

간단히 말해서, 이와 같은 사정이 결정적인 요인이 되어서, **해체** 를 설명해서 알기 쉽게 풀이한다든가, 그 위치를 잡아 본다든가 하

려면, 도저히 피할 수 없는 일거리가 두 가지 있다. 하나는, 데리다의 저 난해한 사상과 방법을 요약한다고 하는 거의 무모에 가까운 작업이요, 또 하나는, 미국에 데리다를 도입함에 있어 크나큰 구실을 떠맡아야 했던 예일대학 비평가들—예일학파—의 해체 비평을 소개하고 평가하는 작업이다.

이런 매우 어려운 작업들을 용케 수행한 책이 바로 이 책이라 할 수 있다. 따라서 이 책도 크게 보면 두 가지 방향을 취하고 있다. 즉 데리다 본인의 사상의 검토와 그 사상의 계보로 볼 수 있는 것들을 역사상 어디까지 거슬러 올라가서 찾아볼 수 있느냐 하는 문제 따위의 검토, 그리고 또 하나는 <미국의 해체 비평>에 관한 개관인데, 이 경우 특히 예일학파의 업적에 눈을 돌리면, 데리다의 어느 대목이 미국의 문학 연구의 어느 부분에 영향을 끼쳐 주고, 그 이후의 미국의 문학 연구가 어떻게 변화하기 시작했는가 등등을 검토하지 않을 수 없게 된다. 그것이 이 책의 제6장에 할당되어 있는 주요 문제이다.

이렇게 생각해 보면, 이 책이 하나의 입문서랄까 소개를 겨냥한 책으로서는 가장 모범적으로 씌어진 것임을 알게 된다. 현대의 구미의 사상사로서도 문학 비평사로서도 읽을 수 있는 이 책의 내용은, 그렇다고 해서 통속화된 레벨의 것이냐 하면 결코 그렇진 않다. 도처에서 독자로서의 사색을 우리에게 요구하는 대목을 만나게 된다. 그런 높은 질을 충분히 지니고 있다. 디컨스트럭션의 개설서로서는, 틀림없이 훌륭한 성공을 거둔 책이라고 확신하는 까닭의 하나도 여기에 있다고 생각된다. 그러니 속독은 삼가야 한다.

번역에 즈음해서 봉착한 애로 중에서도 가장 큰 것은 데리다적인 용어들의 번역이었다—이를테면 <에크리튀르>, <차연>, <보족대리>, <언제나 이미> 등등. 따라서 여기서도 어쩔 수 없이 신조어로 충당할 수밖에 없었는데, 이 사정은 비단 우리 나라에만 국한된 것은 아니다. 구미 각국에서도 사정은 일반이다. 자연히 역주 (譯註)를 붙여서 보충을 기해 보는 것이 좋을 듯하나, 여러 가지 사정상 다음 기회로 미루기로 했다. 다만 앞뒤를 잘 다져가면서 읽어가면 신조어들도 이해할 수 있으리라고 본다.

이 책의 번역·출판에 관해서. 이 역서는 본시 1986년 (인동 출판사)에 간행된 바 있었으나, 오역과 오식이 많고 알기 어려운 대목이 자주 눈에 거슬려서 개역을 기약하고 있었으나, 출판사의 사정으로 지금까지 뜻을 이루지 못했던 것이다. 그 동안에 원서의 경우도 판을 거듭했으며, 1986년에는 <추가 문헌>을, 1992년 판에는 재차 <보충 문헌>과 <후기>를 첨가해서 간행되기도 했다. 그러나 초판본의 내용은 그대로이었다. 이번에 번역 원고를 개정하고 <후기>와 <추가·보충 문헌>을 덧붙이려 했으나, 출판 사정상 <후기>만은 제외하기로 했다. 그러나 보충·추가된 <참고 문헌>만 보더라도 이 방면의 연구에 그 동안 얼마나 많은 진전이 있어 왔는지는 분명히 알 수 있을 것이다. 우리 나라에도 <디컨스트럭션>이라는 현대 사상의 한 진수가 흠뻑 소개·발전되었으면 얼마나 좋을까 싶다.

끝으로 이 역문의 원고 작성에, 그리고 출간에 도움을 주신 여러 분들에게 심심한 감사의 뜻을 표한다.

1995년 11월   이 기 우

색 인

<ㄱ>

<ㄴ>

<0>

◆ 옮긴이 약력

· 연세대학교 졸업, 전북대학교 교수 역임
· 역서로 <시학과 문화기호론>, <시학 서설>, <민족음악학>, <민속음악>,
  <서사론 사전>, <마음 속의 몸>, <인지의미론>, <상징의 이론>, <덧없는
  행복-루소론, 환상문학 서설> 등 다수

해체 비평

1996년 1월 10일 인쇄
1996년 1월 20일 발행

역 자   이 기 우
발행인   김 진 수
발행처   한국문화사
         서울특별시 성동구 성수1가 2동 13-156
전 화   464-7708   499-0846
팩 스   499-0846
등록번호   제2-1276호

값 10,000원

잘못된 책은 교환해드립니다.

ISBN 89-7735-195-2